U0443566

国家社科基金高校思政课研究专项项目（批准号：20VSZ120）的最终成果

推动高校思政课
专题教学改革创新研究

张有奎　傅丽芬　李　欣◎著

厦门大学出版社
XIAMEN UNIVERSITY PRESS
国家一级出版社
全国百佳图书出版单位

图书在版编目（CIP）数据

推动高校思政课专题教学改革创新研究 / 张有奎，傅丽芬，李欣著. -- 厦门：厦门大学出版社，2024.12. -- ISBN 978-7-5615-9584-8

Ⅰ. G641

中国国家版本馆 CIP 数据核字第 20240VS533 号

责任编辑	高　健
美术编辑	李夏凌
技术编辑	朱　楷

出版发行　**厦门大学出版社**

社　　址　厦门市软件园二期望海路 39 号

邮政编码　361008

总　　机　0592-2181111　0592-2181406（传真）

营销中心　0592-2184458　0592-2181365

网　　址　http://www.xmupress.com

邮　　箱　xmup@xmupress.com

印　　刷　厦门市明亮彩印有限公司

开本　720 mm×1 020 mm　1/16

印张　14.5

插页　2

字数　231 千字

版次　2024 年 12 月第 1 版

印次　2024 年 12 月第 1 次印刷

定价　68.00 元

本书如有印装质量问题请直接寄承印厂调换

厦门大学出版社
微信二维码

厦门大学出版社
微博二维码

目 录

导 论 …………………………………………………………………… 001
  一、何谓专题教学 ……………………………………………………… 001
  二、推进高校思政课专题教学的重要性 …………………………… 007
  三、推动高校思政课专题教学改革创新的原则 …………………… 016

第一章 高校思政课专题教学的问题和原因 ………………… 029
第一节 高校思政课的历史演变和专题教学的现状 …………… 029
  一、高校思政课的历史演变 ………………………………………… 030
  二、高校思政课专题教学现状 ……………………………………… 035
第二节 高校思政课专题教学存在的问题 ……………………… 038
  一、专题设计的科学性不够 ………………………………………… 039
  二、专题讲解的彻底性不够 ………………………………………… 041
  三、专题教学管理的系统性不够 …………………………………… 043
第三节 高校思政课专题教学存在问题的原因分析 …………… 045
  一、专题教学理念陈旧 ……………………………………………… 046
  二、专题教学师资队伍参差不齐 …………………………………… 048
  三、专题教学管理的顶层设计偏差 ………………………………… 051

第二章 高校思政课专题教学理念的改革创新 ………………… 053
第一节 教学理念与专题教学理念 ………………………………… 053

一、何谓教学理念 …………………………………………………… 053
二、新时代中国高校的教育理念和教学理念 …………………… 057
三、高校思政课专题教学理念的出场 …………………………… 060
四、高校思政课专题教学理念的必要性 ………………………… 061

第二节　从体系到问题 ……………………………………………… 063
一、体系化教学及其问题 ………………………………………… 063
二、问题导向的必要性 …………………………………………… 066
三、问题导向的实质 ……………………………………………… 070
四、问题导向的类型 ……………………………………………… 071
五、问题导向的局限及其克服策略 ……………………………… 072

第三节　从认知到认同 ……………………………………………… 075
一、认知教育及其问题 …………………………………………… 075
二、认同教育的必要性 …………………………………………… 078
三、认同教育的实质和类型 ……………………………………… 081
四、认同教育的限度 ……………………………………………… 084

第四节　从说教到讲理 ……………………………………………… 086
一、说教方式及其问题 …………………………………………… 087
二、讲理的必要性和可能性 ……………………………………… 090
三、讲理的原则和路径 …………………………………………… 093
四、讲理的限度及其克服方法 …………………………………… 096

第三章　高校思政课专题教学内容的改革创新 ………………… 099

第一节　高校思政课专题教学内容设计的基本原则 …………… 099
一、坚持政治性和学理性相统一 ………………………………… 100
二、坚持价值性和知识性相统一 ………………………………… 102
三、坚持建设性和批判性相统一 ………………………………… 106
四、坚持理论性和实践性相统一 ………………………………… 114

第二节　高校思政课专题教学内容设计的程序 ………………… 119

  一、确定教学目标 ………………………………………… 119
  二、学情分析 ……………………………………………… 122
  三、立体化解读教材 ……………………………………… 123
 第三节 高校思政课专题教学内容设计的若干热点问题……… 124
  一、教师素养：专题教学内容设计质量保证的根本……… 124
  二、专题教学内容设计的重要特征 ……………………… 128
  三、专题教学内容设计的关键 …………………………… 133

第四章 高校思政课专题教学模式的改革创新 ……………… 138
 第一节 高校思政课专题教学模式设计的基本原则 ………… 138
  一、坚持统一性和多样性相统一 ………………………… 139
  二、坚持主导性和主体性相统一 ………………………… 145
  三、坚持灌输性和启发性相统一 ………………………… 150
  四、坚持显性教育和隐性教育相统一 …………………… 155
 第二节 高校思政课专题教学模式改革创新的路径 ………… 159
  一、精选案例是专题教学模式的关键 …………………… 159
  二、问题导向是专题教学模式的灵魂 …………………… 162
  三、小组研讨是专题教学模式的抓手 …………………… 165
 第三节 高校思政课专题教学模式的新探索 ………………… 170
  一、混合式教学模式遵循的原则 ………………………… 170
  二、"专题教学＋翻转课堂"混合式教学模式流程 ……… 171
  三、混合式教学模式的注意事项 ………………………… 174

第五章 高校思政课专题教学管理的改革创新 ……………… 177
 第一节 高校思政课专题教学管理的路径 …………………… 177
  一、完善多层次专题教学督导机制 ……………………… 177
  二、组织和管理专题教学团队 …………………………… 182
  三、创新专题教学集体备课制度 ………………………… 190

四、推进专题教学管理的信息化建设 …………………………… 194

第二节 高校思政课专题教学评价的改进 ……………………………… 198

一、高校思政课专题教学评价的概念和类型 ……………………… 198

二、高校思政课专题教学评价的新路向和基本环节 ……………… 200

三、高校思政课专题教学评价的原则和方式 ……………………… 207

参考文献 ………………………………………………………………… 213

后　记 …………………………………………………………………… 225

导 论

专题教学是教材体系转化为教学体系的新型载体形式。它力图克服照本宣科式教学的弊端,强化以理服人,实现从认知到认同的转化。习近平总书记指出:"推动思想政治理论课改革创新,要不断增强思政课的思想性、理论性和亲和力、针对性。"[1]专题教学以问题为导向,以教材为依据,以说理为手段,以认同为目标,旨在以学术讲政治,因而是高校思政课改革创新的战略方向。如何推动高校思政课专题教学的实效性提升,这是当前的迫切课题。高校有普通本科和高职高专院校的区别,高校思政课专题教学有研究生和本(专)科生两个层次,这里的靶心在于研究普通本科院校大学生的思政课,重点探索"以理服人"的专题教学如何提高思政课的实效性。

一、何谓专题教学

(一)专题教学含义

教学包括教和学两个部分。在学校里面,承担"教"的职责的主要工作者就是教师。韩愈在《师说》中说:"师者,所以传道受业解惑也。"承担"学"的人是学生,他们在教师有目的、有计划和有组织的指导下,掌握各类知识和技能,成为德智体美劳全面发展的合格人才。教学方式就是教和学的中间环节,它是媒介、桥梁和中介。

现代教学方式呈现多样化是普遍现象。根据授课对象和教学目标的不

---

[1] 《习近平谈治国理政》第3卷,外文出版社2020年版,第330页。

同，教师的个人偏好和教学理念的不同，以及教学条件和教学管理方式的影响，高校思政课教师采用的教学方式并没有完全统一的模式，而是进行了各种有效方式的探索，比如专题教学、实践教学、网络教学等。

专题教学是打破传统按照教材章节次序授课的方式，依据教学大纲的基本要求和学生的实际情况重新编排并整合教材内容，形成既有内在联系又相对独立的系列专题，进而围绕专题组织教学活动的教学模式。它不是面面俱到地讲授某一门课程的知识点，而是按照某些约束性条件精选主题，围绕主题进行深入、全面、系统的阐释，揭示主题的内涵、特征、实现路径、历史意义等。这是一种立足于具体教学情况的再创造活动，而不是简单地照搬和重复。"专题式教学是在理解教材和教学要点的基础上，充分领会课程精神，根据课程中的基本理论，提炼出重点和难点，以问题为核心、综合教材内容后整合成的主题式教学方式。"[1]

从不同的角度，专题教学可以分为不同的类型。从活动方法的角度，可以划分为理论型的专题教学和实践型的专题教学；从教学对象的角度，分为中小学的专题教学、大学生的专题教学、研究生的专题教学；从教学主体的角度，分为教师主导的专题教学、行业领袖主导的专题教学、模范人物主导的专题教学；从教学内容的角度，分为专业型专题教学、宣传型专题教学。

（二）专题教学特征

专题教学的应用范围很广，无论是课内还是课外，无论学校还是企事业单位，无论政治类课程还是其他课程，只要存在授课的形式问题，就有采用专题化教学的可能。这里重点讨论的是高校思政课的课堂教学，而非体系化知识讲授的理论型专题教学。由于针对研究生的思政课早已采用专题教学，而针对本（专）科生的思政课专题教学正在深入探索中，这里聚焦于如何推动本（专）科生阶段的思政课专题教学。

高校思政课专题教学的主要特征有以下几个方面：

---

[1] 郭凤志：《"马克思主义基本原理概论"课专题教学的基本思路》，《思想理论教育导刊》2010年第9期。

1. 问题导向

专题教学聚焦教育重点、理论难点、社会热点、学生疑点,从多维交叉中筛选问题,采取说理、举例、类比、研讨等方法讲解,从而让学生学深悟透马克思主义,达到学思用贯通、知信行统一的教学目标。"一个问题的设计是否成功,往往直接关系到一堂课的教学是否成功。要把教学方法研究的主要精力放在对问题的设计上,即设计怎样的问题能够引起学生的兴趣,能够有理论深度和理论含量,能够和学生关注的现实问题紧密联系起来。把问题设计好是需要花很大功夫的。"[①]

问题是时代的声音。马克思说:"主要的困难不是答案,而是问题。"[②]爱因斯坦说:"提出一个问题往往比解决一个问题更重要,因为解决一个问题也许仅是一个数学上的或实验上的技能而已。而提出新的问题,新的可能性,从新的角度去看旧的问题,却需要有创造性的想象力,而且标志着科学的真正进步。"[③]问题意识是创新思维的必备素质,培养学生的问题意识需要通过问题导向式教学,而不是灌输式的知识教育。背对问题的系统知识性教学,固然可以完善学生的知识体系,但有违高校思政课教学的初衷,已到非改不可的地步。有些思政课老师照本宣科,自说自话,教学内容抽象晦涩,不关注现实,不面对学生的思想困惑,教学内容远离学生的学习和生活实际,不注重教法的生动性,导致学生认为思政课不能解决实际问题而不想听。解决这些问题的关键在于,"坚持问题导向,突出问题意识,不无病呻吟,不哗众取宠,把马克思主义理论与我们正在做的事情结合起来,与我们正在进行着的中国特色社会主义实践结合起来,与中华优秀传统文化结合起来"[④]。

问题有真问题和假问题之分。问题就是矛盾,矛盾无处不在、无时不在,这是矛盾的普遍性,也决定着问题的普遍存在。每一事物的矛盾又有不

[①] 顾钰民主编:《高校思想政治理论课教学方法研究》,复旦大学出版社2012年版,第6页。

[②] 《马克思恩格斯全集》第1卷,人民出版社1995年版,第203页。

[③] 艾·爱因斯坦、利·英费尔德:《物理学的进化》,周肇威译,湖南教育出版社1999年版,第66～67页。

[④] 孙熙国:《转变思路,用好课堂主渠道》,《光明日报》2017年6月1日第14版。

同于其他事物的地方，这是矛盾的特殊性。揭示研究对象的矛盾，重点是破解它的矛盾的特殊性，这就是研究真问题。当代实践的复杂性在于，它的联系的广泛性和发展变化的快速性是以前的时代所不能比拟的。深入当代实践的内部了解这些问题，直面问题的挑战并给予必要的回应，这是正确的态度。比如，马克思面对"苦恼的疑问"，进行政治经济学批判研究，有了市民社会决定国家而不是国家决定市民社会的新答案。列宁面对帝国主义阶段的资本主义不平衡性，就有了新的思考和答案。毛泽东面对"红旗能够打多久"的疑问，强调"星星之火，可以燎原"，主张"农村包围城市"，而不是"以城市革命为中心"。[①] 面对今天"无产阶级消失了""无产阶级丧失革命的动力""劳动价值论失效了"等问题，如果不能从马克思主义立场、观点和方法的角度给予有力的回应，破解学生心中的困惑，仅仅教条式地灌输马克思主义创始人在19世纪的理论主张和看法，没有意识到他们的理论之时代性，把马克思主义非历史地当作包治百病的药方和公式，仅仅给今天的各种新事物和新矛盾贴标签，或者无视新问题的存在，这就走向马克思主义的反面，也不是理论自信的真正表现。"马克思主义理论是具体的而不是抽象的，是普遍性和特殊性的辩证统一，即普遍性寓于特殊性之中、特殊性包含了普遍性，而普遍性只是大致地包括一切个别事物，而不可能包括所有现象。……把马克思主义理论的普遍性当作包罗万象的整体，认为它可以任意推演出具有绝对正确性的个别结论，就会犯教条主义错误。"[②]

假问题就是未能把握事物的真正矛盾所在，未能抓住矛盾的主要方面，仅仅沉迷于文字游戏，表现为从概念到概念的空泛化现象。黑格尔意义上的外部反思就比较典型。它常常以贴标签的方式呈现出来，又以罗列和堆砌的方式进行论证，实质上没有问题意识。教条主义、经验主义、实用主义态度等是产生假问题的根源。

问题导向凸显了针对性。不同的学生有不同的偏好、认知能力、思维方式、行为习惯、教育背景等，由此决定他们对时代主题的关注角度和思想困

---

① 《毛泽东选集》第1卷，人民出版社1991年版，第97～108页。
② 陈锡喜：《论马克思主义理论创新中坚持问题导向的科学路径》，《思想理论教育》2017年第6期。

惑也会不同。基于大学生的成长规律和教育教学规律,针对普遍性的话题深入解读,比如针对各种流行的错误思潮进行辨析,批判历史虚无主义、新自由主义、民主社会主义等,才有学生的获得感,才有实效性。问题导向有助于激发学生的兴趣和好奇心,有利于调动学习者的积极性和主动性,改变被迫学习的局面,有助于促进学习者的理解活动。

问题导向不等于知识的碎片化。它反对的仅仅是为体系而体系的形式主义,并不反对知识的系统性和完整性。也就是说,这些选择的问题不是随意的拼凑,在问题和问题之间,有着内在的联系和脉络,它们就像绳子上的节点,体现出知识架构的完整性。

2. 以理服人

以理服人的"理"是道理和真理,不是歪理。马克思主义是关于无产阶级和人类解放的学说,它本质性地洞察了历史的趋势和人类社会发展的规律,因而是科学的理论。坚持马克思主义的"理"固然体现了无产阶级的阶级性,具有意识形态色彩,但这并不是欺骗和虚伪的劝说。阶级性和科学性是内在统一的关系。换句话说,马克思主义的科学性是阶级性的基础。"统治阶级的思想在每一时代都是占统治地位的思想。这就是说,一个阶级是社会上占统治地位的物质力量,同时也是社会上占统治地位的精神力量。支配着物质生产资料的阶级,同时也支配着精神生产资料,因此,那些没有精神生产资料的人的思想,一般地是隶属于这个阶级的。"[①]资产阶级及其之前社会的统治阶级的意识形态总是把少数人的利益冒充为全人类的利益,没有讲理的基础,只能愚弄民众,因而不可避免地带有欺骗性和虚伪性。比如资产阶级宣扬的自由、平等和民主,这些口号固然有相对于专制时代的进步性,但历史雄辩地表明,它们仅仅是形式上的自由、平等和民主,无产阶级并不能真正地获得它们,根源在于特定的私有制使得无产阶级依然不得不在饥饿的强制下接受资本家的剥削和压迫,根本没有经济自由,难以真正实现其他层面的种种权利。社会主义意识形态坚持马克思主义的根本指导地位,敢于宣称自己的阶级性,不怕别人了解自己的真实意图,这就是为大多数人谋福利、为人类的自由解放而奋斗。马克思主义的真理性支撑着社

---

① 《马克思恩格斯选集》第1卷,人民出版社2012年版,第178页。

会主义意识形态的阶级性,使得社会主义意识形态成为唯一能够实现真正说理的意识形态,也是高校思政课能够实现以理服人的根本原因和底气所在。占理、有理,然后才是懂理、讲理。

以理服人的"服"就是摆事实讲道理。它不同于以权压人、以利诱人、以死吓人、以恐惧胁迫人。它的核心是逻辑性。也就是说,说理要遵循逻辑,不能前言不搭后语,而要抽丝剥茧,层层深入。真理愈辩愈明,它不怕公开的争论,不忌讳最尖锐的问题。就马克思主义的生成和发展而言,它一直是在同各种各样的错误思想进行毫不妥协的争论,历史证明了它的正确性,人民群众在历史经验中接受和认同了马克思主义。马克思说:"批判的武器当然不能代替武器的批判,物质力量只能用物质力量来摧毁;但是理论一经掌握群众,也会变成物质力量。理论只要说服人,就能掌握群众;而理论只要彻底,就能说服人。所谓彻底,就是抓住事物的根本。"[①]可见,说服的关键在于理论的彻底性。所谓彻底性,就是把理讲深讲透,且能深入浅出,表达到位精确,而不是似是而非,半生不熟。有人说,事实胜于雄辩。这似乎意味着摆事实就可以了。但是,这种说法没有意识到一个关键问题,即事实并不是我们经验到的感性碎片,而是渗透着理性的整体性把握和本质性洞察。雄辩也不是诡辩,不是基于胜负目的的辩论,不是矛盾的隐藏,而是逻辑严密的阐述和说理,是对事物实体性内容的本质性敞开。恩格斯说:"一个民族要想站在科学的最高峰,就一刻也不能没有理论思维。"[②]我们要高度重视理论说服的重要性。习近平总书记指出:"思政课的本质是讲道理,要注重方式方法,把道理讲深、讲透、讲活,老师要用心教,学生要用心悟。"[③]

以理服人的"人"是参与互动并塑造自己价值观的现实个人,在高校就是受教育的所有学生。受教育者并不是被动接受教育的客体,更不是被愚弄的对象,他们有着自由的思想和独立的精神,有着探索真理的勇气和创造的精神。高校要培养德智体美劳全面发展的社会主义建设者和接班人,要培养他们的理性精神和健全的人格,培养他们养成善于质疑的习惯,培养他

---

① 《马克思恩格斯选集》第 1 卷,人民出版社 2012 年版,第 9~10 页。
② 《马克思恩格斯文集》第 9 卷,人民出版社 2009 年版,第 437 页。
③ 《坚持党的领导传承红色基因扎根中国大地 走出一条建设中国特色世界一流大学新路》,《人民日报》2022 年 4 月 26 日第 1 版。

们的家国情怀和马克思主义世界观、人生观和价值观,要让他们克服各种错误思想的污染并具有精神上的免疫力,关键在于研究他们的成长规律和精神渴求,发挥他们的积极性和主动性。

以理服人的重心在于说理,因而要着眼于认知问题,进而走向认同。理的认知依靠的是人的悟性和理性能力,而不是共情或其他。但是,理和情之间不是对立的关系,而是相辅相成的关系。现实中的说理常常是理中有情,情理交融,以情辅理,从而使得说理更加容易被人接受。

二、推进高校思政课专题教学的重要性

习近平总书记指出,我国高等教育"为人民服务,为中国共产党治国理政服务,为巩固和发展中国特色社会主义制度服务,为改革开放和社会主义现代化建设服务"。[①] 这回答的是"培养什么人、怎样培养人、为谁培养人"的重大问题。思政课是高校立德树人的关键课程,承担着为党育人、为国育才的重任。高校思政课专题教学的提出在于遵循大学生的成长成才规律和高校教育教学规律,深化教学改革,推动教学实效性的实质性提升,因而具有重要现实意义。

1. 破解政治性和学理性如何统一的难题

当前高校思政课教学实践中存在两种颇为流行的不良倾向:第一种是忽视学理性,仅仅强调政治性。毫无疑问,高校思政课承担着思想政治教育的功能。也就是说,这门课程要培养学生们的政治觉悟和政治认同,让学生理解和认同马克思主义,确立道路自信、理论自信、制度自信、文化自信,做到"两个维护",坚定为实现中华民族伟大复兴和建设中国特色社会主义现代化努力奋斗的信念。没有这一教学目标的实现,思政课就失去了它的根本价值和意义。问题在于,现在的教学实践中存在一种偏颇的理解和做法,这就是割裂学理性和政治性的辩证统一关系,做不到"讲政治"和"讲道理"的统一,仅仅片面地强调"讲政治",忽视或轻视"讲道理",甚至"不讲理"。

[①] 《把思想政治工作贯穿教育教学全过程 开创我国高等教育事业发展新局面》,《人民日报》2016年12月9日第1版。

它的典型表现就是在思政课上进行念文件式的授课，传教式地把学生需要掌握的结论硬塞给学生，根本不管学生能不能接受、消化和吸收夹生饭。它不能运用马克思主义的立场、观点和方法分析问题与解决问题，不能激活马克思主义的强大生命力。究其根源，既有认知上的误区，也有教师能力问题，比如不愿讲、不会讲、不能讲、不敢讲等。这造成的结果就是高校思政课变为单纯的意识形态灌输和干巴巴的说教。表面上看，授课者始终坚持正确的政治导向，在培养政治立场坚定的社会主义建设者和接班人；深层次看，它常常导致学生对思政课的反感，对马克思主义的误解和抵触，教学效果不好，甚至有反作用。这并不是"讲政治"本身不对，而是抛弃"讲道理"的"讲政治"不好。第二种是忽视政治性，仅仅强调学理性。一些思政课老师不满于板着面孔的政治说教，突出强调思政课的学理性，淡化政治性。这主要表现在忽视课程应有的价值引领和信念塑造的作用，陷于琐碎的词句考证或者概念辨析，有意无意地主张纯学术研究的价值中立。这种倾向不能旗帜鲜明地讲政治，丧失马克思主义的立场、观点和方法的培养，也不是合格的思政课。这两种偏颇性的观点表面上截然相反，实际上分享了共同的前提，就是割裂学理性和政治性的内在统一。"离开学理性，政治性会变得空洞，枯燥乏味；离开政治性，学理性会偏离方向，陷入危险境地，因此应该坚持两者的辩证统一。辩证统一，指的是辩证矛盾的两个方面内在的固定的统一。政治性和学理性的辩证统一，是指政治性要引导学理性，学理性要支撑政治性；政治是学理展现的政治，学理是表达政治的学理。"[①]

高校思政课专题教学贵在"以学术讲政治"，能够很好地解决学理性和政治性如何统一的难题。高校思想政治理论课既是"政治课"，又是"理论课"，因而要求实现二者的内在统一。专题教学注重发挥真理的力量和逻辑的力量，避免用事实解释事实，用文件解释文件。理论逻辑、历史逻辑、现实逻辑是发挥逻辑性力量的不同维度，彰显丰富性和厚度，因而要全面统筹使用。

政治性和学理性相统一的根本前提在于马克思主义的科学性。离开了

---

① 冯刚主编：《理直气壮开好思政课——把握新时代思政课建设规律》，人民出版社2019年版，第23页。

科学性,就没有真正的学理性,从而谈不上统一性问题。马克思主义理论的科学性本身就蕴含政治性,因而越是透彻地阐发马克思主义理论的科学性,越能够避免"低级红""高级黑",越是能够体现政治性。不讲科学性,高校思政课就会变味。其他各种意识形态理论的主要问题在于它们自觉不自觉地欺骗和蒙蔽群众。根本原因在于它们的意识形态理论本身缺少科学性,因而只能用一种道德说教、宗教宣传或煽动性口号等吸引民众,赢得民众的接受和认可。总之,"有理"才能"讲理","有理"是前提,"讲理"是方法。

马克思主义的科学性既有实践的证明,也有马克思主义经典作家的首肯。马克思和恩格斯在《德意志意识形态》中称唯物史观是"历史科学",根本区别于传统历史哲学的臆测。列宁说,马克思主义理论"对世界各国社会主义者所具有的不可遏止的吸引力,就在于它把严格的和高度的科学性(它是社会科学的最新成就)同革命性结合起来"。① 毛泽东之所以成为马克思主义者,接受马克思主义信仰,主要原因在于马克思主义的真理性。他在1936年同斯诺的谈话中说:"有3本书特别深地铭记在我的心中,使我树立起我对马克思主义的信仰。我接受马克思主义、认为它是对历史的正确解释,以后,就一直没有动摇过。这3本书是:陈望道译的《共产党宣言》,这是用中文出版的第一本马克思主义的书;考茨基著的《阶级斗争》,以及柯卡普著的《社会主义史》。到了1920年夏天,我已在理论上和在某种程度的行动上,成为一个马克思主义者,而且从此我也自认为是一个马克思主义者了。"② 邓小平在东欧剧变之后说:"我坚信,世界上赞成马克思主义的人会多起来的,因为马克思主义是科学。它运用历史唯物主义揭示了人类社会发展的规律。"③ 江泽民、胡锦涛也有不少肯定马克思主义科学性的说法。习近平总书记强调:"马克思主义是科学的理论,创造性地揭示了人类社会发展规律。"④

马克思主义的科学性有诸多论证角度,这里重点强调其唯物史观和剩

---

① 《列宁全集》第1卷,人民出版社2013年版,第291页。
② 《毛泽东自述》,人民出版社2023年版,第46页。
③ 《邓小平文选》第3卷,人民出版社1993年版,第382页。
④ 习近平:《在纪念马克思诞辰200周年大会上的讲话》,《人民日报》2018年5月5日第2版。

余价值学说的科学性。一是唯物史观。唯物史观绝不是提供可以适用于各个历史时代的药方或公式,它揭示的历史绝不是僵死的事实的汇集,不是想象的主体的想象活动,而是现实的个人的现实生活过程,它揭示了人类社会的本质和发展规律。在马克思看来,唯物史观的要义可以简要地表述如下:"人们在自己生活的社会生产中发生一定的、必然的、不以他们的意志为转移的关系,即同他们的物质生产力的一定发展阶段相适合的生产关系。这些生产关系的总和构成社会的经济结构,即有法律的和政治的上层建筑竖立其上并有一定的社会意识形式与之相适应的现实基础。物质生活的生产方式制约着整个社会生活、政治生活和精神生活的过程。不是人们的意识决定人们的存在,相反,是人们的社会存在决定人们的意识。社会的物质生产力发展到一定阶段,便同它们一直在其中运动的现存生产关系或财产关系(这只是生产关系的法律用语)发生矛盾。于是这些关系便由生产力的发展形式变成生产力的桎梏。那时社会革命的时代就到来了。随着经济基础的变更,全部庞大的上层建筑也或慢或快地发生变革。"[1]唯物史观和唯心史观的根本区别在于,"它不是在每个时代中寻找某种范畴,而是始终站在现实历史的基础上,不是从观念出发来解释实践,而是从物质实践出发来解释各种观念形态"。[2] 唯心主义历史观忽视历史的世俗基础,把人和自然的关系从历史中排除出去,现实的生活生产成为非历史的东西,成为附带的存在,它从历史之外的某种尺度编写历史。在这个问题上,坚持自然观上唯物主义的哲学家(比如费尔巴哈)也不可避免地滑入唯心主义历史观。二是剩余价值学说。剩余价值学说揭示了资本主义剥削的秘密。在资产阶级庸俗经济学家那里,资本家发财致富的根源在于他们的冒险精神、眼光、运气、勤奋努力……他们用利润掩盖剥削。马克思通过劳动二重性和商品二因素的学说,通过不变资本和可变资本的区分,通过商品价值构成的分析,雄辩地说明了剩余价值的来源在于劳动力这种特殊的商品,这就把掩盖剥削的迷雾吹散了。唯物史观和剩余价值学说使得社会主义学说从空想走向科学。

高校思政课专题教学依托马克思主义及其理论创新成果的科学性,可

---

[1] 《马克思恩格斯文集》第2卷,人民出版社2009年版,第591~592页。
[2] 《马克思恩格斯选集》第1卷,人民出版社1995年版,第92页。

以做到以理服人,从而实现政治性和学理性的内在统一。

2.助推学思用贯通、知信行统一

习近平总书记指出,理论学习要"学、思、用贯通,知、信、行统一"[①]。学是基础,思是关键,用是目的。学、思、用贯通的首要之点在于学,具体就是学习马克思主义理论,包括马克思主义中国化时代化新的飞跃的最新成果即习近平新时代中国特色社会主义思想。思是学和用的中介环节。学而不思则罔,思而不学则殆。唯有多思才能知其然又知其所以然,学深悟透。真学才能真懂真信真用,做到知信行统一。真学的前提是克服形式主义,反对应付性的假学。理论学习的目的是运用,也就是用马克思主义立场、观点和方法指导我们的实践与行动。高校思政课专题教学方式不同于其他教学方式,它的重大意义在于助推学思用贯通、知信行统一,具体表现为传授知识、培养能力、塑造价值、坚定信念、促进行动等各个方面。

一是传授知识。高校思政课专题教学是一种课堂教学方式,承担着传授马克思主义理论知识的职能。也就是说,它首先要让大学生系统全面地掌握马克思主义的知识结构。目前,高校思政课本科阶段的体系结构主体是"5+1","5"指的是"马克思主义基本原理""毛泽东思想和中国特色社会主义理论体系概论""习近平新时代中国特色社会主义思想概论""思想道德与法治""中国近现代史纲要","1"指的是"形势与政策"课程。根据最新的课程安排,"四史"教育也是本科生的必修课,具体内容和课程名称根据实际情况调整。专科生和研究生阶段的思政课,本书暂且不论。就本科生阶段的课程体系而言,应该掌握的理论知识包括马克思主义基本立场、观点和方法,马克思主义中国化的理论成果,社会主义核心价值观和依法治国,回答"四个选择"等。

知识学习为什么重要?根本之点在于认知是基础。根基不牢,地动山摇。学习马克思主义理论知识,我们可以了解马克思主义的基本立场、观点和方法,才有进一步提升层级的可能。

高校思政课专题教学是适合大学生认知特征的知识传授模式。教学内

---

① 《在常学常新中加强理论修养 在知行合一中主动担当作为》,《人民日报》2019年3月2日第1版。

容要根据教学对象的不同进行不同的安排,这就是针对性问题,也是常说的对症下药问题。高校学生不同于中小学生的认知特征在于,他们更擅长进行抽象思维和概念思维。针对高校学生的认知特征和学习方式,如果采取适合中小学生的方式,恐怕就会事倍功半。换句话说,讲故事要服从于讲道理,运用逻辑的力量征服学生才是根本。简单地强调抬头率,强调课堂的热闹,把思政课堂娱乐化,无视点头率,并不能让学生获取真正的知识。专题教学的意义在于,围绕某一个主题讲深讲透,实现理论的彻底性,让学生心服口服地接受和认同这个知识点。停留于泛泛地传授知识体系,学生不感兴趣,课时也不够,参差不齐的教师水平常常造成讲解不深不透的状况,这些叠加在一起,导致的结果就是课堂很难赢得学生的尊重和发自内心的认同,学生对马克思主义理论学习产生抵触情绪。

二是培养能力。"能力就是努力运用条件实现效果的可能性。效果是目的,知识是条件,能力才是获得效果的有效手段。"[①]化知识为能力,这是任何一门课程教学的重要目标,高校思政课专题教学更要担负这一职责。死知识和活知识的根本区别之点在于,有没有激活知识,把它转化为能力。有一种看法是,学好思政课的要诀就是死记硬背,在考试的时候能写到卷子上去就行。这是对思政课的严重误解。依靠这种方式学习的马克思主义理论知识不但对我们没有用处,而且变成了负担,在应付完了考试之后,常常就被忘却。死记硬背的知识性学习仅仅是学生应付考试的一种方法和习惯,它把问题的前提和结论短暂地依靠记忆刻在脑子里,没有知识的熏陶,没有求知兴趣的满足,没有志同道合者的自由争论和相互促进,无助于创造性才能的发挥,无助于心智的扩展,也无助于能力的培养。马克思主义理论绝不是死知识。我们的大脑如果仅仅使用一种储藏功能,学习知识就像蚂蚁搬东西藏于自己的洞穴一样,那就走向了马克思主义的反面。教条主义的问题恰恰在于把马克思主义当作神圣的教义,没有能够转化为一种分析问题的能力和方法,从而变成了一种唬人的东西。这就是毛泽东批判教条主义错误时所说的"臭的马克思主义""死的马克思主义"。[②] 一言以蔽之,

---

[①] 林格:《管一辈子的教育》,清华大学出版社2010年版,第14页。

[②] 《毛泽东文集》第3卷,人民出版社1996年版,第331～332页。

能力培养是知识性学习的必然目标,否则,我们的大脑就变成了一个U盘。

一个前提性的问题是知识性学习和能力培养的关系。这里的要点有两个:第一,知识性学习不等于能力培养,不能把掌握了知识等同于培养了能力;第二,能力培养离不开知识性学习,不能走向反面的极端化,认为能力培养根本不需要知识性学习,最终为一些学习的懒惰行为寻找借口。知识转化为能力的关键在于勤于思考、善于思考,能够理论联系实际。马克思主义理论的知识性学习,不仅在于了解马克思主义是什么,而且在于掌握并运用马克思主义的立场、观点和方法分析问题与解决问题的能力。马克思主义的立场,就是人民立场;马克思主义的观点,就是唯物史观和剩余价值学说等;马克思主义的方法,就是两点论和重点论相统一的方法、逻辑和历史相统一的方法、从抽象到具体的方法、阶级分析方法等。唯物论要求我们实事求是,一切从实际出发,不能犯主观主义的毛病;发展的观点告诉我们,要有长远的眼光,不能患"近视眼"的毛病,不能目光短浅;普遍联系的观点告诉我们,要全面地看问题,能够一分为二,坚持系统思维,不能片面,不能以偏概全,不能极端化思维;矛盾的特殊性要求具体问题具体分析,不能一刀切……马克思主义的立场、观点和方法是我们认识世界和改造世界的理论武器。

高校思政课专题教学无时无刻不在培养学生分析问题和解决问题的能力。它针对重大现实问题和理论问题,从马克思主义的立场、观点和方法出发条分缕析、广征博引,在历史与现实、理论与实践的结合中去粗取精、去伪存真、由此及彼、由表及里,实现从现象到本质的飞跃,得出具有说服力的结论。它的重点恰恰在于教会大学生更深入透彻地掌握马克思主义世界观和方法论,教会他们如何运用马克思主义的立场、观点和方法分析问题和解决问题,避免唯心主义世界观、形而上学方法论、唯心史观等陈旧和错误观念的误导,使大学生面对各种错误思潮时具有免疫力。

习近平总书记说:"马克思主义立场、观点、方法是做好工作的看家本领。"[①]这里的"本领",强调能够运用马克思主义立场、观点和方法分析解决

[①] 习近平:《努力成长为对党和人民忠诚可靠、堪当时代重任的栋梁之才》,《求是》2023年第13期。

重大问题的能力。毛泽东同志曾经说:"如果我们党有一百个至二百个系统地而不是零碎地、实际地而不是空洞地学会了马克思列宁主义的同志,就会大大地提高我们党的战斗力量。"①

三是塑造价值。学术研究无禁区,课堂讲授有纪律。高校思政课是公共平台,它要求思政课教师遵循教学的基本要求,自觉弘扬主旋律,传播正能量,培育社会主义核心价值观,抵御西方敌对势力的意识形态渗透,用马克思主义占领课堂主阵地主战场。"思想政治教育不是描述性的,而是价值性、规范性的,带着特有的立场和观点。它是一定的社会提供的政治教育方式,是使社会中的个体或群体接受那些能帮助他们理解政治制度运作的信息、信念、态度、价值,并指导他们自己在这一框架内行动的方式。"②

高校思政课专题教学的教学目标不仅在于认知马克思主义的世界观、人生观和价值观,而且在于认同的实现。也就是说,要有集体主义价值观,不能奉行个人主义;要在奉献中寻求自身的价值,不能一味地索取;要以人民为中心,不能以物为中心,不能金钱至上,坚决反对拜金主义;要增强"四个自信",不能把西方的说辞奉为金科玉律。认知是认同的基础,认同是认知的目的。没有认知的认同,就是盲目的非理性的苟同。它的盲目性表现在宗教般的狂热中,缺乏理性的坚固根基,常常变为僵化的教条,没有滋养,难以长久持存。没有认同的认知,陷入琐碎的知识碎片,缺乏灵魂和生命的气息。认知越深入,认同就越坚定。专题教学以说理的方式让大学生认知和认同马克思主义,培育和践行社会主义核心价值观,维护主流意识形态,引导社会舆论,凝聚人心,反对文化霸权。西方的媒介帝国主义利用技术优势和经济优势,控制、垄断、支配文化的生产权和传播权,混淆视听,实质在于意识形态渗透和文化控制。媒介帝国主义以媒介技术为载体,当今更是在传统的报纸、广播、电视之外,借助于数字媒体,突破地域和种族的限制,摧毁一切文化障碍,扩散和输出西方国家的价值观、生活方式、思维方式。比如,在一些缺乏辨别力的年轻人中流行的消费主义、享乐主义、个人主义、

---

① 《毛泽东选集》第 2 卷,人民出版社 1991 年版,第 533 页。
② 顾钰民主编:《高校思想政治理论课教学方法研究》,复旦大学出版社 2012 年版,第 32 页。

拜金主义、崇洋媚外、炫富攀比和盲目追捧洋品牌等，实质是美学观念的奴化，价值观、消费观和审美观的异化，这是资本主义霸权的内在构成部分。

专题教学必须坚持马克思主义在意识形态领域的指导地位，把种种错误价值取向的来龙去脉讲清楚，传播马克思主义价值观。它反对躺平，强调青春是用来奋斗的，奋斗的人生最美丽。西方的价值观是诞生于西方历史性实践基础之上的观念形态，我们必须反对西方把他们的特殊性文化价值泛化为人类的普遍性共识。从中国特色社会主义的伟大实践和国情出发，我们要捍卫文化自主权，拥有民族文化的自觉，意识到文化认同危机，鼓励文化价值观的创新，减少对外部文化传播的被动依赖性。有人抹黑说，中国进行文化控制。实际上，我们仅仅反对不负责任的自由，反对文化霸权下的双标，从来不反对新闻自由。数字化时代的价值塑造，表现出异常复杂的情况。高校思政课的专题教学也应适应和引领时代，抢占网络宣传的制高点，弘扬中华优秀传统文化，掌握价值塑造的主动权。

四是坚定信念。理想是指向未来的某种期盼，信念是基于认知的对某种思想或事物的坚定不移并身体力行的精神状态。理想信念是指路明灯。习近平总书记在庆祝改革开放40周年大会上深刻指出："信仰、信念、信心，任何时候都至关重要。小到一个人、一个集体，大到一个政党、一个民族、一个国家，只要有信仰、信念、信心，就会愈挫愈奋、愈战愈勇，否则就会不战自败、不打自垮。无论过去、现在还是将来，对马克思主义的信仰，对中国特色社会主义的信念，对实现中华民族伟大复兴中国梦的信心，都是指引和支撑中国人民站起来、富起来、强起来的强大精神力量。"[①]信念以情感为要素，更要以理性为支撑，只有理性才能使人们拥有基于客观事实的正确认识，形成坚定的信念。坚定中国特色社会主义信念是战略工程、固本工程、铸魂工程。高校思政课专题教学就是要巩固全党全国人民团结奋斗的共同思想基础，它是塑造灵魂的工作，不是空洞乏味的宣传，不是虚伪的说教，而是火热的、富有生命的激情。世界社会主义500年是从道德信念到科学信念的过程，是社会主义理想信念不断融入现实、渗透到人们日常生活的过程。

---

① 习近平：《在庆祝改革开放40周年大会上的讲话》，《人民日报》2018年12月19日第2版。

五是促进行动。理论是行动的先导。高校思政课专题教学的目的在于实现政治认同、理论认同、情感认同和行为认同。没有行为认同,前面的三个认同就没有依托和抓手。我们常说,内化于心、外化于行。没有行为的体现,仅有内心的认同是不完善的,也是难以想象的。"真懂、真信,就会真行;明道、信道,就会行道。……有什么样的思想信仰就会有什么样的实践行为。"[①]行为认同依靠的是担当意识。学贵有恒,要在做实。落在实处就是行为认同的体现。马克思列宁主义、毛泽东思想、邓小平理论、"三个代表"重要思想、科学发展观、习近平新时代中国特色社会主义思想,这些是武装头脑、指导实践、推动工作的重要基础。专题教学有助于大学生学懂弄通做实,推动理论学习往深里走、往心里走、往实里走。

理论和实践的结合是关键。它要求大学生不仅在干中学,而且在学中干。也就是说,它要求理论学习保持开放性,不断在理论创新和实践创新的良性互动中开拓前进。唯有脚踏实地,才能仰望星空。离开行动这个坚实的基础,仰望就变成脱离实际的空想。

总之,高校思政课专题教学意义重大。它是高校思政课教学改革的战略方向,涉及教学内容的选择和组织方式,隶属于复杂的教学活动的主要环节,它是以学生为中心的体现,有利于改善教学效果,提高教学质量,值得我们充分重视。推进高校思政课专题教学,有助于破除重知识轻认同、重体系轻问题、重灌输轻互动的偏颇,凸显问题意识和中国立场,贯彻长效机制建设的主线,强化以理服人,彰显高校思政课的思想性、理论性和亲和力、针对性。

三、推动高校思政课专题教学改革创新的原则

苏霍姆林斯基说:"如果想使学生的知识转变为强烈的共产主义信念,就要像防火一样避免死记硬背、死啃书本,避免不假思索地'生吞'现成的大道理。"[②]专题教学以问题为导向,以教材为依据,以说理为手段,以认同为

[①] 孙熙国:《转变思路,用好课堂主渠道》,《光明日报》2017年6月1日第14版。
[②] 苏霍姆林斯基:《给教师的建议》,周蕖等译,长江文艺出版社2014年版,第264页。

目标,实现了从说教到说理、从灌输到对话、从体系到问题、从认知到认同的转向。深入推进专题教学改革创新有利于培养大学生的问题意识,反对灌输和说教式的知识性教学,反对死记硬背式的考核方式,更好地抵制和反对各种流行的错误思潮,提高教学质量。发挥好专题教学的作用,必须着重处理好如下六种关系。

(一)以科研促教学:科学研究和专题教学的关系

教学与科研是高校教师的两大基本任务,高校思政课教师也不例外。为了更好地体现针对性,提高实效性,强化以理服人,专题教学成为必然之选。"专题式教学的优点是,主题鲜明、重点突出,教学针对性强。"[①]顺利推进专题教学改革的关键在于处理好专题教学和科学研究的辩证关系。

目前,针对这种关系有"对立说"和"统一说"两种看法。持"对立说"者认为教学和科研是对立的。有的教师认为,高校思政课教师的教学任务繁重,推进专题教学改革需要花费更多的时间,因而没有从事科研的精力,管理部门应该减轻他们的科研压力。也有不少教师忙于完成科研的硬性任务,导致在专题教学的"良心活"方面有应付的心态和做法,造成人才培养的质量下降和实效性不尽如人意。近年来,越来越多的一流高校为了优化师资队伍制定了"预聘制"和"非升即走"的规则,这让刚刚入职一流高校的思政课青年教师常常产生很强的生存危机感和职业发展焦虑情绪,认为科研指标才是去留升降的硬性条件,不自觉地把科研作为主要任务,抱怨过多的教学量"挤压"了科研时间。持"统一说"者认为教学和科研是统一的关系。也就是说,专题教学和科研之间确实存在张力关系,但二者在本质上不是对立的不相容关系。只有把科研做好,才能真正地把教学做好,做好教学也有益于科研的开展。本书赞同"统一说"的观点。

1.专题教学的以理服人要有科研的支撑

高校思政课决不是说教和灌输式的教学,而是强化以理服人,唯此才能让马克思主义的立场、观点和方法在新时代的大学生那里入耳入脑入心。

---

① 郭凤志主编:《高校思想政治理论课程建设研究》,北京师范大学出版社2019年版,第189页。

以理服人的前提在于思政课教师深入系统地掌握马克思主义的"理",苦练内功,有能力把"理"讲深讲透讲活,实现理论的彻底性。如果教师本人不进行科学研究,对马克思主义的"理"半生不熟,期待以己昏昏,使人昭昭,恐怕只能是缘木求鱼。这就要求老师不能仅仅停留于教材,而要深耕马克思主义经典文本,做到理论的专和深,融会贯通,实现从点到面的突破。"有一种看法认为,思想政治理论课教育属于公共基础课,与专业课不一样,有没有科研不是大问题。在这样的观念下,当然对搞科研就没有足够的压力和动力。而长此以往的结果就是教师科研能力和水平低下,既明显逊色于搞专业的教师,也不能适应思想政治理论课教育自身的要求,结果是要提高思想政治理论课教育的效果和质量往往感到力不从心,这当然会直接影响到教育的有效性。"[①]

2.专题教学的重点难点提供科研的主题

科研有两种:一种是为科研而科研,为写文章而写文章,从书本到书本,这样的科研活动纯粹为了满足自己的个人学术兴趣,或者仅仅在于评职称的外在功利性目的,而不是为了解决教学中碰到的难题,因而其研究的问题大多与教学并没有直接关系,表现出典型的"两张皮"现象。自然而然的后果就是教学和科研的时间冲突,疲于在二者之间应付,要么搞不好教学,要么搞不好科研,常见的情况是二者都很难真正做好。前述的"对立说"之深层根源常在于此。另一种是有强烈的问题意识,不回避社会矛盾和尖锐敏感的问题,避免信息茧房式的筛选信息,真诚地面对学生心中的困惑,有的放矢,不自说自话,总能搔到痒处,能够把教学活动中不能讲通讲透的问题作为科研的主要任务,通过科研提升教学水平。有自己对问题的看法和见解,谨记思想政治理论课的本质是一门"理论"课,以学术讲政治,通过真理的力量和理论的魅力征服学生,绝不停留于表面化的人云亦云,更不会以网络上的段子博取学生的廉价笑声和抬头率,不去迎合学生。第二种科研才是专题教学和科研的正确关系,二者之间才能形成良性互动格局。

[①] 顾钰民主编:《高校思想政治理论课教学方法研究》,复旦大学出版社2012年版,第17页。

3. 专题教学的质量提升依托科研水平

强调专题教学和科研之间的互补关系,主张科研服务于专题教学。提升专题教学的理论性和说服力,重点在于强调让专题教学成为科研的活水源泉,让科研成为专题教学的延伸和拓展。学者未必是良师,良师必定是学者。也就是说,教学水平与科研水平不是一一对应的逻辑关系,科研好是教学好的必要条件,但不是充分条件。当然,科研好的本质在于问题的针对性和理论的透彻性,而不是发表的文章多。

总之,专题教学和科学研究不是"两张皮"。正确处理二者关系,就要在专题教学中发现问题,通过科研来解决专题教学中的问题,反过来促进专题教学。没有教学,科研很容易变得没有方向;没有科研,教学也容易陷入照本宣科、单调说教的窠臼。

(二)以方法配内容:教学方法和教学内容的关系

专题教学还要处理好教学内容和教学方法的辩证关系。我们强调"内容为王",也就是说,要以教学内容为重,体现问题意识,避免教学改革方面的泡沫化。"内容"是教学的核心,内容的贫乏会导致教学的苍白;"方法"是实现教学目标的中介和载体,没有合适的教学方法,再好的教学内容也难以达到预期的教学效果。教学内容决定教学方法。紧紧抓住教学内容这个根本,推进教学方法改革,坚决避免舍本逐末的做法。目前,存在两种错误的倾向:一种是只注重教学内容而忽视教学方法,导致教学内容晦涩、抽象、过于学术化、不接地气、学生接受度低。另一种是只注重教学方法而忽视教学内容,以"快餐""故事会"等低质量的内容追求表面的抬头率,导致点头率不够,而且也脱离了教学目标,造成虚假繁荣的景象。克服这两种偏颇,乃是专题教学改革创新的当务之急。"一般地说,教师教学效果的好坏取决于学术水平和教学方法这两个基本要素。学术水平是内在的,是提高教学效果的基础,但学术水平并不简单地等于教学效果,因为它要通过方法来体现。"[①]

---

① 顾钰民主编:《高校思想政治理论课教学方法研究》,复旦大学出版社2012年版,第4页。

1.在专题教学内容方面,要强调思想性和理论性,实现从教材体系向教学体系的创造性转化

教材体系具有系统性、普遍性、稳定性、规范性等特征,教学体系则要考虑针对性、前沿性、通俗性等问题。"教材体系是一种系统的理性逻辑和抽象结论,原则概念在先,通过逻辑推理形成原理结论,隐去了具体。教学体系则必须还原书本逻辑于生活,实现问题在先、原则概念形成于后,这种转化可称为从知识体系向问题体系的转化。"[①]教学体系绝不是照本宣科,也不是另起炉灶。"教材必须反映学科知识的系统性,但教学则要做到'少而精',因此专题式教学就是一种很好的方法。"[②]实现这种转化的关键在于:一是发挥教师的主体性、能动性、创造性,以问题为导向,不追求面面俱到,依据教学要点、课程目标、社会热点、学生需求等设置专题,在教学实践中以鲜活的、契合学生生活实际和认知水平的方法突出教材重点,解析难点,回应时代关切,它绝不是教材内容的照搬。二是防止专题教学内容的碎片化,注重教学专题之间的衔接和系统性,脉络贯通,在讲授中既重视模块,又重视教学内容的逻辑线索。专题教学的要义在于重视解疑释惑和让学生的思想"解渴"。它的内容绝不是随意的兴之所至,需要精心编排。邓小平说:"学马列要精,要管用的。"[③]这是专题教学的根本依据和指导性原则。

2.在专题教学方法方面,要强调亲和力和针对性,推进表述方式和信息技术的应用

思政课的目的不仅在于认知,而且在于认同。如何加强课堂的感染力,更好地传播马克思主义,至关重要。实现这个目标的方法在于:一是理论联系实际,增强理论对现实的解释力,回答学生亲身感受的经验和普遍关切的时代热点问题,真正解答学生心中的困惑,把大道理融入学生身边的故事,按照"天边不如身边,道理不如故事"的方式吸引学生。二是具体问题具体分析,改变千篇一律的状况,因材施教,照顾授课对象的特殊性,比如个性、年龄、具体成长环境、教育背景、专业、年级、地区、高校层次等,从而更好地

---

① 郭凤志主编:《高校思想政治理论课程建设研究》,北京师范大学出版社2019年版,第157页。
② 艾四林:《新时代如何办好思想政治理论课》,人民出版社2019年版,第69页。
③ 《邓小平文选》第3卷,人民出版社1993年版,第382页。

针对他们的认知能力和兴趣偏好"下菜单",使用有差别的话语体系和话语方式。三是要采用学生喜闻乐见的方式,让互联网成为高校思政课专题教学的新平台,综合使用微课、微信、微电影等技术手段,改变"满堂灌"的教学方法,改变学生"被学习"的状态,充分发挥老师的主导性和学生的主体性,让思政课真正活起来。真佛只说家常话,我们要让马克思主义说中国话,把基本原理变成生动道理。

3.教学方法匹配于教学内容,二者是辩证统一的关系

一定的内容需要一定的形式和方法,一定的形式和方法匹配于一定的内容。毛泽东说:"我们不但要提出任务,而且要解决完成任务的方法问题。我们的任务是过河,但是没有桥或没有船就不能过。不解决桥或船的问题,过河就是一句空话。不解决方法问题,任务也只是瞎说一顿。"[1]总体而言,专题教学重在说服,旨在认同,坚决反对说教式的"教"和死记硬背式的"学"。比如,讲述马克思主义基本原理的某个专题,究竟是采用问题型、情感型或研讨型方法,还是采用逻辑推理方法、比较方法或让事实说话的方法等,要依据问题的具体情况,不应千篇一律。

(三)以评价抓过程:教学评价与教学过程的关系

教学评价是对教育质量的考察。它涉及评价主体和评价对象、评价心理、评价标准、评价程序、评价体系、评价过程、评价原则、评价模式等。教学评价的侧重不同,权重分数不同,引导和激励作用也就不同。常见的两种教学评价是结果质量评价和过程质量评价。高校思政课专题教学的评价坚持结果质量评价和过程质量评价相统一的原则,是符合教学规律的科学化做法。重视过程评价有助于提高教育质量,"克服和纠正思想政治教育中重知识轻能力、重结果轻过程、重理论轻实践等不良倾向"[2]。相反,如果变成仅仅注重对结果的评价,又把结果评价简单等同于期末成绩,常常出现弱化实效性的局面。

传统的专题教学评价偏重结果质量评价。它的指标体系容易制定,可

---

[1] 《毛泽东选集》第1卷,人民出版社1991年版,第139页。
[2] 冯刚等:《高校思想政治教育工作质量评价研究》,人民出版社2020年版,第77页。

操作性强,便于对不同被评价对象进行横向比较,能够保证正确的政治方向。但是,重视结果的评价模式导致专题教育知识化,课堂气氛沉闷,学生学习兴趣降低,获得感不足,造成"老师教得费劲,学生学得没劲"。常见的就是不少学生在思政课的专题教学课堂上并不能认真投入,平时也不愿认真完成老师布置的拓展阅读作业。学生们常有这样的预期和应试经验,即授课教师会在考试前划重点,考试前两周突击背诵即可轻松过关。这种误解扭曲了思政课的教学目标,也割裂了教学过程和教学评价的关系。这种评价方式造成努力学习的学生和投机性学习的学生在结果上难以区分,也打击了好学生的学习积极性。探析教学过程和教学评价的辩证关系,要害在于实现二者的良性互动,落实评价机制和教师的担当。

1. 改进教学评价方式,强化专题教学过程评价,改变教师和学生的观念

这种改革的优势包括以下方面:一是改变教师和学生对教学过程的轻视,有效激励学生改变观念,认识到平时课堂态度与状态的重要性,也是对思政课教师的教学伦理与教学热情的激发和督促。二是它符合高校思政课专题教学的规律和教学目的。思政课的教学目的不同于其他偏认知性和技能型的学科,它重在价值养成,因而需要潜移默化地引导和灌输,具有长效性和实践性特征,很难量化评估。简单地采取期末考试方式是把认同教育认知化,偏离了教学目的和教学规律,造成诸多问题。

2. 健全教学评价机制,量化专题教学过程分值,实现以评价抓过程的目标

专题教学不是教师的独白,更不是硬性灌输,它需要学生的积极参与和思想互动。量化教学过程分值并加大其在最终成绩中的比重,这为专题教学过程管理提供了外部保障和抓手。它有助于引导学生全程参与教学过程,有助于对话式、引导式与启发式教学活动的开展,有助于引导学生的好奇心,逐渐培养其自觉意识,真正实现以学生为中心。当然,仅有健全的评价体系是不够的,主体责任意识和落实评价体系的能力是避免把教学评价仅仅停留于纸面的关键,这就要求考虑评价指标与评价程序的可行性和执行成本,从而提高整个评估体系的可信度与实效性。

3. 规范教学过程管理,渗透专题教学目标,促进教学评价的优化

教学过程质量评价是一个系统工程,不能单纯地关注过程而不关注结果,必须有科学合理的、可操作性的评价体系和具体指标。它涉及对专题教学环节、育人资源、教学管理等诸多因素的评价,采取的方式有问卷调查、查阅资料、听取汇报、深度访谈、追踪变化等。学生的思想觉悟、道德水平、政治素养等不易量化和测评,有待进一步科学化和精准化。抓教学过程的做法,目的在于提高教学质量,达成教学目标。因此,深刻理解高校思政课专题教学目标至关重要。它的直接任务在于说服,最终目的在于培养科学的世界观和方法论,实现立德树人的宗旨。综合评价能够克服结果评价的简单化模式,并不是减轻或加重学生的负担,而是扭转"混学分"的不良状况,提高课程质量,增强学生的获得感。

总之,教学评价是指挥棒。评价要突出高校思政课的"政治性、思想性、学术性、专业性、实效性"[1]。我们要高度重视教学评价的科学性,优化教学评价的合理性,强化教学过程在教学评价中的影响力,有助于改变传统的偏重死记硬背的应试思维,改变学生只见考试不见问题的状况,引导学生在理解的前提下运用马克思主义的立场、观点、方法分析重大现实问题和各种流行思潮,提高抽象思维能力和创新能力,增强理论自信。

(四)以强师促真学:教师和教学的关系

习近平总书记强调:"办好思想政治理论课关键在教师,关键在发挥教师的积极性、主动性、创造性。"[2]思政课教师要传播知识、传播思想、传播真理,塑造灵魂、塑造生命、塑造新人,还要给学生心灵埋下真善美的种子,因而责任重大。专题教学更能够体现高阶性、创新性、挑战性,但也对教师提出更高要求。

当前,思政课教师队伍的建设状况和专题教学的内在要求之间尚有不小的差距。各个高校的思政课教师队伍普遍缺编,结构失衡,教师教学任务繁重,教学水平参差不齐。一些高校陷入片面追求学历学位的怪圈,比如强调博士学位的最低门槛,或者第一学历的层次等;有一些高校偏重科研成果

---

[1] 本书编写组编:《中华人民共和国学校思想政治理论课重要文献选编》,人民出版社2022年版,第1576~1577页。

[2] 《习近平谈治国理政》第3卷,外文出版社2020年版,第330页。

的数量和所发文章的期刊档次,忽视科研的相关性和教学水平;有一些高校急于补充师资队伍,又不能马上找到合适的人选,无奈之下降低进人条件,把马克思主义理论或相关学科毕业的要求放宽到非马克思主义的学科,导致教师理论功底不够、学理讲授不深的情况。总之,真才实学本应是人才引进的最重要标准,但它现在退居到一些外在的要求和动机之后。面临形势的迅速变化和思政课教学的综合性要求,如何加强师德建设并提高教师业务水平,成为专题教学目标达成的迫切任务。2020 年教育部公布实施的《新时代高等学校思想政治理论课教师队伍建设规定》强调:"高等学校应当配齐建强思政课专职教师队伍,建设专职为主、专兼结合、数量充足、素质优良的思政课教师队伍。"[①]

1. 配齐是当务之急,务必守住底线,它是做好专题教学的基本要求

缺编严重造成现有思政课教师教学工作量负担过重,整天疲于应付基本教学任务,推进专题教学改革困难。配齐有助于缓解这种状况,因而是当前的首要任务。但这并不是说要突破师资要求的底线,找人凑数。有种错误的看法:思政课就是糊弄学生,谁都能上这种课。这是对思政课的极大误解。吸引人才、留住人才、引培并重是师资队伍建设的主要方式。就个体学校而言,加大学科带头人的引进力度当然是一种办法,人才流动也是正常的,但这属于存量博弈,在总成本加大的情况下,国内人才总量并没有实质性的增加,因而它可以缓解部分高校的思政课教师师资短缺问题,却以加大结构性不平衡为代价,无法从总体上解决根本问题。在全国各个高校马克思主义学院普遍缺口较大的情况下,博士生的培养周期较长,仅仅依靠各个马克思主义理论博士授权点培养的博士生,确实有些供不应求。招聘马克思主义理论相关专业的博士毕业生或博士后担任专职思政课教师,这是国内的共识。吸纳党政干部、社科专家,转聘或合聘校内相关专业教师或党政管理人员、优秀辅导员等承担思政课是多样化师资队伍建设的可行办法。这种做法的短期效益明显,但在队伍建设的科学性、对思政课的认同度、授课的实效性等方面均存在较大隐患,因而应严格设立准入条件,加强针对性

---

① 本书编写组编:《中华人民共和国学校思想政治理论课重要文献选编》,人民出版社 2022 年版,第 1574 页。

培训,区分教学型和教研型,制定不同的管理和考评机制。

2. 建强是根本之策,但也要循规提升,它是提升专题教学质量的保证

提高专题教学质量的根本在于提升教师素质。高校思政课教师是大学生健康成长的指导者和引路人,肩负宣讲党的理论、路线、方针、政策的重任,他们的整体素质和综合能力决定着人才培养的质量高低。习近平总书记提出的"六要"是对思政课教师的基本要求:第一,政治要强;第二,情怀要深;第三,思维要新;第四,视野要广;第五,自律要严;第六,人格要正。① 建强思政课教师队伍不仅靠热情和主观愿望,而且要遵循师资队伍建设规律,完善和优化体制机制,特别注重对青年教师的培养,分层次、有计划地推进培训、访学、教学比赛、集体备课、听课评课、"传帮带"、国内考察、国外研修等,坚持"先培训后上岗",让思政课教师站稳讲台并站好讲台。围绕高校思政课的教学工作量偏大、教学内容重复性等特征,依托当前的高校思想政治教育网络平台,例如,北京高校思想政治理论课高精尖创新中心,各个地方和平台的云端、公众号、线上讲座等,深化思政课教师对马克思主义理论和当前热点问题的理解,提升思政课教师的教学方法和教学组织能力。有一种创新性的做法,即开展"校内外专家进思政课堂"活动,提升专题教学质量。这样的教学改革探索需要机制创新和经费保障,也需要协调专家的时间,处理好不同专题之间的衔接问题,避免碎片化。

3. 信仰是政治原则,切不要马虎大意,它是扎根专题教学的内在之魂

中央多个文件反复强调,新任教师原则上应是中国共产党党员。这一要求体现了党性原则和政治高度,它作为高校思政课教师的准入条件具有重要意义。让有信仰的人讲信仰,这是对思政课教师的基本要求。如果教师自己都不认同马克思主义,他即使有马克思主义的专业训练和水平也不能上讲台。否则,表里不一、言行不一的思政课教师只能起反作用,很难引导学生真学真懂真信真用马克思主义。李大钊是中国马克思主义教育第一人,他用生命追求和贯彻马克思主义,是科学理想的播种者,传播马克思主义要有他这样的理论自信和使命担当,才能理直气壮地讲好思政课。习近平总书记指出:"教师不能只做传授书本知识的教书匠,而要成为塑造学生

---

① 《习近平谈治国理政》第3卷,外文出版社2020年版,第330页。

品格、品行、品味的'大先生'。教师教给学生的知识,多年以后可能会过时,可能会遗忘,但教给学生为人处世的道理是学生一生的财富,会让他们终生难忘。教师要成为学生做人的镜子,以身作则、率先垂范,以高尚的人格魅力赢得学生敬仰,以模范的言行举止为学生树立榜样,把真善美的种子不断播撒到学生心中。"①

(五)以机制保实效:教学管理保障机制和教学实效性提升的关系

任何一个事物的变化都有内因和外因两个方面。教学实效性的提升固然需要教师教学的内因起作用,但也需要教学管理保障机制的外因发挥积极作用。教学管理保障机制的变化和调整,会极大地影响教学实效性的高低。当前高校思政课的专题教学管理保障机制总体有很大改进,能够合理组织人力、财力和物力对教学过程进行科学安排,推进专题教学资源的最优配置和最佳效益发挥,软硬件得到明显改善,但也存在不少问题,比如,一些高校的主要领导认识不到位、相关政策落实不力,部分高校教学资源不足、机制不够健全、保障支撑不足、资源配置无法有效整合……教学管理保障机制和教学实效性是正相关的关系。《新时代高等学校思想政治理论课教师队伍建设规定》强调:"高等学校要为思政课教师的教学科研工作创造便利条件,配备满足教学科研需要的办公空间、硬件设备和图书资料。"②

1. 加强党的领导是健全专题教学管理保障机制的首要之点

高校党委要从讲政治的高度认识思政课专题教学的重要性,强化顶层设计的科学性,协调各方关系,营造良好的专题教学改革氛围,避免各自为政,优化联动机制,增强资源的合理配置,把思政课专题教学改革列为重大教改项目进行建设和扶持,加强平台建设等,为教学实效性的提升做好相应的保障,引导专题教学改革进入良性发展的轨道。扎实落实"一把手工程",各个高校的党委书记要切实负起责任,发挥集中力量办大事的优势,避免扁

---

① 《习近平首次点评"95后"大学生》,《人民日报》2017年1月3日第2版。
② 本书编写组编:《中华人民共和国学校思想政治理论课重要文献选编》,人民出版社2022年版,第1577页。

平化体制的信息耗散与多中心张力,清晰权责关系,坚决贯彻中央和各部门文件精神。

2.采取有效举措是完善专题教学管理保障机制的主要任务

遵循高校思政课专题教学规律和教学原则,优化培养方案,在学分设置、课程设置等方面体现专题教学的特殊性和重要性。设置"联络员"制度,履行协调沟通职能,确保各部门之间的信息畅通。各门课程之间的内容不重复,大中小思政课的一体化,本硕博思政课之间的衔接和"步步高"。确保习近平新时代中国特色社会主义思想及时融入课堂内容,确保"劳动教育""四史教育"的专题化科学系统……各个高校在校级层面设立思政课领导小组,书记和校长担任组长,每学期定期召开专题会议,切实改善承担专题教学改革任务的老师的工作环境和工作条件,完善激励机制,强调物质激励和精神激励的内在结合,重视个体激励和集体激励的结合。设立高校思政课教学指导委员会等机构,定期研讨思政课问题,当然包括专题教学问题。理顺权利义务与耦合关系,避免职能分散、互不沟通、指挥不灵。

3.落实监督到位是执行专题教学管理保障机制的重要保证

监督机制的关键在于科学性、透明性、民主性。上级主管部门要加强领导,健全制度,完善机制,采取座谈、走访、定期检查、征求师生意见等沟通了解的有效举措,切实履行监督监管职责,确保相关职能部门和马克思主义学院履职尽责,推进专题教学改革的理论研究和实践探索,纠正部分教学主体做一天和尚撞一天钟的应付心态。

(六)以规律评目标:教学规律和社会期待的关系

专题教学重在以理服人,它有自身的优势和限度。社会期待不能脱离实际,要以尊重教育教学规律为前提,预设专题教学的有限目标,才是理性的合理预期。合理预期符合教育教学规律,才能对专题教学改革发挥正向的支持、引导和鞭策作用。夸大或弱化专题教学的作用,都是不妥的。

1.过度期待专题教学改革的成效,指望它一劳永逸地解决思政课面临的各种困境

依此想法,常常只会带来令人失望的结果。有一种看法是,社会上的贪污腐败、道德败坏、品行堕落等种种负面现象,根源在于行为主体在学期间没有上好思政课。这种归罪和追责方式是不切实际的,它给予思政课不能承受之重,预设了思政课是包治一切的良药。思政课不可或缺,它有铸魂育人的作用,影响一个人的世界观、人生观和价值观。但是,影响一个人"三观"的因素有社会、家庭、学校等多个方面,彼此之间的联动和配合的结构与脉络非常复杂,学校仅仅是其中的一个因素。就学校而言,课程育人仅仅是影响学生的一个方面。因此,期待专题教学改变一切,这是把专题教学看作学生思想政治教育工作的唯一支点和万能的药方,是不懂育人复杂性的天真想法,表现出明显的空想性和主观主义特征。它给予专题教学过多的社会负载,违背了教育教学规律和评估的科学性,不可避免地会破坏专题教学和社会期待的对称性,导致社会期待和实际效能的失衡。

2. 过分轻视高校思政课专题教学改革的意义,力求把思政课虚无化,认为思政课可有可无

究其根源,这种看法把人的主体精神力量还原于物质关系和社会条件,淡化了真理的力量和人的能动性,因而陷入机械决定论的泥淖。当前,意识形态领域的斗争极其复杂,站在马克思主义立场批驳新自由主义、历史虚无主义、民粹主义等错误思潮,才能实现对青年人的价值引领,才能培养出有理想、敢担当、能吃苦、肯奋斗的新时代好青年,才符合党和人民的利益。"冷战史表明,思想、意识形态竞争的失败,是国家存亡、民族兴衰的关键。苏联的领导层未能理解这个变化,全力争取军事技术和生产技术的优势,却在新闻舆论宣传上采取守势。"[①]苏联在意识形态上的失误最终造成国家解体。以史为鉴,可以知兴替。我们要谨记苏联的前车之鉴,严防西方的和平演变。

总之,专题教学是高校思政课改革的积极探索,它反对给学生灌输生硬的知识,反对没有火花的思想,要求回应全媒体时代的深沉关切,真诚地思考我们的痛苦和忧伤、惊喜与欢欣,直面各种社会思潮的冲击,遵循教育教学规律,按照有效的方法,以自信的姿态,实现社会的合理期待。

---

① 江涌:《谁在操纵世界的意识:从苏联解体到"颜色革命"》,社会科学文献出版社2018年版,第30页。

第一章

高校思政课专题教学的问题和原因

高校思政课专题教学的实践已有多年,理论和实践方面均有较大成绩。比如,课堂秩序和教学效果明显改善,大学生的学习兴趣和满意度获得感明显提升,教师队伍综合素质不断提高等。然而,就现状来看,依然存在专题设计科学性不够、专题讲解彻底性不够、专题教学管理系统性不够等诸多有待改进的问题。究其原因,主要有专题教学理念问题、专题教学能力问题、专题教学管理问题等。

第一节 高校思政课的历史演变和专题教学的现状

中华人民共和国成立后,高校思政课历经变迁,认识上不断深化,实践上不断改革优化。课堂教学的方式上,系统讲授和专题教学是两种主要的方式。总体上,针对本科生的思政课偏向于采用系统的知识性讲授的方式,针对研究生的思政课教学偏向于采用专题教学的方式。

一、高校思政课的历史演变

(一)高校思政课的发展阶段

高校思政课的历史演变大致经历了四个阶段。改革开放以来,高校思政课有"85方案""98方案""05方案"。"05方案"的突出亮点在于设置了马克思主义理论一级学科,强化了思政课的学理支撑,提供了专题教学的理论基础。新时代背景下,专题教学和实践教学、网络教学改革创新是提升高校思政课教学质量的主要方式。

1.1949—1984年

1949年10月8日,华北人民政府高等教育委员会通过《华北专科以上学校一九四九年度公共必修课过渡时期实施暂行办法》。1950年7月,政务院第43次政务会议通过《关于实施高等学校课程改革的决定》,各高校据此先后开设了"社会发展简史""新民主主义论""政治经济学"等课程。几经变革,1956年,高等教育部颁发了《关于高等学校政治理论课程的规定(试行方案)》,确立了中华人民共和国成立后第一个较系统的高校思想政治理论课程体系,这就是"马列主义基础""中国革命史""政治经济学""辩证唯物主义与历史唯物主义"四门课。这是借助苏联高等教育的模式和理念,重点讲授马克思主义基础理论和中国革命史,目的在于让大学生树立革命的人生观,让高校培养社会主义事业的建设者和接班人。1963年8月,教育部颁发了《关于高等学校研究生政治理论课的规定(草案)》,规定研究生的政治理论课有两门,即"马克思列宁主义理论""思想政治教育报告"。1964年,政治理论课首次由中央领导部署,体现中央对高校思想政治理论课的高度重视。1977年,在邓小平的推动下,恢复了高考制度,高校的思想政治理论课也逐步恢复。1978年4月,教育部颁发了《关于加强高等学校马列主义理论教育的意见(全国教育工作会议征求意见稿)》。1980年7月,经过广泛调研,教育部印发《改进和加强高等学校马列主义课的试行办法》,进一步明确了马列主义课的必修课地位,明确了教学目的和任务,规定了课程设置的大纲、学时、教材、体制、队伍等。1982年10月,教育部下发《关于在高等学校逐步开设共产主义思想品德课程的通知》,这是在高校思想政治理论课中设置思想品德课程的开端。1984年9月,中共中央宣传部、教育部印发《关于加强和改进高等院校马列主义理论教育的若干规定》,明确提出准备在全国高等院校增设"中国社会主义建设基本问题"课程(1986年,该课程名称修改为"中国社会主义建设")。1984年9月,教育部印发《关于高等学校开设共产主义思想品德课的若干规定》,明确要求在高等学校新设"共产主义思想品德"课,主要任务在于培养学生的共产主义道德和人生观。

2. 1985—1997年

1985年8月1日,中共中央颁发《关于改革学校思想品德和政治理论课程教学的通知》,对高校马克思主义理论课程设置提出新的调整要求,这是"85方案"的正式出台。1986年3月,国家教育委员会发布《关于在高等学校进一步贯彻〈中共中央关于改革学校思想品德和政治理论课程教学的通知〉的意见》,明确规定普通高校开设的马克思主义理论课包括四门:"中国革命史"(原来的"中共党史")、"中国社会主义建设"、"马克思主义原理"(原来"马克思主义哲学""政治经济学""科学社会主义"三门课的合并)、"世界政治经济与国际关系"。1987年,高校思想政治理论课围绕"马克思主义理论"和"思想品德"进行设置。除了马克思主义理论课的四门之外,思想品德课程包括"形势与政策""法律基础""大学生思想修养""人生哲理""职业道德"。邓小平针对1989年的"六四"风波说:"十年来我们的最大失误是在教育方面,对青年的政治思想教育抓得不够,教育发展不够。"[①]1995年,国家教育委员会印发的《关于高校马克思主义理论和思想品德课教学改革的若干意见》第一次把高校马克思主义理论课和思想品德课简称为"两课",马克思主义理论课主要给学生讲授马克思主义基础理论和中国化马克思主义,思想品德课主要给学生讲授思想道德修养和相应的法律基础以及国内外形势和党的方针政策。课程设置也有调整,课程内容越来越注重学生实际和社会发展状况。"两课"教学的状况成为评估学校工作和各级领导干部工作的重要条件,也是衡量学校办学水平的标准之一。"思想政治理论课程'85方案'的形成和实施,标志着马克思主义理论课程的全面恢复和新的发

[①] 《邓小平文选》第3卷,人民出版社1993年版,第287页。

展。……本阶段教学方法的主要特点是强调课堂教学的主导性,强调理论与实际相结合,强调学生课外自学、课堂讨论、课外阅读等方式,强调教师对学生自习和完成作业的检查,强调对学生社团活动的指导。"①

3.1998—2004 年

1998 年 6 月 10 日,中宣部、教育部印发《关于普通高等学校"两课"课程设置的规定及其实施工作的意见》(教社科〔1998〕6 号),规定本科阶段的马克思主义理论课开设"马克思主义哲学原理""马克思主义政治经济学原理""毛泽东思想概论""邓小平理论概论""当代世界经济与政治",同时本科阶段的思想品德课开设"思想道德修养"和"法律基础"两门课。专科和研究生阶段的学生开设的课程另有增减。各层次各科类学生都要开设"形势与政策"课。这就是高校思想政治理论课"98 方案"。这一阶段的课程设置突出了邓小平理论的重要地位。课程内容有三个层次:一是马克思主义基本原理教育课程。包括"马克思主义哲学原理"和"马克思主义政治经济学",是"85 方案"中的"马克思主义原理"的拆分。二是马克思主义中国化理论成果教育课程。包括"毛泽东思想概论"和"邓小平理论概论"(这门课后来调整为"邓小平理论和'三个代表'重要思想概论")两门课。三是以马克思主义的立场、观点和方法认识世界的课程等,即"当代世界经济与政治""思想道德修养""法律基础""形势与政策"。"98 方案"的不足之处在于课程体系不太科学,相互之间的衔接性和逻辑性不够,课程设置上存在内容重复的情况,不论是各门课程之间,还是高校与中学的政治课程之间,甚至"两课"和部分专业课之间,都有重复的现象。另外,课程门数也有偏多的问题。

4.2005 年至今

2005 年 2 月,中宣部、教育部为了贯彻落实《中共中央 国务院关于进一步加强和改进大学生思想政治教育的意见》文件精神,联合印发《中共中央宣传部 教育部关于进一步加强和改进高等学校思想政治理论课的意见》,强调指出:"高等学校思想政治理论课承担着对大学生进行系统的马克思主义理论教育的任务,是对大学生进行思想政治教育的主渠道。"2005 年 3 月,印发《〈中共中央宣传部 教育部关于进一步加强和改进高等学校思想政

---

① 余双好:《思想政治理论课程教学法探析》,中国人民大学出版社 2018 年版,第 144 页。

治理论课的意见〉实施方案》,这就是"05方案"。该方案规定本科高校课程设置为"马克思主义基本原理"、"毛泽东思想、邓小平理论和'三个代表'重要思想概论"(现在更改为"毛泽东思想和中国特色社会主义理论体系概论")、"中国近现代史纲要"、"思想道德修养与法律基础"(现在更改为"思想道德与法治")。本专科生都要开设"形势与政策"。另外,开设"当代世界经济与政治"等选修课。"05方案"正式以"思想政治理论课"代替"两课"的提法。这是一次新概括,凸显了这类课程的性质。整合了部分课程,比如把"98方案"中的"思想道德修养"和"法律基础"整合为一门课,把马克思主义中国化的课程名称和课程内容做了调整,把"马克思主义哲学原理"和"马克思主义政治经济学原理"整合为一门课。增加了"中国近现代史纲要"新课程。根据《教育部办公厅关于进一步完善以习近平新时代中国特色社会主义思想为核心内容的高校思政课课程群建设的通知》(教社科厅函〔2020〕12号)精神,高校及时开设"习近平新时代中国特色社会主义思想概论"课程。2024年5月,习近平总书记对学校思政课建设作出重要指示强调:"坚持思政课建设与党的创新理论武装同步推进,构建以新时代中国特色社会主义思想为核心内容的课程教材体系,深入推进大中小学思想政治教育一体化建设。"①

(二)思想政治教育学科建设

学科建设是高校思政课建设的有力支撑。1984年,教育部印发《关于在十二所院校设置思想政治教育专业的意见》,思想政治教育专业正式创立。之后,历经变迁,2005年12月,国务院学位委员会、教育部印发《关于调整增设马克思主义理论一级学科及所属二级学科的通知》,正式设立马克思主义理论一级学科,暂置于法学门类内,思想政治教育成为其下属的二级学科。2022年9月,国务院学位委员会、教育部印发《研究生教育学科专业目录(2022年)》,在法学门类中正式设立"中共党史党建学"一级学科。两个一级学科的设立和建设为支撑高校思政课建设奠定良好的基础。

---

① 《不断开创新时代思政教育新局面 努力培养更多让党放心爱国奉献担当民族复兴重任的时代新人》,《人民日报》2024年5月12日第1版。

(三)思政课教材建设

教材建设是提升高校思政课教学质量的基本保证。中华人民共和国成立初期,教材建设刚刚开始,国内高校普遍使用一些理论著作、参考阅读材料、翻译的苏联教材等。各种讲授提纲充当了教材,教材规范化是这一时期的主要任务。如何编写出系统、权威、接地气、有中国特色的教材,才是迫切的问题。改革开放之后,各高校思想政治理论课的教材不统一,各高校思政课的大纲、讲义和自编教材鱼龙混杂,科学性不够,说服力不强,质量参差不齐,示范教材和自编教材并存,同一门课的教材在全国多达数百个版本。编写规范化、系统化、高质量的统一教材越来越迫切。"05方案"之后,统一使用由中宣部和教育部组织编写的马工程教材,各高校、各省、各任课教师没有自编权。2006年,为保证教材的权威性、科学性和严肃性,中宣部、教育部和新闻出版总署联合发文,强调思政课教材的出版必须严格审批,任何部门、单位和个人不得再自行组织编写、出版发行各种名义的高校思想政治理论课教材。马工程教材贴近实际、贴近生活、贴近学生,反映了马克思主义理论学科的最新进展,反映了马克思主义中国化的最新理论成果,反映了中国特色社会主义的最新经验,保证了高质量。当前进行的专题教学改革就建立在吃透这种最新版本的教材和了解学生、把握时代的基础之上。

(四)高校思政课面临的困难

高校思政课从理念、内容、形式、机制、队伍、保障、社会氛围等方面都已有不少成果。一般认为,目前的难题包括:如何处理官方赋予的崇高性与坊间认识的现实性之间的关系;如何处理知识教育的必要性与世界观教育的方向性之间的矛盾;如何认识关于马克思主义基本原理与党的路线、方针、政策之间的关系;如何处理评价标准的单一性与学科建设特殊性之间的矛盾;如何处理教学成果改革的雷同性与实际需要的丰富性之间的矛盾……另外,推进高校思政课教学改革的目标、原则、模式、路径的关键在于以下方面:处理好教学内容的严肃性与教学效果的鲜活性,这就是讲道理和讲故事的关系;处理好教学手段的多样性与具体教学方法的特殊性之间的关系;切实将知识结构的合理性与术有专攻的研究性相结合;切实将教学与学术研究相结合,科研应辅助和反哺教学;做到知识领域的系统性与实践题材的生动性、网络课堂的丰富性的密切结合;做到教材体系的原则性与课堂把握的灵活性相结合;做到教学方法的散在性与教学理念的统一性相结合。①

二、高校思政课专题教学现状

"05方案"是一个节点,专题教学改革推进的步伐呈现加快之势。2019年,教育部委托全国高校思想政治理论课教学指导委员会针对本科生各门思政课编写专题教学指南,这是国家层面第一次在专题教学层面的开创性尝试。目前,国内高校思政课专题教学改革创新的理论研究和实践探索取得不小成绩,比如理论研究较深入、政策支持到位、平台建设发展快、各方支持力度大等,在教学理念、教学实践、教学方式、发展趋势、研究态势、教学效果等方面,表现出诸多特征。

1. 在教学理念方面,普遍认同思政课专题教学的重要性

专题教学是针对传统系统化的知识传授而提出的一种新的教学方式。它有助于解决简单的教条性的生硬灌输,也是对认知和认同关系的深化。从中央到地方,从权威学者到普通教师,人们普遍认识到知识传授的局限,试图更好地实现马克思主义认同的教学目标。针对学生抬头率偏低、点头率不高的情况,专题教学强调讲政治、讲道理、讲故事的融合,强调加强针对性和以理服人,这在更深层面体现了思政教育教学规律,符合大学生的认知特征和时代吁求,因而受到大家的肯定。教育主管部门和专业人士普遍认同和接受专题教学的改革理念,肯定思政课专题教学的战略方向。目前,国内存在激进派、保守派和稳健派三种专题教学设计理念。激进派主张改革的彻底性,强调彻底打乱知识体系的章节限制,完全按照问题导向的方式设计专题。保守派则是换汤不换药,常常仅仅是把教材上的章节换一个说法,依然受限于体系化教学的禁锢。稳健派主张尊重教材,按照章的次序设置专题,仅仅打乱"节"和"目"的次序,不受它们的局限,这给问题导向的专题

---

① 王岩、郭凤龙:《在着力"六个结合"中展现"大思政课"的善用之道》,《马克思主义与现实》2022年第5期。

设计适度松绑，便于重新根据问题的逻辑组织教学内容，一定程度上避免了过于激进的波动和过于保守的裹足不前，比较容易达成共识。

2.在教学实践方面，初步探索和尝试思政课专题教学方式

2005年之前，高校本科生阶段的思政课的主流模式常常采用系统化的知识传授和讲解方式。"05方案"之后，高校思政课专题教学实践可以划分为两个阶段。第一阶段是2017年的专题教学指南编写之前，部分高校主动探索和尝试专题教学的有效方式。当然，基于不同的理解和具体原因，专题的设计五花八门，重点难点的把握也各有不同。第二阶段是2017年之后，全国有了规范性的专题教学指南的引导，专题教学的主题选择向指南汇聚。2017年，教育部依托高校思政课的各个分教指委编写各门课程的专题教学指南并印发，这表明专题教学是一个改革探索的战略方向。从宏观层面看，中央和地方教育管理部门的各种文件近年多次提及和肯定专题教学。从微观层面看，各个高校的做法虽有不同，推进的程度也有差别，有些改革比较彻底一些，有些仅仅在初步尝试，有些还在观望和犹疑，但总体上已经认清改革的方向。当然，鉴于专题教学指南本身带有探索性，也存在提升空间，关于专题的内涵和设计远未达成共识，因而并没有形成稳定成熟的专题教学范式。相关的专题教学教辅材料零星出现，各种专题教学的经验交流和学术会议时见报端。特别值得注意的是，依托全国性的云端平台，展示各种专题教学比赛的示范课和精品课程，各地也相应地举办青年思政课教师的教学比赛，这很好地促进了专题教学的交流和教学水平的提高。另外，专题教学是重点突破，并不能面面俱到，知识点的省略和遗漏是难以避免的事情。借助于网络教学，依靠学生的自主性学习，弥补系统性不足的漏洞。网络教学的优点在于能弥补专题教学遗漏的基本知识点，确保知识结构的完整性，提供丰富的信息资源，拓展学生的知识面，了解学术前沿，满足学生多样化和个性化的需求。网络教学和专题教学是互补的关系，网络教学是专题教学的有效延伸。

3.在教学方式方面，各校具体做法不一

高校思政课专题教学组织模式大致有两种：第一种是"一对一"的方式，就是作为教学主体的一位老师负责一个班级，一个学期从头讲到尾。这种方式的好处在于它和以前的教学组织管理方式表面上是一样的，区别仅仅在于教学内容的变化。也就是说,不再采取系统知识传授的方式,而是采用专题讲授的方式。这对教学管理来说,没有增加额外的负担,便于操作。这种方式的另外一个好处在于同一位教师组织教学,便于处理专题与专题之间的衔接,可以整体性地考虑和安排教学。第二种是"多对一"的方式,就是多位老师到一个班级进行专题教学,每位老师仅仅负责2~3个专题的教学。该班级的同学在同一门思政课上会见到多位讲授这门课的老师。当然,会由一位老师负责班级的教学组织管理工作,这位老师一般是开学第一周进入教室给这个班授课的教师。这种方式的好处在于每位授课老师所讲的专题都是烂熟于心的内容,能够相对深入地讲解和处理围绕该专题的各种问题。它的不足在于每位老师仅在一个班级进行有限次数的专题讲授,难以与学生熟悉并深入交流,因而情感的激发和碰撞不易发生。而且,老师之间的专题内容虽依托集体备课等方式进行沟通,但难免有重复性和碎片化问题。另外,这种方式给教学管理也造成较大的困扰,排课复杂性远大于第一种方式。对老师来讲,由于每个班的专题教学时间不一,每周的上课时间是不固定的,给老师的工作安排带来挑战。

4. 在发展趋势方面,专题教学在改进中加强

越来越多的相关人员接受高校思政课专题教学的改革方向。从教学主体看,老师们对专题教学从陌生到熟悉,从被动接受到主动探索,进行专题教学的老师人数不断增加,对专题教学的认识深度不断加强。从教学客体看,大学生对专题教学的认可度和接受度较高,获得感增强。从教学内容和形式看,这种教学方式适合大学生的认知特征,符合认知规律和教育教学规律,克服了以前的说教和枯燥,思想性和理论性明显加强。从教学管理看,教育管理部门也能通过改革提供必要的软硬件保障,以及必要的政策支持。

5. 在研究态势方面,关于专题教学的各种活动较为活跃

在教学研究项目方面,国家社科基金思政专项、教育部思政专项等国家层面关于专题教学的立项项目明显增多,各省、市、校级层面关于专题教学的项目更多。在专题教学研究成果方面,不论是教研论文还是著作,近年的高层次成果也有增多之势。围绕专题教学的全国性和地方性教学研讨会议,各种针对专题教学方式方法、重点难点、历史经验、模式探索、创新举措等方面的培训和讲座,已有目不暇接之感。另外,围绕专题教学的青年教师教学比赛、微课视频、示范课展示、说课磨课、集体备课等主题活动，也颇为活跃。在主题方面，已经不是讨论专题教学的必要性和重要性问题，而是重点探讨如何更好地开展专题教学、如何提升专题教学的科学性和质量。

6.在教学效果方面，思政课的实效性有明显提升

专题教学重在解答学生心中的困惑，学生的思政课学习不再是被动的应付，不再仅仅为了拿到学分，不再仅仅是知识性的学习，而是有了思想投入和情感融入，提高了抬头率和点头率。高校思政课通过推进专题教学改革，切中时代的痛点和学生关注的热点，增强了大学生的使命担当，更好地引导学生立德成人、立志成才，树立正确的世界观、人生观和价值观，坚定对马克思主义的信仰，坚定对社会主义和共产主义的信念，增强中国特色社会主义道路自信、理论自信、制度自信、文化自信，厚植爱国主义情怀。

以习近平新时代中国特色社会主义思想为指导推进思政课专题教学，是当前思政课教学改革的根本原则。专题教学以问题为核心，以教材为依据，以研究为手段，以真用为落脚点。教学改革的核心理念是以理服人，"有理"并且"讲理"，坚持理论性、针对性、系统性、时代性的基本要求，坚持集体备课制度、内部听课制度和科学合理的评价体系。专题教学的内容设计有问题式（侧重实际）和主题式（侧重理论）两种模式，同时兼顾了新时代大学生在个性特点、理论诉求、学习方式等方面出现的多样化、层次性、多维度的新变化，探索解决知识目标和价值目标的统一、教学和教材的对接问题。

第二节 高校思政课专题教学存在的问题

根据教育部的有关统计，截至 2024 年 6 月 20 日，全国高等学校共计 3117 所，其中普通高等学校 2868 所，含本科院校 1308 所、高职（专科）院校 1560 所，成人高等学校 249 所。这些高校均开设思政课，思政课的门数和学分依据学校类型有所不同。为贯彻习近平总书记关于学校思政课建设的重要指示精神，各高校均大力推进思政课教学改革，专题教学蓬勃兴起，各种改革举措和创新探索层出不穷。专题教学改革是一项复杂的系统工程，如何实现守正创新，推进专题教学实效性进一步提升，是一个亟待深化探讨的重大话题。就目前情况而言,高校思政课专题教学依然存在一些有待改进的普遍性问题。

一、专题设计的科学性不够

1.从专题的内容上看,表现出知识的碎片化

这并不是说,某一个专题缺少完整性,而是就某门课程的不同专题的整体性所表现出来的状况进行的判断。专题教学的课程设计当然不可能面面俱到地讲解教材内容的所有知识点,但同一门课程的专题与专题之间不是毫无关系,而应是有着内在的联系。从整体上看,各个专题相对独立,专题与专题之间又是彼此配合,照顾到教材的重点难点,构成一个相对完整的系统。它应该像一幅写意式的水墨画,有留白供人思考,又有浓墨重彩之处,构成有机的整体。目前,不少学校的各门本科生思政课的专题教学,出于各种原因,没有使用教学指南的专题建议,而是自设专题。自设专题本身体现主动性、地方性、针对性和探索性,未尝不可,但这种自设的专题显得碎片化,不同的专题看上去似乎就是一些彼此疏离的点。自设专题变成完全的孤立的原子。最终,这门课程究竟应该给学生什么样的知识架构和逻辑体系,似乎不在课程设计者的考虑范围之内,或者根本达不到这样的目标。学生在期末的整体感受是接触了一堆碎片化的知识,恰如一堆乱麻。不同专题的问题之间的联系不清楚,个别的说法之间的不统一或者不协调没有一个合理的解释,造成学生的困惑和迷茫。这不是一种理想的专题教学改革。这种碎片化的专题教学是常见的现象,也是亟待破解的专题教学难题。

2.从专题的主题上看,表现出随意性

专题的主题表现出随意性,也就是说,缺乏针对性。主题的设计不是严格按照教育教学规律,不是凸显教材的重点难点,不是针对学生的困惑和社会热点前沿问题,而是依据教师的学术喜好或者学术背景,不是"学生需要什么"的思路,而是"我能给你什么"的思路,不是"以学生为中心"的理念,而是"以教师为中心"的理念。这有两种表现:一是专题教学主题的选择偏重某几个章节,或集中于某几个部分,遗漏了一些重大的话题,部分核心章节根本没有被涉及,或者被过于简化地处理。比如,马克思主义基本原理课程的专题设计,授课教师如果是哲学专业出身,常常把专题的主题集中于前三章,第四、第五章简化处理,第六章、第七章就没有了,或者是缩为一个专题一带而过。这种专题设计得不合理不平衡,没有遵循教育规律和教学需要,具有随意性,也是一种不负责任的做法。二是专题的主题结构总体上是合理的,但专题讲授的次序不对,不是按照教学规律、历史逻辑或者时间顺序的演进展开,而是基于教学安排和排课的方便,从而出现次序颠倒,该在前面讲的部分放在了后面,该在后面讲的内容提到了前面。比如,"中国近现代史纲要"课程,打乱次序就明显会有这种情况。这让学生的学习变得紊乱。这种违背教学规律的专题教学改革常常事与愿违,实效性不但没有提高,反而降低了。另外,针对大中小学思政课一体化,也要体现步步高的特征。习近平总书记说:"青少年思想政治教育是一个接续的过程,要针对青少年成长的不同阶段,有针对性地开展思想政治教育。"①

3. 从专题的设计上看,表现出仿教材

也就是说,没有实现从教材体系向教学体系的创造性转换,没有真正体现专题教学的理念和特征。貌似专题形式的教学设计不过是对教材的拙劣照搬,最终挂着专题教学的名义,实质上却是照本宣科。这种仿教材的根本原因在于没有问题意识,没有找到大小合适且有针对性的话题,不能理论联系实际,也不知道该对问题怎么展开,从而陷于体系性的教材思维中难以自拔,在专题的教学形式上,也没有体现出亲和力,不能用生动活泼和贴近学生的语言授课,找不到地方性的生动案例,不能把逻辑严密的教材体系转化为自己的教学话语,只能生硬地鹦鹉学舌。仿教材的实质只是换了一个专题教学的名词,却没有真正下功夫琢磨专题教学的革命性变革究竟意味着什么,没有把握住如何真正体现这种教学理念。

目前的一些精品课、示范课,不少依然是教材体系的直接翻版,难以称为教材体系的再创造。教学体系要体现教材体系,但不能僵化地照搬照抄,而要发挥教师的能动性,根据学生的实际等多方面的因素,从实际出发,重新编排相关内容,既照顾教学体系的逻辑性,又关照到学生的理解能力和接

---

① 《坚持党的领导传承红色基因扎根中国大地 走出一条建设中国特色世界一流大学新路》,《人民日报》2022年4月26日第1版。

受能力。设置的专题如果脱离学生的实际生活,甚至仅仅是为了考试和升学,思政课就异化为单纯外在的工具,从而变成一些几乎无用的文字,学生也许通过努力记住了答案,但难以真正起到培养大学生树立马克思主义世界观、人生观和价值观的作用,难以真正发挥影响他们的思维方式和行为方式的作用。

二、专题讲解的彻底性不够

专题教学的要义在于以理服人。这意味着它要把道理讲深讲透,实现理论的彻底性。"思想政治理论课程教学并不是任何一个人都能够从事的工作,而必须经过马克思主义理论与思想政治教育专业学科化的培养才能够胜任。"[①]现在的问题主要在于两个方面。

1. 思想性不够

思想性就是要有鲜明的理论观点,要有立足于马克思主义的见解和立场,要体现马克思主义的学术主张,要对错误的观点进行有理有据的反驳,而不是人云亦云,鹦鹉学舌。这不是主观偏好的问题,而是依据站得住的有力证据的基本要求。高校思政课不是无立场和价值中立的思维训练,而是有原则有底线的思想对话。所谓的纯客观的没有价值导向的思政课教学无法引起学生的共鸣,难以让学生认同马克思主义理想信念,难以完成教学目标。认同产生于思想的深刻性和真理性,思想的深刻性和真理性绝不是浮于表面的喧哗,不能被虚假的表象所遮蔽和掩盖,不是现象的罗列。比如,对于当今时代的本质和趋势的认识,就不能局限于类似青年黑格尔派的"跪着的造反",也就是说,不能在没有反思现存事物历史性的前提下,就无批判地接受现存的永恒性,从而误认和接受资本原则的支配地位,看不到它的历史意义和内在矛盾,也看不到它的历史局限性和未来命运。思想性依赖于真理性,依赖于对现实的深刻洞察和把握,它绝不是投机主义,不是随风倒的墙头草。思想性要言之有物,不能空发议论,不能云里雾里,含糊其词,要有清晰的对象和问题,然后提出切中要害的观点。这个观点可能是流行的

[①] 佘双好:《思想政治理论课程教学法探析》,中国人民大学出版社2018年版,第318页。

看法，也可能是与流行看法截然不同的新颖观点。它始终是"面向事情本身"，遵循着真理的法则。还有一种专题教学的做法，就是在提出一个观点之后，开始煽情地讲故事，把讲道理变成了故事汇编。讲故事和讲道理是辩证统一的关系，讲故事有助于提高课程的亲和力和抬头率，这本身并没有错，但是，讲故事仅仅是手段，讲道理才是深层的初衷。讲故事要服务于讲道理，如果把讲故事的手段变成目的，讲故事变成单纯的娱乐，目的仅仅在于提高抬头率而不是点头率，得不偿失。

2.理论性不够

理论性不同于思想性。理论性强调的是逻辑性。我们常说"思想的深刻性"，意味着要洞察并揭示事物的隐秘本质和深层规律。理论性要求的是讲透。也就是说，讲解不能有逻辑的跳跃，不能断裂，要有严密的逻辑，环环相扣，唯此才能说服人。《资本论》就是一座逻辑严密的理论大厦。诸多学者被马克思的严密逻辑所征服，接受马克思的结论。理论性是我们常说的文脉，它是连接句子与句子、段落与段落之间的节点。恰如大前提、小前提和结论，它是按照严密的因果链条串联起来的整体，否则它们中间的任何一个环节都会导致混乱。理论性不够表现为牛头不对马嘴，东一句西一句，杂乱无章，缺少清晰的逻辑，没有层次。专题教学要有理论性，就是说，要从可靠的前提推导出令人信服的结论。它依靠的是理性和逻辑。这绝不是要嘴皮子，而是经过长期逻辑训练的思维能力之体现。有一种专题教学用道德说教和煽情取代严密的逻辑演绎。这种说教和煽情虽然站在正确的政治立场，有正确的政治观点，但由于缺少说服人的论证过程，就把具有真理性的知识变成宗教般的教义，变成令人不解的东西。另有一种情况是表面的条理清楚，它常常有"一二三四"的陈述，但仔细琢磨就会发现它是年终总结一般的罗列，这些罗列的各个方面之间的逻辑关系并没有得到清晰的阐述。换句话说，现象的陈述远不是本质层面的逻辑论证。还有一种情况就是罗列一些数据。数据有说服人的力量，但数据不能代替逻辑论证，它仅仅起辅助的作用。再有一种做法就是提出一个观点之后，依次罗列马克思主义经典作家对这个观点的不同表述。这是用罗列代替了思想本身的理论逻辑，没有实现从说教到说理的转变，因而并不是好的做法。这并不是说不应该引用经典作家的说法，而是应该让引用的段落服务于逻辑论证，不要为引用而引用、为罗列而罗列,颠倒了方法和目的的关系。

"教师对马克思主义理论能否真正做到讲准讲深讲透,对马克思主义理论的讲授能否真正做到求真求新求实,能否真正做到'内化于心、外化于行',大学生能否真正做到'入耳入脑入心'等,依然是我们今天在新形势下要面对的问题。"[①]理论的彻底性既要有思想性和理论性,也要有亲和力和针对性。枯燥地说理,难以引起学生的兴趣,因而必须注意说理的方式方法。另外,还要注意选题和材料选择的针对性,不同的地域、不同的专业、不同的性别、不同的民族、不同的高校、不同的家庭、不同的出身、不同的教育背景、不同的成长环境、不同的年龄、不同的个性……都要有不同的对待。这是矛盾特殊性的内在要求。

三、专题教学管理的系统性不够

专题教学管理涉及教师、教务、教学、教材、学生等多个因素,任何单一方面的改革和推进都难以激发教师的内生动力,常常实效性不大。

1.专题教学管理的"九龙治水"问题

教学管理主体具有层次性,不同层次的部门和主体的功能定位不同,因而承担不同的责任。目前,有主体责任不清、任务不明、虚浮应付的现象。有时候也体现为上头热、中间阻、下面凉的情况。教师、课程组、教研部、马克思主义学院、教务处、高校思政课教指委、上级主管部门等是不同层次的责任主体,如何避免九龙治水,系统发挥各个思政课管理者的作用,这是问题的关键所在。马克思主义学院是基层教学组织单位,也是最重要的教学管理主体,它能不能有效发挥教学组织功能至关重要。比如,在集体备课环节,围绕专题的分工,扎实落实好磨课和认真研讨对提高教师教学水平和教学质量是非常重要的。在教学专题的确定、教学案例的挑选、教学重点难点的把握、教学方法的应用、教学突发事件的处理等方面,集体备课都能发挥积极作用。当前,国内的一些高端平台定期或不定期组织专题辅导,提升教师素养,拓宽教师视野,提供教学素材,指导教学方法,这些都是难得的学习

---

① 张雷声:《思想政治理论课教学的境界》,中国人民大学出版社2018年版,第248页。

机会。比如,由教育部主办、全国高校思想政治理论课教师网络集体备课平台承办、北京高校思想政治理论课高精尖创新中心提供技术支持的"全国高校思想政治理论课集体备课会""周末理论大讲堂""全国高校思想政治理论课教学展示活动"……都是不错的线上资源。这些精彩课程或学术报告资源高端大气上档次,都免费提供,非常方便且有意义。但有些高校马克思主义学院在组织师生学习方面,有应付现象,有些老师也有懈怠和积极性不高的问题。另外,各个层次的教学主体由于沟通不畅或分工不明,出现彼此冲突的时间安排和教学管理方案,使下级部门或者教师无所适从。

2.专题教学评价的"脱节"问题

这主要是针对"教"和"考"的关系。教学评价是教学工作的指挥棒,具有导向作用。对老师而言,专题教学的好坏很难通过学生的考试成绩给出最终评价。当然,也不能单纯依靠学生的打分评教,一锤定音。由于影响因素众多,评教成绩难免失真。对学生而言,由于好多实行专题教学的单位和课程,最终依然采取传统的闭卷考试方式,题目也局限于传统的依靠死记硬背就能应付的内容,这并不是开放性的题目,不是考查学生的创造性和理解应用能力。这种课堂效果和考核方式的脱节,使得认真参与专题教学的学生不一定得到更好的成绩,从而打击他们的积极性,反过来影响专题教学的推进和深化。

3.专题教学激励机制的"失真"问题

专题教学优劣的评价标准尚在探索中,导致评价的难度超出一般的估计,这造成无法有效评价教师的专题教学工作,进而无法通过奖惩发挥引导作用。结果就是教好教坏一个样,老师推进专题教学的内生动力不足,部分老师在专题教学备课阶段不认真,在授课阶段有应付现象。因此,专题教学的推进变成一个良心活。

4.专题教学督查反馈机制的"虚化"问题

根据诸多文件的规定,期中要召开学生座谈会,教学督导的日常教学检查也很频繁,另有教师的相互观摩、领导听课等,还有一些单位在期末专门组织学生填写匿名反馈表。所有这些督查反馈机制的实效性尚有提升的空间。也就是说,听课制度、督导制度、反馈制度的落地才是真正的大问题。如何避免形式主义和反馈机制形同虚设,如何通过真正的反馈让一线老师在改进中加强,如何不怕得罪人、不当老好人,如何发挥监督反馈机制的积极作用,这些是接地气的迫切问题。这里首先涉及的不是年终绩效的激励、召开反馈座谈会、督导专员制度改进等问题,而是观念和态度问题。

总之,在各方面都很重视高校思政课专题教学的情况下,如何提高管理的科学化水平,加强顶层设计,实现有序有效有质的管理,关注协调机制乃是突破口。

整体来看,专题教学的新理念尚未达成共识,照本宣科的知识性传授现象依然存在,偏重死记硬背式的考核方式占主导地位,换汤不换药的现象较普遍;教材与专题设计的关系依然有待探索;系列专题教学主题的设计碎片化,缺乏系统性和逻辑性;专题教学和教学管理、期末考核方式的一体化关系没有完全理顺,缺乏科学的顶层设计;高校思政课教师队伍参差不齐,部分教师的学术素养难以胜任专题教学的要求,提升师资队伍理论水平的压力较大;专题教学管理模式复杂;教学改革中的泡沫化现象较严重,政治认同、思想认同和情感认同的实效性亟须提高……这些问题依然有待破解。推进高校思政课专题教学规律研究,深化高校思想政治教育理论和方法研究,探索教书育人规律和人才成长规律,提升高校思政课的思想性、理论性和亲和力、针对性,实现从认知到认同的转化,从而提高课程教学质量和达成教学目标,更好地培养德智体美劳全面发展的社会主义建设者和接班人,总结形成可供推广的高校思政课专题教学经验和模式,是当前的迫切任务。

第三节　高校思政课专题教学存在问题的原因分析

高校思政课是立德树人的关键课程,专题教学是其教学改革的战略方向。造成专题教学诸多问题的原因是多方面的,这里主要从认识、能力和管理三个方面分析。从认识方面看,它是专题教学理念陈旧的问题;从能力方面看,它是专题教学师资队伍参差不齐的问题;从管理方面看,它是专题教学管理的顶层设计偏差的问题。

一、专题教学理念陈旧

理念是上升到理性高度的观念。专题教学是教材体系转化为教学体系的新型载体形式。它的根本在于不是面面俱到地讲授某一门课程的知识点,而是依据某些约束性条件精选主题,围绕主题进行集中深入的阐释。当前诸多专题教学问题的一个重要原因是教学主体依然流连于传统的教学方式,也就是说,没有贯彻从体系到问题、从说教到说理、从认知到认同的转化。

1.体系化教学与问题式教学

体系优先还是问题导向,这是焦点所在。体系优先的教学理念在于"我要你学",重心在于灌输给学生一个既有的知识体系。在"学什么"的问题上,它有一个现成的答案。在体系化教学中,教师和学生的地位是主客体的关系,教师是主动施教者,学生是被动接受者。这种关系的痼疾在于学生的学习积极性不足。问题导向的专题教学理念在于"你要学",它能更好地体现以学生为本,教师和学生是主体间的关系,学生是学习的主体,教师是引导者。在"学什么"的问题上,它始终保持问题的开放性、灵活性和针对性,强调因材施教和精准滴灌。

问题导向能激发学生的学习兴趣,从而更好地实现教学目标。换句话说,从教材体系到教学体系的创造性转化是极端重要的,教学体系要有问题意识,解答学生心中的困惑,破解时代难题。背对时代重大现实问题的思想政治理论课是得不到学生的尊重和追捧的。

问题是时代的声音。贯彻专题教学理念的关键在于寻找好的问题。寻找问题的原则在于以教材为依据,以学生关切为重点,以社会热点为抓手。问题之间也不是碎片化的罗列和拼凑,更不是根据教师个人偏好的随意设置,而要体现深层次的教学逻辑,保持内在的脉络贯通和系统性。这里还要考虑大中小一体化的"步步高"问题,各门思政课程之间的配合衔接,避免重复。

2.说教式教学和说理式教学

说教式教学主要表现就是板着面孔地灌输,方式生硬,亲和力不足。它不能做到深入浅出,不能寓教于乐,不能以讲故事的方式讲道理,没有考虑到学生的内心困惑和真正的需求,没有解答时代之问,没有考虑学生的个性差异。说教式的教学关注的重心是教师"教了多少",而不是学生"学了多少"。它告诉学生应该怎么想、怎么做,却没有告诉学生为什么这么想、这么做。说教的危害在于传递了知识却磨损了智慧,很难激发学生的共鸣,难以达到思政课教育的目的。根源在于没有把学生看作有生命的个体,而是看作被动的接受工具。

说理式教学就是强调以理服人。"理"就是事物的本质、法则、规律。它要求深度的理解,而不仅仅是灌输某种政治正确的观点,更不是简单要求学生为了应付考试去记忆和背诵。马克思主义是讲道理的,所以要重视得出结论的前提和推理过程,它就像数学教学不能仅仅提供答案,而必须提供论证的思路和过程一样。"有理"是前提,"说理"是方法。说理不是欺骗和蒙蔽,不是博眼球,而是单纯宣传。马克思主义揭示了人类社会历史的本质和规律,目的在于实现无产阶级革命和人类的解放,因而站在真理和道义的制高点。列宁说,马克思主义理论"对世界各国社会主义者所具有的不可遏止的吸引力,就在于它把严格的和高度的科学性(它是社会科学的最新成就)同革命性结合起来……把二者内在地和不可分割地结合在这个理论本身中"[1]。在这里,马克思主义的学理性和政治性是内在统一的关系。

说理的关键在于理论的彻底性。也就是说,它追求逻辑的严密性,强调把选定的问题讲深讲透,注重言之有物,反对空发议论、含糊其词、人云亦云、鹦鹉学舌。理性和自由是这个时代的精神本质。依托理性的独立思考然后判断接受的真理,才能真正地入脑入心,才能真正做到"内化于心、外化于行",才让学生具有对各种流行的错误观点的免疫力。

实现理论彻底性的要害在于教师的理论素养和水平。"以己昏昏,使人昭昭",这是不可能的事。因此,配齐建强师资队伍是根本。当然,说理还要注意亲和力和针对性,要以讲故事的方式讲道理,这是说理的方式方法问题,切忌把讲道理变成故事汇编。

3.认知教育和认同教育

认知教育和认同教育是两种不同的教育理念。认知的关键在于理解,

---

[1] 《列宁全集》第1卷,人民出版社2013年版,第291~292页。

但理解不等于接受和认同。认同表现为马克思主义世界观、人生观和价值观在个体心中的内化过程,外显为个体的语言和行为。认同有理论认同、价值认同、情感认同、行为认同等不同的类型。

认同教育有不同的方式:一种是依托于共情的感化教育,另一种是依托于理论逻辑的说服。第一种方式体现为实践教学、榜样示范、案例警示等。第二种方式关涉认知和认同之间的辩证关系。认知是认同的要件,没有认知基础的认同是盲目的。就马克思主义信仰教育而言,它的深层根据在于马克思主义的科学性。马克思主义信仰是科学信仰,不是宗教信仰。

认同是高校思政课的核心目标。高校思政课试图让学生拥有马克思主义的立场、观点和方法,能够运用马克思主义分析问题和解决问题。如果仅仅了解马克思主义是什么,而并不能真正接受马克思主义的辩证唯物论、唯物辩证法、群众史观、剩余价值学说、科学社会主义基本原则、中国化马克思主义、社会主义核心价值观等,不能把这些转化为自己的能力和情感,那就是从书本到书本的纯知识型学习,它常常导致理论和实践脱节。

总之,专题教学旨在以学术讲政治,以问题为导向,以教材为依据,以说理为手段,以认同为目标。从教学内容、教学方式和教学目标看,高校思政课专题教学理念更加切合大学生的学习特点,更能体现对教育教学规律和人才成长规律的尊重,更能调动学生的学习主动性和积极性,因而值得通过改革创新的组合拳深入探索和尝试。目前,各种专题教学的问题首先在于专题教学理念是较为陈旧的体系化教学、说教式教学和偏重认知教育。

二、专题教学师资队伍参差不齐

办好思想政治理论课的关键在教师。思政课教师要给学生的心灵种下真善美的种子,扣好人生的第一粒扣子。他们是灵魂的工程师,要起到筑梦和引路的作用,因而使命光荣,责任重大。苏霍姆林斯基指出:"要想成为真正的教育者,首先要善于看到知识与信念之间的区别。要善于为信念奠定基础,促使道德的热血——即坚定的信念——赖以沸腾的那根神经生机勃勃地工作。"①

习近平总书记在学校思想政治理论课教师座谈会上强调思政课教师的"六要":第一,政治要强;第二,情怀要深;第三,思维要新;第四,视野要广;第五,自律要严;第六,人格要正。② 这是对"什么是思政课好老师""如何成为思政课好老师"的根本要求,它对新时代加强教师队伍建设具有指引方向的作用。政治要强,就是思政课教师要有坚定的政治信仰,要真信马克思主义,传道者先要明道、信道,要有敏锐的政治嗅觉,在错误言论和行为面前敢于亮剑。情怀要深,就是思政课教师要有家国情怀,要有仁爱之心,真诚对待学生,让思政课成为有温度的课。思维要新,就是要掌握马克思主义看家本领,了解理论创新与实践创新的最新成果和方法,不断深化对思政课教育教学规律的认识,不断创新教学方式方法,提升课堂教学的吸引力、感染力和实效性。视野要广,就是思政课教师要有宽广的国际视野和深邃的历史视野,能够从纵向和横向的不同维度看问题,解答学生的各种思想困惑,引导学生认清历史趋势和潮流,认清自身应承担的历史责任和使命。自律要严,就是思政课教师要言行一致、表里如一,不能课上课下两面人,要真正做到学高为师、身正为范。人格要正,就是思政课教师要有高尚的人格,做"大先生",以德立身、以德立学、以德施教。

办好思政课的关键在教师,要充分发挥思政课教师的积极性、主动性和创造性。这要求以下内容:提高教师社会地位、职业地位,增强思政课教师的获得感,增强思政课教师职业的吸引力和竞争力;提高评价的科学化和精细化水平,发挥好评价奖励体系指挥棒的激励作用;强化培养培训,克服思政课教师的本领恐慌,增强思政课教师马克思主义理论素养和教学能力,增强思政课教师对世情、国情、党情的了解,增强理论联系实际的能力。高素质的师资队伍能够把职业当作事业去追求,实现教书和育人相统一、言传和身教相统一、潜心问道和关注社会相统一、学术自由和学术规范相统一。近年来,高校思政课教师队伍整体上数量快速增长,素质进一步提升。习近平总书记充分信任和认可思政课师资队伍建设,认为思政课教师队伍"可信、

---

① 苏霍姆林斯基:《给教师的建议》,周蕖等译,长江文艺出版社 2014 年版,第 260 页。
② 《习近平谈治国理政》第 3 卷,外文出版社 2020 年版,第 330 页。

可敬、可靠、乐为、敢为、有为"①。

高校思政课专题教学质量提升的核心因素是教师。道理能不能讲深讲透讲活，关键在于教师有没有理想信念、道德情操、扎实学识和仁爱之心。目前，高校思政课专题教学存在的诸多问题，尤其是理论讲授的彻底性不够，主要原因在于部分教师的理论水平和学术功力尚有欠缺。"理直"才能"气壮"，具有扎实厚实的马克思主义理论功底是思政课教师的看家本领。

从高校思政课教师队伍的学缘结构看，在过去数年的急剧膨胀中，教师的专业背景变得更加复杂。这几年，为加强高校思政课建设，国家有关文件要求按照1：350的比例配足编制，并且不少地方通过行政化手段要求限期配齐配强。各校党委书记是第一责任人。在这种政治性很强的氛围中，目前高校思政课教师主要由三类人员构成：第一类是党的十八大之前的原思政课教师，第二类是近些年新进的思政课教师，第三类是校内转聘的辅导员和党政人员。前些年，部分高校存在"谁都能上思政课"的错误认识，导致原来的思政课教师成分就比较复杂，又由于全国马克思主义理论专业博士毕业生总体偏少，不少高校马克思主义学院的思政课教师仅受过硕士阶段的学术训练。近些年，越来越多的高校马克思主义学院的人才引进要求最低必须有博士学位，但现实的情况迫使它们不得不阶段性地放低条件，一些非省会城市的普通高校常常也同意获得硕士学位的毕业生入职。另外，所学专业也有所放宽。马克思主义理论一级学科设立后，博士学位授权点虽有较快增长，硕博士招生数也快速增加，但还是难以满足马克思主义学院师资队伍的配齐要求，这导致不少高校把人才引进的重点放在马克思主义理论相关学科的硕博士毕业生。这些相关专业如果仅仅是马克思主义哲学、马克思主义政治经济学、科学社会主义和国际共产主义运动，倒也问题不大。但实际上，西方哲学、中国哲学、政治学、社会学、经济学、法学、历史学等专业的毕业生大量进入高校马克思主义学院。这些专业的学生普遍缺少马克思主义理论背景和学术训练，也没有马克思主义理论的话语体系和研究范式，因而对思政课教学的适应尚需一个过程。第二类高校思政课教师虽然专业不对口，但尚有基本的学术训练，存在的问题仅仅是学术转型的问题。

---

① 《习近平谈治国理政》第3卷，外文出版社2020年版，第330页。

第三类教师是各校迫于配齐的压力纷纷采取创新性举措而安排的教师。这类老师的专业背景极为复杂，甚至有一些教师是工科背景，且多为硕士毕业，原来所做的工作为事务性的学生管理，突然从事专职思政课教学，不仅有马克思主义理论知识结构欠缺问题，而且有学术研究基本训练不足问题。马克思主义的"讲理"要求熟悉马克思主义的立场、观点和方法，且能够以之分析和解决当前重大热点和前沿问题，活学活用，解答学生思想上的困惑，这绝不是给教师一个标准答案和教学参考书就能解决的问题。提升思政课教师的马克思主义理论水平和说理能力，乃是当务之急。

三、专题教学管理的顶层设计偏差

教学管理是教学质量的基本保证。一流的教学必须有一流的教学管理。专题教学管理的核心在于部门协同和专题安排。做好这一点的关键在于深刻认识专题教学的规律，方方面面的安排按规律办事，坚决杜绝违背规律的好心办坏事现象。

部门协调不顺是顶层设计的偏差造成的问题。当前，从中央到地方的各个部门都非常重视高校思政课建设，专题教学改革也是大力推进的重要方面。这体现出来的是各级部门的政治自觉和历史担当。教育部印发《高等学校思想政治理论课建设标准（2021年本）》，力求加强对高校思政课的宏观指导，规范组织管理、教学管理、队伍管理和学科建设，其中在制度设计方面，规定学校党委直接领导，支持校行政负责实施，要求分管校领导具体负责，并成立相应的领导机构。要求校党委（常委）会议、校长办公会每学期至少召开一次专题会议研究思想政治理论课建设，解决突出问题。建立学校党委书记、校长带头抓思想政治理论课机制，党委书记、校长作为第一责任人，带头听课讲课、带头推动思想政治理论课建设、带头联系思想政治理论课教师，每学期到思想政治理论课教研部门开现场办公会至少一次，听取思想政治理论课教学工作汇报、解决实际问题……这些规定充分体现了国家对高校思政课的高度重视。问题在于如何加强顶层设计，协调学校宣传部、人事处、教务处、研究生院（处）、财务处、科研处、学生处、团委等党政部门和思想政治理论课教学科研机构相互配合，落实专题教学的各方面政策和措施。

顶层设计偏差的根源在于专题教学的规律尚没有得到深刻把握和普遍认同，各级管理部门对传统教学管理方式的惯性运作依然发挥重要作用，单兵突进式的个别部门调整和改革难以根本发挥专题教学管理的系统性作用。当前，专题教学管理尚处在初步探索阶段，暂没有定型的成熟管理方式。当然，这一方面的探讨和推进还是值得肯定的。毕竟这是一个复杂的系统工程，难以一蹴而就。它需要在理念、编制、制度安排和激励等方面做出全面的部署和安排。

专题安排的核心是内容设计的科学性和次序的逻辑性问题。行政部门的管理是形式方面的保证，实质问题在于专题内容的安排。专题教学的专题绝不是教师的随意设置，不能根据教师的偏好和学科背景安排专题内容，而要依据教材的逻辑和学生的困惑安排相关重难点。专题的次序也不是依据教师的方便，而要根据教学内容的逻辑安排次序，这才是科学的专题安排。在专题教学改革的名义下，任何主观随意的处理都不是科学的，也是不负责任的。依托名师工作室的集体备课应是对专题的反复打磨和研讨，教学检查不应仅仅关注是否迟到早退或是否遵守教学规范的表面检查，而应进一步关注教学内容的安排是否科学，教学效果和教学目标的达成情况等诸多深层次的问题。

总之，专题教学改革有助于提高学习的挑战性，调动学生的学习主动性和积极性，它是建设思政金课的重要选项。实现这一目标的前提在于按照专题教学规律真正发挥专题教学的作用，在内容和形式方面进行系统性改革，从教学理念、师资队伍、教学管理等方面破解教与学、主体与客体、管理与服务等诸多关系的难题。

第二章

高校思政课专题教学理念的改革创新

高校思政课的专题教学理念已经深入人心,它从注重体系建构转向强调问题意识,从注重知识传授转向强调理想信念的认同,从注重外在的强制性灌输转向强调自发的价值生成。专题教学的以理服人方式非常切合高校思政课的根本性质,也就是说,科学性和政治性的内在统一是高校思政课推行专题教学的深层依据。当然,这一理念的形成和普及有一个过程,它的实现需要贯彻从体系到问题、从认知到认同、从说教到说理的转化。

第一节　教学理念与专题教学理念

教学理念对教学实践具有先导作用。教学理念是"应然"而非"实然",它是教学实践的内在动力,具有克服随意性、主观性、短期性、功利性的偏颇的作用。专题教学理念的重点在于探讨从偏重体系、认知、说教的传统教学理念转向重视问题、认同、说理的先进教学理念的主要原则和内在机制。教学理念的危机是教学的深层次危机。

一、何谓教学理念

"理念"一词原来是柏拉图的一个哲学术语,指的是非物质性的独立存在的事物原型。现在,它的含义相当于观念、观点、看法、思想、意见、想法、信念等。教学理念是教学中的基本信条和教学活动的根本法则。它是教学之魂,直接关涉的是人才培养的质量和成效。教学理念包含这样几层含义:一是它的主体是教育工作者,主要是教师和教学管理者;二是它是一种相对稳定的思想、观念、观点、看法,一种对教学活动的基本态度和信念;三是它的对象是教学活动,而不是其他的什么活动;四是它决定性地支配和影响着教育工作者的教学行为,是教学活动的指导思想和行动指南。"教学理念是教师对教学和学习活动内在规律认识的集中体现,也是教师从事教学活动的基本信念,它融入了教师对教学行为的一定的价值倾向和价值选择,是确定教学目的、教学内容、教学方法和教学手段的基本指导思想。"[1]教学理念常常需要回答下面这些问题:什么是教学?什么是学习?为什么选择使用这种教学方法或教学策略?学习和教学的信念是什么?

教学理念是教育理念的下位概念。教育理念是教育的旗帜和方向。比如,终身教育理念、全民教育理念、环境教育理念、素质教育理念、人本教育理念、个性化教育理念等,传统的重要教育理念有权威主义教育理念、功利主义教育理念、精英主义教育理念、科学主义教育理念等。联合国教科文组织教育文献关于"教育"的总体目的看法是"素质全面与和谐发展"[2]。素质全面也就是完人教育,即教育应当促进人的全面发展。它不仅包括知识、技能和价值观,而且包括人的独立性、创造性和社会适应能力。和谐发展也就是身体和心理、情感和道德、感性和理性、个人和他人、个人和社会的和谐。教育的具体目的包括激发学生的好奇心和求知欲、提高学生的认识能力、使学生具备信息素养、增强学生的适应能力、发展学生的创造性、建构学生的个性品格、培养学生的共处能力和关心品质、塑造学生的公民精神和责任意识。[3] 教师是教育的具体执行者,他的使命和责任在于传授知识和技能,陶冶性格和培养品质,提高学生对信息进行分析和评价的能力,促进学生的学

---

[1] 张雷声:《思想政治理论课教学的境界》,中国人民大学出版社 2018 年版,第 149 页。
[2] 何齐宗:《联合国教科文组织教育文献研究:教育理念的视角》,人民出版社 2020 年版,第 99 页。
[3] 何齐宗:《联合国教科文组织教育文献研究:教育理念的视角》,人民出版社 2020 年版,第 103~117 页。

习积极性,为学生提供咨询和指导,帮助学生发现矛盾论点而不是拿出现成的真理等。当前,教育的主要问题在于理论和实践的脱节、人文教育的缺失、科学教学和技术教学脱节等。一种功利主义的教育理念认为,人是一种资源,教育就是开发这种资源。它过分强调教育对经济和个人利益的作用,没能从更加开阔的视野理解教育,忽视学生完整人格的发展。偏重认知发展、忽视个性培养等也是值得反思的教育目的。一种压抑个性的教育形式表现在"人们过分重视选拔、考试和文凭,这种制度奖励强者、幸运者和顺从者,而责备和惩罚不幸者、迟钝者、不能适应环境者以及那些与众不同的人"[1]。应试教育饱受诟病的原因在于过分注重成绩和功利主义倾向,遗忘教育的本质和宗旨。"考试并不与人的发展这一核心目标相违背,但是如果教育的一切都围绕着考试转,为考试而教育,这就有违人的发展这一根本教育目标了。"[2]应试教育过于看重外在的评估指标,因而也存在遗忘人本身培养的趋向。孔子教育的核心是仁与礼,强调有教无类、因材施教、学思结合、君子不器等。在孔子看来,学习不能仅仅为了个人的升官发财,而应心存道义和天下苍生,修身立德,温润如玉,重义轻利,熏陶心灵,志于大道。儒家教育思想有值得学习的地方,但也有不少不甚科学的地方,比如,它的一些做法违反儿童的本性和认知规律,压抑学生的合理需求和兴趣,教学方法单调。

大学是立德树人的地方,核心在于育人,也就是人的自由全面发展。素质教育、通识教育、博雅教育均不是为了迎合社会上急功近利的需求,不追求外在的目的和标准,而是为了学习者自身的圆满,旨在培养学生的基本品格和人文情怀。它的核心目标不是培养某种人,而是培养人本身。它不等于职业教育,它的目的在于提高人的综合素养,而不是直接着眼于中短期的就业和谋生,不是知识和技能的培养,不是把人视为工具和手段。也就是说,它必须破除狭隘的教育工具论。人为了谋生必须掌握某种技能,这本身是合理的诉求,但这种职业培训不能取代本来意义上的教育。若是教育沦

---

[1] 何齐宗:《联合国教科文组织教育文献研究:教育理念的视角》,人民出版社2020年版,第98页。

[2] 张楚廷:《大学的教育理念》,西南师范大学出版社2015年版,第53页。

为谋生的工具,变成人们进行生存斗争的说明书,趋向功利化,恐与真正的教育相去甚远。

　　大学的教育理念回答的本质问题是"大学是什么",它直接制约着大学教学理念的方向和内涵。大学就是来自不同地方的教师和学生探索知识的场所。"大学正是一个让人通过智慧之间、知识之间的碰撞而进一步校正、深化和完善之的地方。由此,纽曼心中的理想大学就是'智慧之府,世界之光,信仰的使者,新生文明之母'。"[①] 梅贻琦说,"所谓大学者,非谓有大楼之谓也,有大师之谓也"。大学不是官场,不是升官发财的地方,官本位是办好大学的大忌。好的大学是学术权力得到有效行使的大学。教育理念源自灵魂深处的渴望,它常常体现在校训中,比如,清华大学的校训是"自强不息,厚德载物",复旦大学的校训是"博学而笃志,切问而近思",厦门大学的校训是"自强不息,止于至善",陕西师范大学的校训是"厚德、积学、励志、敦行"。

　　教学理念是实现教育理念的方式。它的特征包括以下几个方面:一是社会性。教育理念和教学理念受到一定社会发展程度和社会关系的影响,随着社会关系的变化而变化,反过来,教育又服务于这种社会关系。阶级社会里,统治阶级的教育思想总是占据着统治地位,统治阶级通过国家政权确定教育目的,颁布教育法令,制定教育方针政策,控制教育资源,垄断教育权利,从而使得教育为统治阶级的利益服务。教学理念体现教育理念,它们属于大学的软实力。当然,它们在一定程度上也具有理想性和超越性,指向未来。二是个性化。不同高校的教学理念有所不同,均表现出各自的个性特征。就此而言,世界上没有两所完全相同的大学。大学的趋同或雷同是没有独特理念的表现,这种大学是没有生命力的大学。"当下中国的大学的问题是理念的问题。每一个学校都有制度,但不一定有理念,也就不一定有灵魂,没有灵魂的大学最终可能面目全非。"[②] 三是相对的稳定性。教学理念不能经常变化,它是流动的教学时间中的中流砥柱,由此构成一所大学的硬核。当然,教学理念也会发生变化,比如一种先进的教学理念冲击原有的教

---

① 陈锋等:《爱与自由:外国十大教育家经典教育理念》,北京大学出版社2014年版,第160页。

② 张楚廷:《大学的教育理念》,西南师范大学出版社2015年版,第37页。

学观念和认知结构,从而内化为施教者的新的教育思想并外显为新的教学方法。影响教学理念内化和改变的制约因素有外部制约因素和内部制约因素,外部制约因素包括教学管理层、学生家长、教学工作环境和氛围、教学成绩、薪资待遇等,内部制约因素包括教师的认知结构、内化能力、个体素质、主观能动性等。促进教学理念内化的策略主要有加强教师培训、主动性学习、教学反思等。

教学理念的类型有多种。比如,互动式教学理念、实践取向的教学理念、情境认知教学理念、翻转课堂教学理念、现代教学理念和后现代教学理念,以及强调体系、认知、说教的教学理念和强调问题、认同、说理的教学理念等。按照建构主义的教学理念,"知识是产生于人与环境的相互作用,是人对现实世界的理解和意义建构的结果,学生的学习是学生个体原有概念的改变、发展和重建的过程,是学生个体实现认知建构与社会建构的统一过程。教学的目标不是完成既有知识的传递,而是使学生具有以科学探究能力为核心的多方面的科学素养。在基于建构主义教学理念主导的教学模式中,学生是教学的主体,是知识的主动建构者和探索者,教师是学生学习环境的组织者、协调者,是学生学习的促进者"[①]。以学生为中心的教学理念提出"一切为了学生,为了一切学生,为了学生一切"。人才培养是学校的中心工作,学校的一切工作都要把学生放在第一位优先考虑,要考虑好学生,也要包容和平等对待"朽木""不听话""调皮捣蛋""愚笨"的学生,要考虑学生的生理和心理、知识和情感、技能和价值观等德智体美劳各个方面的全面发展。

二、新时代中国高校的教育理念和教学理念

时代是思想之母,实践是理论之源。新时代中国高校的教育理念和教学理念奠基于这个伟大时代及其实践状况。中华民族伟大复兴的战略全局和世界百年未有之大变局同步交织、相互作用、相互激荡,历史又一次呈现出多面性和多种可能性。当今世界正在发生深刻复杂的变化,和平和发展

[①] 张雷声:《思想政治理论课教学的境界》,中国人民大学出版社2018年版,第206页。

依然是时代主题,世界多极化的趋势没有变,经济全球化的方向没有变,文化多样化的大势没有变,社会信息化深入发展,各国经济社会发展相互联系和依存度加深,全球治理体系和国际秩序变革加速推进,以互联网、大数据、量子技术、人工智能等为代表的新一轮科技革命和产业革命正在重塑全球经济结构,并深刻改变着人们的生产方式、生活方式和价值观念。中国特色社会主义进入新时代,教育领域也正在发生革命性变化,必须面对新任务和新要求。

2018年9月10日,中共中央召开新时代第一次全国教育大会,习近平总书记发表重要讲话,系统总结和深刻阐述了中国教育的一系列新理念新思想新观点,强调要坚持中国特色社会主义教育发展道路,培养德智体美劳全面发展的社会主义建设者和接班人。习近平总书记指出,坚持党对教育事业的全面领导,坚持把立德树人作为根本任务,坚持优先发展教育事业,坚持社会主义办学方向,坚持扎根中国大地办教育,坚持以人民为中心发展教育,坚持深化教育改革创新,坚持把服务中华民族伟大复兴作为教育的重要使命,坚持把教师队伍建设作为基础工作。[1]"九个坚持"是对我国教育事业规律性认识的深化。教师是立教之本、兴教之源。经师易求,人师难得。教师素质的第一标准是师德师风。"四有"好老师的标准是有理想信念、有道德情操、有扎实学识、有仁爱之心。教师要有热爱教育的定力,淡泊名利的坚守。教师的职责和任务非常高尚、非常重要。习近平总书记指出:"教师是人类灵魂的工程师,是人类文明的传承者,承载着传播知识、传播思想、传播真理,塑造灵魂、塑造生命、塑造新人的时代重任。"[2]针对人才培养的核心工作,习近平总书记强调了"六个下功夫",即要在坚定理想信念上下功夫、要在厚植爱国主义情怀上下功夫、要在加强品德修养上下功夫、要在增长知识见识上下功夫、要在培养奋斗精神上下功夫、要在增强综合素质上下功夫。要树立健康第一的教育理念,全面加强和改进学校美育,要在学生中弘扬劳动精神,教育引导学生崇尚劳动、尊重劳动,懂得劳动最光荣、劳动

---

[1] 《坚持中国特色社会主义教育发展道路 培养德智体美劳全面发展的社会主义建设者和接班人》,《光明日报》2018年9月11日第1版。

[2] 《坚持中国特色社会主义教育发展道路 培养德智体美劳全面发展的社会主义建设者和接班人》,《光明日报》2018年9月11日第1版。

最崇高、劳动最伟大、劳动最美丽的道理,长大后能够辛勤劳动、诚实劳动、创造性劳动。① 这些重要论述是新时代中国教育的科学理论,集中体现了中国共产党人的教育理念和教育追求,它开启了加快教育现代化、建设教育强国、办好人民满意教育的新征程,具有里程碑意义。

马克思主义教育思想和教育理念是不断发展的。马克思、恩格斯、列宁认为,社会性是教育的本质属性,促进人的自由而全面的发展是教育的目标,造就人的全面发展的唯一方法是教育和生产劳动相结合。毛泽东提出:"我们的教育方针,应该使受教育者在德育、智育、体育几方面都得到发展,成为有社会主义觉悟的有文化的劳动者。"②邓小平提出:"教育要面向现代化,面向世界,面向未来。"③党的十八大以来,习近平总书记关于教育的重要论述从根本上阐明了新时代中国特色社会主义教育发展的一系列根本性问题,深化了对教育发展规律和人才培养规律的认识,从而成为新时代中国教育的行动指南和根本指针。④ 党的二十大报告指出,教育是国之大计、党之大计。"教育、科技、人才是全面建设社会主义现代化国家的基础性、战略性支撑。"⑤高校是人才培养的主阵地,要坚决维护和贯彻马克思主义的最新教育思想和理念,始终坚持以人民为中心,发展素质教育,促进教育公平,实现高质量发展。在2024年全国教育大会上,习近平总书记强调:"我们要建成的教育强国,是中国特色社会主义教育强国,应当具有强大的思政引领力、人才竞争力、科技支撑力、民生保障力、社会协同力、国际影响力,为以中国式现代化全面推进强国建设、民族复兴伟业提供有力支撑。"⑥新时代中国各个高校的教学理念都必须遵循习近平总书记关于教育的重要论述,坚

---

① 《坚持中国特色社会主义教育发展道路 培养德智体美劳全面发展的社会主义建设者和接班人》,《光明日报》2018年9月11日第1版。
② 《毛泽东文集》第7卷,人民出版社1999年版,第226页。
③ 《邓小平文选》第3卷,人民出版社1993年版,第35页。
④ 本书编写组编:《习近平总书记教育重要论述讲义》,高等教育出版社2020年版,第13~15页。
⑤ 习近平:《高举中国特色社会主义伟大旗帜 为全面建设社会主义现代化国家而团结奋斗——在中国共产党第二十次全国代表大会上的报告》,人民出版社2022年版,第33页。
⑥ 《紧紧围绕立德树人根本任务 朝着建成教育强国战略目标扎实迈进》,《人民日报》2024年9月11日第1版。

持教育为人民服务、为中国共产党治国理政服务、为巩固和发展中国特色社会主义制度服务、为改革开放和社会主义现代化建设服务,以学生为中心,推进教育数字化。这些教学理念强调差异性和个性化教学、平等和对话式教学、理论与实践相结合教学、研究式教学、问题式教学、慕课和虚拟仿真教学等。它们既是对中国传统教学理念的传承和创新,也有源自近代西方和苏联的教学理念,还有近来的各种新教学理念的探索和尝试。为满足中国式现代化国家建设的迫切需要,高校要培养解决"卡脖子"问题的创新型人才,必须不断推进教学改革,更新教学理念,从而落实立德树人的根本任务。

三、高校思政课专题教学理念的出场

专题教学是对传统教学理念的突破和改进。高校思政课是巩固马克思主义在高校意识形态领域指导地位、坚持社会主义办学方向的重要阵地,是全面贯彻落实党的教育方针、培养中国特色社会主义事业合格建设者和可靠接班人、落实立德树人根本任务的主渠道,是进行社会主义核心价值观教育、帮助大学生树立正确世界观人生观价值观的核心课程。[1] 高校思政课传统教学理念重视体系、认知和说教,专题教学理念重视问题、认同和说理。

思想政治工作是学校各项工作的生命线,思政课是做好这项工作的主阵地和主战场。习近平总书记在2019年3月18日的学校思想政治理论课教师座谈会上强调:"思想政治理论课是落实立德树人根本任务的关键课程。"[2]思政课不可替代,思政课教师队伍责任重大。办好思政课关键在教师,教师要给学生心灵埋下真善美的种子,引导学生扣好人生第一粒扣子。国无德不兴,人无德不立。德是一种宝贵的精神财富,它能提供强大的精神力量和价值支撑。人而无德,行之不远。德是方向,做人是干事创业的前提。养德修身,才能成为真正有用的人才。明大德、守公德、严私德,一个人的才能用对地方,方能成大器。中华优秀传统文化特别强调品德修养对一

---

[1] 本书编写组编:《中华人民共和国学校思想政治理论课重要文献选编》,人民出版社2022年版,第1384页。

[2] 《习近平谈治国理政》第3卷,外文出版社2020年版,第329页。

个人成人成才的重要意义。习近平总书记指出:"人才培养一定是育人和育才相统一的过程,而育人是本。人无德不立,育人的根本在于立德。这是人才培养的辩证法。"①立德树人的成效是检验学校一切工作的根本标准。社会主义核心价值观是当代中国精神的集中体现,凝结着全体人民共同的价值追求,它能有效整合社会意识,维护社会秩序,保证社会系统有效运转,因而必须贯穿国民教育全过程,融入教育教学各方面,这当然包括融入高校思政课教育教学体系。

高校思政课专题教学理念由来已久,也有一个逐步清晰化和表述规范化的过程。在整体推进教材、教师、教学等方面综合改革创新过程中,构建重点突出、载体丰富、协同创新的高校思政课建设体系,关键在于以问题为导向,以教育教学实效性为评价标准,发挥教和学两个方面的积极性,形成理念手段先进、方式方法多样、组织管理高效的教学体系。这个教学体系的重要方面就是统筹课堂教学、实践教学和网络教学建设,发挥课堂教学的主渠道作用和实践教学、网络教学的有效补充作用。课堂教学要积极按照专题教学理念进行推进。2015年7月,中宣部、教育部印发的《普通高校思想政治理论课建设体系创新计划》强调:"各地各高校要积极推进专题教学,凝炼教学内容,强化问题意识,构建重点突出、贴近实际的教学体系。"②这是中央有关文件在高校思政课建设方面明确提出专题教学的意见和要求,体现了教学理念的变化。

四、高校思政课专题教学理念的必要性

高校思政课专题教学理念的提出非常有必要,旨在解决教师怎么教、学生怎么学的核心问题,实现从教材体系向教学体系的创造性转化,加强理论的深度和内容的针对性,提高学生的兴趣和认同度,有助于解决体系化教学和照本宣科的弊端,有助于解决内容多课时少的矛盾,有助于解决教材内容

---

① 习近平:《在北京大学师生座谈会上的讲话》,人民出版社2018年版,第7页。
② 本书编写组编:《中华人民共和国学校思想政治理论课重要文献选编》,人民出版社2022年版,第1389页。

的稳定性和时代话题的变动性之间的矛盾,有助于解决知识传播和学生需求之间的矛盾,有助于解决理论和实践之间的矛盾等。它的必要性主要体现在以下三个方面。

1.高校思政课实效性提升的需要

专题教学理念强调问题导向,以理服人,以学术讲政治,这符合高校思政教育教学规律,更能够抓住学生的注意力,提高抬头率和点头率,提高实效性。当然,其中关键环节是专题教学理念的传播、接受度和实践程度。专题教学理念落到实处的关键在于思政课教师理解、接受和认同这种新的教学理念,掌握衔接教学理念和教学实践的有效路径与方法。另外,要以讲故事的方式讲道理,道理是深刻的,但阐述的方式方法应该深入浅出,切合大学生的生活,体现天边不如身边的道理,比如通过漫画、图表、对话、案例、故事、名言等表现抽象的概念和枯燥的知识,让学生在较轻松的氛围中理解和接受。毛泽东针对"上政治课",提出了十大教授法:"(1)启发式(废止注入式);(2)由近及远;(3)由浅入深;(4)说话通俗化(新名词要释俗);(5)说话要明白;(6)说话要有趣味;(7)以姿势助说话;(8)后次复习前次的概念;(9)要提纲;(10)干部班要用讨论式。"[①]毛泽东的十大教授法对于今天的高校思政课专题教学理念守正创新和贯彻落实,依然非常具有启发意义。

2.大学生成长成才的需要

专题教学理念更关注学生的困惑和问题,因而总能搔到痒处,抓到痛处,解决学生思想上的疙瘩,避免学生对马克思主义的质疑和疏离,培养学生正确的世界观人生观价值观,培养学生运用马克思主义立场、观点、方法认识世界和改造世界,符合大学生成长成才规律。这是一种研究性学习,不同于灌输型的接受性学习。它常常以教师为主导、以学生为主体,师生共同学习,通过学生的亲身体验和参与,培养学生的问题意识和创新精神。

3.适应信息时代变革的需要

传统教学理念信奉的教条是"给学生一碗水,自己必须有一桶水"。然而,在信息技术普及和知识爆炸的时代,知识体系更新得非常快,教师获取的信息量在某一方面常常还不如学生,在通过互联网、数据库、在线平台、电

---

① 《毛泽东文集》第 1 卷,人民出版社 1993 年版,第 104～105 页。

子媒体等新媒体技术获取知识的信息手段方面也常常不如自己的学生熟练,这造成教师不再有知识的垄断权,从而出现教师的知识体系陈旧和学生的学习渴望无法完全得到满足的矛盾。专题教学理念的意义在于解决教师的窘迫局面。它把基础性的知识性学习调整为学生依托互联网等进行自主学习,把手机从敌人变成思政课教师的助手和朋友,把宝贵的课堂教学时间用于某一个重要专题的深入讲解,帮助学生系统全面地把握某一专题,掌握某一方法,接受某一结论,坚定理想信念,实现政治认同。

第二节　从体系到问题

体系化教学是一般性专业教育惯常使用的教学方式和教学理念。它不同于问题导向的专题教学,常常和认知教育、说教方式密切相连。从体系化教学到问题导向的专题教学是适应于高校思政课的教学目标所进行的转向。当然,体系化教学和问题导向的专题教学仅仅是相对而言的,不是对立的关系。强调问题导向的专题教学,必须反对知识的碎片化,并不是不要体系。

一、体系化教学及其问题

体系化教学是以知识体系的传授为目的的教育。它重视的是概念的阐释和精准把握,原理的理解和分析,概念和概念之间的内在联系及其架构的知识体系。知识体系是一座由概念之砖搭建的理论大厦,原理是它的组织系统和架构模式。体系常常是自我封闭的,它对外部的态度是有敌意的。一旦外部的入侵者不能被体系吸收、消化和溶解并成为体系的某一部分,体系本身就会遭到破坏并逐步瓦解。它强调的是推理能力和理性思维,也就是说,特别注重逻辑的演绎,注重思辨的环节,形式逻辑被捧到某种至上的地位。体系化不反对讲故事和案例,但它的总体方式是"原理+案例",案例要服务于原理,而不是对某个理论问题或现实问题的破解。教材体系是诸多话语体系的关键环节,起着承上启下的作用。它简化了专业知识,适应于学生的认知水平,呈现和总结了已知的专业内容,因而是体系的集中呈现和体系化教学的抓手。"教材既不是地图,也不是行程安排,而是在一个有明确目标的旅行中起支持作用的旅游手册。"①教材仅仅是一种工具,它不是教学大纲。教学体系的设计要合理利用多种资源,创造性地运用教材。教师的工作不应该是简单地灌输教材提供的内容,而是学会正确地对待教材,让教材起到协助作用。这里没有轻视和否定教材的意思,但过分地依赖教材,不能发挥教师教学的主体性、主动性和创造性,很容易变成照本宣科,变成一种体系的灌输。

高校思政课的教材体系固然不错,但教学体系如果不能吃透教材,不能进行教材体系的再创造,仅仅是简单地照搬教材的章节内容,就会显得生硬。马克思主义理论当然是一个严密的体系,高校思政课是马克思主义理论的传播,当然要顾及理论体系的重要性,但切忌把体系拔高到不恰当的位置,更不能以马克思主义理论知识体系讲授为终极目标,否则就违背了高校思政课的初衷。部分高校以考研的名义强化马克思主义理论体系灌输之必要性,这是本末倒置的做法。总体来说,体系化教学区别于问题导向式教学的问题有以下几个方面。

1. 从针对性看,体系化教学无法及时解决学生心中的困惑

它把体系的完整性放在第一位,注重逻辑的推演和概念的阐述,它关心的问题是体系自身的重点难点问题,而不是学生心中的困惑,不是时代的热点话题。不同高校的学生、不同专业的学生、不同地区的学生、不同性别和民族的学生、不同个性的学生,他们关注的话题和焦点都会有所不同。如何照顾他们的特殊性,如何进行针对性的教学,如何因材施教,这不是兼顾的问题,而是教学的中心问题。面对国际局势的纷繁变化和国内各种热点话题,面对网络上的偏激言论和道德话语,面对各种质疑我们国家大政方针政策的观点,面对各种似是而非的误解,我们的任务不是仅仅告诉学生马克思主义理论体系的逻辑演进是怎样进行的,结论是什么,而是要针对他们的问题,运用马克思主义理论的立场、观点和方法进行条分缕析的讲解,拨开云

---

① 格兰特·威金斯、杰伊·麦克泰格:《追求理解的教学设计》,闫寒冰等译,华东师范大学出版社2017年版,第257页。

雾见日月,从表象到真相,揭示背后的运行逻辑和规律,揭示偏颇言论背后的方法论谬误和价值取向的差异,从而让学生不迷失于嘈杂的多元声音之中,让学生发自内心地坚守马克思主义信仰,认同中国特色社会主义共同理想,坚定不移地听党话、跟党走,愿意为全面建设社会主义现代化国家和全面推进中华民族伟大复兴而团结奋斗。

2. 从目的性看,体系化教学与高校思政课的教学目标有所错位

高校思政课的主要目的在于认同,而不仅仅是认知。体系化教学的实质在于给予学生一套完整的马克思主义理论知识体系。如果学生能够全面深入理解和掌握这套理论体系并把它转化为自己认识世界与改造世界的方法和能力,从而具有马克思主义世界观和方法论,进一步涵养和践行社会主义核心价值观,这当然不错。但是,现实中经常表现为体系化教学拉开了思政课与学生的距离,回避了问题,无法满足学生的精神渴望,甚至表现出一种知识的傲慢,从而实现不了自身的教学目标。它的良好愿望和客观实际的抬头率低形成强烈反差。高校思政课的教学内容涉及的问题域是非常广泛的,体系化教学导致的实际结果就是教师匆匆赶教学进度。每一个精深的理论,总是难以讲透彻,学生常常仅学到一些皮毛,吃到半生不熟的夹生饭,从而无法抵御各种谬论的嘲笑和攻击。对于学生来说,他们有时候明明知道对方的观点不对,却讲不清楚对方究竟错在哪里。究其根源,较系统地了解马克思主义并不等于具有分析和解决问题的能力。由此带来的弊端是学生在无法应对之际甚至常常是在无法辨别对方的对错之际就被带偏节奏。这不是因为学生没有学好,更多的是教师没有教好。没有教好的根源在于试图面面俱到,反而常常浅尝辄止。体系化教学的目标错位就是把认同置换为认知,在认知方面又忙于知识体系的供给,缺乏问题意识和现实关注,导致教学目的的达成度偏低。

3. 从过程性看,体系化教学常常陷入晦涩的理论说教

从唯物主义的角度看,原则不是研究的出发点,而是它的最终结果。知识体系是对现实生活的提炼和概括,深深扎根于生活之中。脱离生活的知识体系常常变为先验的观念,幻化为无根的存在。体系化教学常常把体系看作神圣的规律和事物的本质,并不深究它的来源,而是执迷于它的内在逻辑推演和概念体系的建造,对于尚不理解大量马克思主义理论专业术语的专业院系大学生来说，他们常常陷入知其然而不知其所以然的困惑。注重体系的教学过程是抽象的和枯燥的，如果不能打开作为思维节点的概念，体系的概要性表述甚至是晦涩难懂的。一些教学经验丰富的思政课教师进行体系化教学，特别注重从教材体系向教学体系的转化，他们精心备课，试图通过合适的案例和深入浅出的讲解，化解体系化教学的弊端。这种努力是令人钦佩的，但教学理念和方向性的问题不是通过这种修补性的手段就能够彻底解决的。就高校思政课而言，由于各种各样的原因，部分学生的学习动机不强，学习兴趣不高，学习方法不新，学习态度不正，在此背景下的体系化教学，淡化现实问题和矛盾，无视学生内心的挣扎和困惑，背对高校思政课的迫切任务，难以扭转当今高校思政课的令人不安的状况。

4.从实效性看，体系化教学的实效存在总体偏差

从大量的正式或非正式的调研、座谈会、访谈和各种场合的经验性观察，体系化教学的反馈意见不是太好。从教师来说，他们大多抱怨学生厌学、功利和不懂事；从学生来说，他们大多抱怨课程枯燥、无聊和没用；从教学管理部门来说，它们大多对抬头率和点头率不高的情况忧心忡忡。体系化教学常常采用认知教育的考核方式，偏重死记硬背和理解分析。部分考试成绩好的学生也并不见得真正达到了高校思政课的认同目标。由此导致恶果，不论哪一种学生都普遍地把某种特定的思政课教学认定为思政课本身，从而产生轻视、抵制情绪和负面的评价。当然，这不是说体系化教学一无是处，更不是说高校思政课教学不需要体系，而是从实效性的角度强调教学理念和教学方式改革的紧迫性，强调调动学生学习兴趣、激发学习热情、培养理论思维、触动情感神经、观照时代问题的重要性。无视教学效果的教学绝不是合格的教学。恰如阳春白雪和下里巴人的故事，我们必须根据教学对象的需求调整教学策略，采取有效的举措，借助于数字技术和当今青年感兴趣的话语，在了解他们的喜好后实现价值引领的目标。

二、问题导向的必要性

问题导向是实现教学理念转变的关键。习近平总书记指出："坚持问题导向是马克思主义的鲜明特点。"①问题就是矛盾,就是事物内部或事物之间的对立统一关系。问题是时代的声音,每个时代都有自己的问题。只有聆听时代的声音,回应时代的呼唤,解决重大而紧迫的问题,才能把握历史脉络,掌握历史规律。问题导向式专题教学旨在回应问题时实现教学目标,它是当前高校思政课改革的战略方向。它的必要性有如下几个方面。

1.更符合高校思政课的教育教学规律

从体系到问题的最大改变在于摆脱了体系自身的自我欣赏和自恋自伤,转向活生生的现实生活本身,侧重于对马克思主义理论的掌握和实际应用,强化了针对性。它有助于观念上的纠偏,避免站在道德高地的情绪化和简单化观点,有助于全面、客观、历史地看问题,有助于提高课堂的深度和难度,能够更好地调动学生积极思考和自觉参与,培养他们的理性思辨和探索能力,避免灌输的弊端,改善教学效果,实现认同的教学目标,有助于培养大学生的问题意识和创新精神。问题的提出和解答需要激活已有的背景知识,融通各种理论资源,综合运用各种手段,实现协同创新,文明互鉴。它的原则性要求是不忘本来、吸收外来、面向未来。重大的前提在于问题必须是真问题,不能是假问题。也就是说,它必须言之成理,逻辑自洽。问题的提出者不应自缚于裁判员和立法者的真理垄断者身份,而要以开放的心态和发散性思维的研究者视角提出创造性的问题,坚决避免自我隔绝和封闭,也要避免迷失自我和媚俗行为。问题的表述要精准化、通俗化和具有穿透力,避免模糊、晦涩和钝化的语言。好问题或恰当的提问方式依赖于提问者的洞察力和批判思维能力。问题意识要求打破学科壁垒,走出体系本位,淡化功利心态,从问题本身出发寻找解决的路径和方法。不同的时空背景下有不同的热点问题,只有抓住那些处于支配地位的问题,抓住问题的主要方面,坚持两点论和重点论相统一的原则,突破条条框框的束缚,从实际出发,克服主观主义和教条主义,敢于担当,善于设问和提出问题,才能真正回应时代,才能吸引学生的注意力,才能彰显高校思政课的本质和规律。

---

① 习近平:《在哲学社会科学工作座谈会上的讲话》,《光明日报》2016 年 5 月 19 日第 6 版。

2.更适合教师能动性的发挥

高校思政课教师均学有所长,在突破体系的束缚之后,他们依据问题导向科学设置合适的专题,就不是简单的说教和宣传,不是体系的灌输,而是在一个点上讲深讲透,以理服人,凸显以学术讲政治。所谓以科研支撑教学,正是体现在研究理论和现实中的重大问题,尤其是时代热点痛点问题、教材难点重点问题、学生聚焦点问题,在这些问题中寻找最大公约数,站在马克思主义立场依托科学研究进行理论创新,并把由此获得的科学结论及其严密论证过程讲给学生,征服学生。教师的教学绝不是照本宣科,而是创造性的艺术,它需要教师能动性的发挥。教师背对问题的所谓学术研究,常常是空话连篇,言之无物,难有真正的成就。"可以说,如果没有对时代发展中重大现实问题的充分关注和艰苦探索,就不会有马克思主义的创立和不断发展,马克思主义始终在不断面对问题和回答问题。"①中国化时代化的马克思主义一脉相承,无一不是问题导向的产物。高校思政课教师传播马克思主义当然要以科学的方法对待马克思主义,坚决反对生吞活剥式的教条主义,专题教学是贯彻这一理念的最佳选择。

3.更适合解答学生心中的困惑

韩愈在《师说》中谈道:"古之学者必有师。师者,所以传道受业解惑也。"大学生是时代的骄子,他们不是没有对时代的热情和关注,只是不愿意被愚弄和欺骗。马克思主义真正实现科学性和政治性的统一,因而最应赢得学生的认同,现实情况却不尽如人意,究其原因,我们的传统教学方式没有解决学生心中的困惑,新的问题导向专题教学又没有充分体现和贯彻初衷。高校思政课学习的目的不是充当留声机,而是要解放思想,从实际出发,进行系统周密的调查研究,把握事物的规律和内部联系,遵循以人民为中心的价值取向,找立场、找观点、找方法。教条主义式的主观主义是大敌,它常常以体系化教学的面目出现,背对学生的渴望和问题,从而走向马克思主义的反面。毛泽东说:"我们学的是马克思主义,但是我们中的许多人,他们学马克思主义的方法是直接违反马克思主义的。"②我们不反对熟读精

---

① 韩喜平:《以问题导向推动马克思主义理论学科发展》,《理论与改革》2019年第3期。
② 《毛泽东选集》第3卷,人民出版社1991年版,第798页。

思、学深悟透、科学系统地掌握马克思主义。有些对马克思主义一知半解的人,从来没有系统扎实地读过马克思主义经典著作,却在奢谈马克思主义的发展,这是没有根基的空谈,常常导致背离马克思主义的结局。但是,掌握马克思主义理论知识体系仅仅是前提,我们宝贵的课堂时间更应用来透彻分析广受学生关注的热点问题,激发学生自觉学习和掌握马克思主义理论体系的兴趣,从而实现认知和认同、理论和实践的统一。

4.更能体现从教材体系向教学体系的创造性转化

问题导向的专题教学尊重教材、遵循教材、依托教材,但绝不照搬教材。专题教学是一种独特的教学体系,它是教材体系的再创造。"理论体系指的是理论观点的逻辑集合。通俗地说,就是框架结构、逻辑关系。……理论体系是最根本的,它奠定了向学科体系、教材体系、教学体系、课程体系转化的基础。在这个意义上,思想政治理论课教师要搞清楚马克思主义的教材体系、教学体系、课程体系,要实现教材体系向教学体系、向认知和信仰体系的转化,不研究理论体系是不可能真正做到的。"[1]教材体系针对不同的授课对象的差异性,依据教学目标的各种因素,对理论体系的内容进行调整、增删和重新编排,具有简明性和针对性。教材体系是介于理论研究与理论叙述之间的重要环节。如果说理论体系是理论研究成果的逻辑叙述,教学体系是理论研究成果的具象叙述,那么,从理论研究成果的逻辑叙述到理论研究成果的具象叙述,必须经过教材体系的构建。[2] 教学体系是教学理念的外显和实践过程。从教材体系向教学体系转化的成功与否,关键在于教学体系能否促成大学生认知和信仰体系的形成。问题导向的专题教学比体系化教学优越,它不是教材体系的搬运工,而是从蚂蚁的角色转变为蜜蜂的角色,实现真正的转化和创造,更有助于实现高校思政课的教学目标。

---

[1] 张雷声:《思想政治理论课教学的境界》,中国人民大学出版社2018年版,第193页。
[2] 张雷声:《思想政治理论课教学的境界》,中国人民大学出版社2018年版,第194~195页。

三、问题导向的实质

高校思政课问题导向式专题教学的实质在于针对性地讲理,根本点在于实现理论的彻底性,目的在于以理服人,实现从认知到认同的过渡。加强学术研究是讲理的关键。我们常说教学相长,这是非常有道理的。"学术研究是宣传教育的前提,宣传教育是学术研究通俗化的载体。加强宣传教育不等于削弱学术研究,相反,宣传教育中遇到的诸多需要解决的问题会推动学术研究的广泛性和深入性。加强宣传教育也不等于以削弱学术研究为代价,相反,宣传教育是学术研究的必然延伸和展开。理论只有走向人民大众,才会有影响力;理论只有深入人心,才会有价值和力量。"[1]

问题导向关乎学生利益和成长,最容易扫除沉闷的课堂氛围,诱发学习动机,激发学生的学习兴趣。兴趣是最好的老师。"教学的过程实际上是一个心理全面介入的过程。所以,教学的过程需要全面地关注学生的心理活动,全面地关注学生的知、情、意及其发展变化。"[2]好的问题常常是学习动机的触发点,它会变消极被动的应付性学习为积极主动学习。有人说,兴趣是天生的。这是没有意识到兴趣和动机的关系。经验告诉我们,对一个东西了解得越多,越容易产生兴趣。比如下棋,越是懂得棋理,越容易对下棋着迷。了解的动机源自切身的利益和问题。人们常常对自认为无用、没有意义、无聊乏味的东西没有关注的兴趣,漠不关心,其实也就是缺少进一步了解的动机。心理学实验告诉我们,熟视无睹是一种经常性现象。高校思政课遭受误解和无视,被认为是无用和没有意义的,根源在于这些误解思政课的学生不懂思政课的功用,部分老师不能展现思政课的魅力。问题导向是纠正这一现象的秘方。它立足于学生的内在需求和中国之问、世界之问、人民之问、时代之问,因而能有效引起学生的好奇心,进而培养学生的意志品质,让他们养成学习的好习惯,有助于教学实效性的提升。

---

[1] 张雷声:《思想政治理论课教学的境界》,中国人民大学出版社2018年版,第196~197页。

[2] 张楚廷:《大学的教育理念》,西南师范大学出版社2015年版,第15页。

四、问题导向的类型

问题导向的类型有不同角度的划分,不同年段、不同课程、不同时期的教学都可以采用问题导向的专题教学。不论是课堂教学、实践教学还是其他类型的教学方式,都可以采用问题导向式专题教学。这里并不做如此广泛的研究和类型划分,不追求大而全的涵盖面,仅仅限定在高校思政课的课堂教学所采用的问题导向式专题教学。它的类型主要有两种划分方式。

1.从问题的不同看,有理论问题导向的专题教学和实践问题导向的专题教学

理论问题导向的专题教学指以理论自身的问题为核心进行专题设计的教学。它不是简单的理论体系阐述和原理说明,而是具有强烈的问题意识,是在理论学习中深度思考必然面对的话题,这样的问题不能回答的话,意味着对理论的理解不通透不彻底,还不能把理论转化为能力和方法去分析与解决问题。比如,辩证唯物论和旧唯物主义的本质区别是什么,唯物辩证法为什么不是变戏法,真理和价值的关系是什么,究竟有没有绝对的真善美,如何看待历史偶然性对历史发展趋势的影响,劳动价值论和效用价值论谁对谁错,剩余价值学说能不能解释明星天价出场费问题,共产主义渺茫论为什么是错的,无产阶级革命会不会在当今的发达资本主义国家发生,马克思主义中国化的理论创新和实践创新是什么关系,如何正确对待国外马克思主义诸流派,如何看待一些自称马克思主义者的国外学者反对历史唯物主义基本观点的情况,马克思主义道德观如何反对相对主义,人究竟有没有自由,幸福是主观的还是客观的……实践问题导向的专题教学指以生活实践中的重大热点问题为核心进行专题设计的教学。它不是国内外的社会矛盾和冲突的简单现象描述和价值中立的历史线索梳理,而是依托马克思主义立场观点方法的本质洞察和深层透视。这些问题有时会以非常尖锐的方式呈现在我们面前,逼迫我们回应。比如,中国式现代化和西方现代化有什么不同,供给侧结构性改革和西方供给学派的本质区别在哪里,全过程人民民主比西方民主优越在什么地方,俄乌冲突的本质和根源究竟该如何理解,全球化和民族化的辩证关系是什么,生态问题和资本逻辑之间有什么关系,以人民为中心和以资本为中心有什么不同,为什么要旗帜鲜明地反对历史虚无主义,私营企业家雇佣工人算不算剥削……

2.从教学方式的不同看,主要有独白式、对话式和研讨式三种类型

(1)独白式问题导向专题教学侧重于教师的讲授和学生的听。教师讲授的内容和话题通过精心设计和安排,按照问题的逻辑层层推进,最终得出令人信服的结论。教师在讲授中可以依据抬头率和眼神判断学生的理解程度和兴趣度,适度调整讲解的详细程度和讲课速度。这种方式的优势在于进度可以控制,逻辑顺畅,推理严密,节奏较快,预期内容可以按时讲完。不足之处在于,仅能根据事先的预估强化针对性,学生不能积极参与,整节课保持专注很难,常有思维倦怠的情况。(2)对话式问题导向专题教学侧重于师生互动和对话,教师在问答过程中引导学生走向预设的结论。这种方式的优势在于学生的参与度高,能主动回应教师的问题,老师能及时准确地判断学生的理解程度,进一步通过质疑、诘问、反问、启发、提问和反复地纠偏,使学生深刻地记住问题推导的过程和结论。不足之处在于课程进度较慢,对教师的挑战度较高。它要求教师预先认真备课,吃透问题,能够驾驭问题的各种可能性,避免回应不了学生问题的尴尬。(3)研讨式问题导向专题教学侧重于学生的讨论和教师的点评。它对教师和学生的要求都较高,要求教师有对问题的深刻理解与较强的课堂组织和掌控能力,要求学生有相应的知识背景或事先的扎实准备。这种方式充分彰显以学生为中心的理念,有利于调动和发挥学生的主体性、积极性和创造性,学生的参与热情高,有助于学生问题意识和创新意识的培养。不足之处在于讨论的发散性造成组织难度较大,容易偏离主题,逻辑思路不易清晰呈现,对教师的挑战度更大,教师如何在讨论中引导、在总结中提升是个相当有挑战性的问题。这三种方式各有利弊,具体采用哪一种方式要根据问题的性质和类型以及学生的具体情况而定。一般而言,独白式和对话式比较适合本专科低年级的学生,研讨式比较适合文科高年级的学生和研究生。

五、问题导向的局限及其克服策略

从体系到问题是教学改革的方向,但恰如任何一种教学理念和教学方式都不可能是完美的一样，问题导向的局限性也是存在的。这里强调三个主要问题。

1.问题的设计难以覆盖全体学生

问题导向取代体系化教学的优势在于更有问题意识，更能抓住学生的兴奋点。问题设计是关键。不同的学生感到困惑的问题不一样，如何照顾大多数，在教材、教学、学生、时代热点问题的交汇处找到合适的问题，这是关键中的关键。一般来讲，受到时代发展和实践水平的影响，同一时代背景下的大学生关注的热点问题具有一定的重合性和相似性，经过调研和问卷调查可以找到最大公约数，从而找到课堂重点讲解的话题和问题。但要想让这些问题覆盖所有学生，几乎是不可能实现的奢望。有限的课堂教学时间必须精选问题才能保证把所选的问题讲深讲透，因而不可能涵盖所有问题，也没有必要涵盖所有问题。对于学生来说，他们不仅要掌握老师讲解的问题之实质，而且要掌握老师讲解和分析问题的方法，从而具备独立思考和分析同类问题的能力，不被各种混淆视听的流行性说法和片面观点所左右，进而树立正确的世界观和方法论。有几种设计方式存在明显的误区，它不仅覆盖不到多数学生，而且可能达不到问题导向的应有作用。比如，仅考虑教材的重点难点而不顾学生的兴趣和困惑，仅依据教师自身的教育背景和学术兴趣设置问题而不考虑学生的感受，仅考虑学生的困惑和问题而不尊重教材和课程性质的内在要求等。

2.问题和问题之间的衔接难以处理

问题导向不是面面俱到，而是突出重点的方式，这些主题和问题不是僵化的铁板一块，而是要根据学生的接受能力和时空变化进行调整和取舍。体系化教学的重心在于"我要你学"，在"学什么"的问题上有一个现成答案。问题导向的问题和问题之间很难有直接的联系，也不应该生硬地建立这些问题之间的外在联系。它们彼此之间不是层层递进的逻辑推演，而是经常表现为并置的关系。当然，问题和问题之间是不是绝对是并置的关系，这又要分不同课程，不能一概而论。比如，"中国近现代史纲要"课程的专题之间有较强的时间线索，打乱这些专题当然也不是完全不可以，但是会出现逻辑和历史关系的混乱。同一个问题经常要综合使用各种原理和逻辑公式才能说明白，这明显区别于体系化教学的逻辑推演方式，也就是说，它不是逐一地解释核心概念和原理,而是直接应用这些原理分析和解决问题。在此过程之中,有时也会简要地解释概念和原理,但这不是知识体系的需要,而是分析和理解问题的需要。每一个问题都是相对独立的单元,不了解其他专题教学的主题和问题,并不影响对这个主题和问题的理解。它们就像渔网上的节点,每一个都连着四面八方,但节点和节点之间组成完整的渔网,连接它们的线是隐而不彰的,但这不等于没有。

3. 问题的解决并不能完全达成教学目标

问题导向是破解理论上思想上的困惑,它的目标在于以理服人,进而激发认同的情感。然而,教学目标的达成必须体现在行为方面,不能仅仅停留于主观的内在的无声的心理层面。能否在关键的时刻做出某种具有家国情怀或道德大义的选择,这不仅需要知和情,而且需要顽强的意志品质。担当、责任、勇敢、毅力、持之以恒、吃苦、奋斗,这些都关乎意志品质。钱学森、邓稼先、倪光南等一大批国家脊梁,他们不论是在科学无国界而科学家有国界的认知上,在对祖国和人民的情感上,还是在毅然放弃优厚待遇和学术地位的诱惑上,都表现出令人钦佩的行为选择。鲁迅先生曾在他的杂文《中国人失掉自信力了吗》中说:"我们从古以来,就有埋头苦干的人,有拼命硬干的人,有为民请命的人,有舍身求法的人……虽是等于为帝王将相作家谱的所谓'正史',也往往掩不住他们的光耀,这就是中国的脊梁。"[①]当今那些无怨无悔去基层、支援贫穷落后地区、援疆援藏、勇于创新、勇攀科技前沿的年轻人,他们是新时代的希望所在。问题导向是培养国家脊梁的必要条件,但不是充分条件。榜样示范、实践触动、情感共鸣、习惯养成、品质塑造等都是重要手段和方法。

克服问题导向的局限有不少可资借鉴的方法。针对第一种情况,要通过网络教学、自主学习、课后作业、案例分析分享会、线上资源、编写教辅材料、助教答疑、问题归纳和整理等方式尽可能对学生的所有主要问题有所回应,让所有学生都能够有所收获。当然,教师课堂主讲的主题要通过适当的评价机制和反馈机制进行动态的微调,保持开放性,从而强化针对性,确保涵盖面最大化,这是最主要的方面。高校思政课的课时少内容多是普遍的

---

① 鲁迅:《鲁迅全集》第6卷,人民文学出版社2005年版,第122页。

共识,但学生的总学分要协调照顾到各个维度,因而继续增加学分的方法不是最优选择。课堂不讲的问题,可通过其他方式给学生提供学习的途径,确保照顾到特殊性。针对第二种情况,要在第一次导论课进行专题讲授的方式强化课程体系和内容之间的内在联系,强化不同专题的主题所涉问题在总体体系中的环节和位置,避免碎片化。另外,在课程的最后一堂课要照应一下,重新强化整个学期的内容构成的知识体系。这是处理体系和问题之间辩证关系的较为稳妥的方式。当然,能够以思路图、框架结构、导图等方式给予学生整体或部分知识体系的说明,从而弥补问题导向的局限,也是有效的补充方式。针对第三种情况,重点在于实现课堂教学和实践教学、第一课堂和第二课堂、思政课程和课程思政的同向同行,坚决贯彻大思政的理念以及三全育人的理念和要求。

第三节 从认知到认同

认知教育和认同教育是两种不同的教育理念。认知教育的重心在于"知"的方面,它的核心是"知道"和"理解",认同教育的重心在于"知""情""意"多个方面,它的核心是"接受"和"做到"。认知和认同之间不是割裂的关系,而是具有内在联系的。认知是认同的基础,认同是认知的升华。就思想政治教育而言,没有认知的认同常常是盲目的,没有认同的认知是肤浅的。高校思政课的教学目标要求实行认同教育。认同教育是一个复杂的系统工程,需要综合施策。"教学体系转化为大学生认知和信仰体系,是一个由多种相互关联的教学要素组成的系统工程,是一个由教学形式设计和教学组织实施组成的整体化运作过程。"[1]

一、认知教育及其问题

从普通心理学的角度看,认知是人脑通过感觉、知觉、表象、概念、判断、

---

[1] 张雷声:《思想政治理论课教学的境界》,中国人民大学出版社2018年版,第200页。

推理、记忆、想象等形式反映客体对象的性质及其相互关系的活动。感觉是认知的起点,它是客观事物的个别属性在人脑中的直接反映。认知的一个重要方面是记忆。记忆是人脑对过去经验的反映,包括识记、保持、再认三个过程。识记就是人脑对外界输入的信息进行编码,保持就是信息的储存,再认就是信息的提取。遗忘就是不能提取储存的信息。记忆是心理活动的基石。没有记忆能力(比如"失忆症"),诸多认识活动和实践活动就失去依凭。认知教育以提高学生的学习能力为中心,它是发展学生的认知能力的教学方法。在一个人成长的不同阶段,由于心理认知能力的不同,适合的认知教育方法也是不一样的。一般来讲,大学生的抽象思维能力强,所以就要改变动作思维和形象思维的方法,适合着重采取理论思维、逻辑思维的认知教育。

从认知教育的主体看,高校思政课教师偏向马克思主义理论知识体系的传授和讲解。认知教育主体的职责在于原原本本地把书本上的知识点传授给学生。他们关心的重点在于如何在有限的课堂教学时间内塞给学生更多的知识,并让学生理解和掌握。比如,"马克思主义基本原理"课程包括马克思主义哲学、马克思主义政治经济学和科学社会主义三大部分,马克思主义哲学部分包括辩证唯物主义和历史唯物主义,这些内容是哲学系专业本科生两门专业课程的教学内容,这里必须压缩到三章的内容中,马克思主义政治经济学部分的核心是《资本论》三大卷的主要内容,这在经济学院的本科生那里需要花费一年的时间学习,这里必须压缩到两章。所以,认知教育者普遍地抱怨"教学时间根本不够用",讲不完最基本的一些知识点。这不是他们的教学水平不够,也不是他们的说话语速不够快,而是他们的认知教育方式必然造成这样的状况。另外,认知教育者常常感叹,给学生一碗水,自己必须有一桶水,但这里的知识点那么多,教师自己的知识储备很容易捉襟见肘,不可避免地出现讲不深、讲不透的现象,诸多重点难点只能蜻蜓点水,一带而过。这是认知教育主体在这种认知教育中走不出去的尴尬。

从认知教育的路径看,其常常采用干巴巴的说教方式。原理、原则、公式、道理是高度凝练和概括出来的一般性规律,它们超出了个别性、特殊性和实体性的个例之局限。如果不能把握这些规律的现实生活基础,仅仅识得这些规律的变化,不是一种深刻的学习。然而,囿于课堂时间的限制,这些并非先验的原理,常常在传播中被学生接受为神圣不可触动的教条,根源在于它们的根基没有得到必要的澄清。在"毛泽东思想和中国特色社会主义理论体系概论"课程中,中国化时代化的马克思主义是鲜活的、香的、不断发展的马克思主义,它的实践性、真理性、人民性和发展性离不开中国实际和时代问题的回应,但认知教育的诉求只能采取满堂灌的方式,诸多道理只能简单地采取"原理和案例"的方式解决,它无法采用对话或者启发式的方式,否则时间不够用。偶尔的发言也仅仅是象征性的浅层次知识的考察,师生对话不是环环相扣的,不是巧妙设问层层递进的探讨答案。毛泽东思想、邓小平理论、"三个代表"重要思想、科学发展观等一系列伟大理论创新成果,其内在的逻辑脉络和线索,以及与实践创新之间的勾连统统隐而不彰,原本生机勃勃的富有生气的理论,在认知教育中变为碎片化的死知识,或者脱离实际的僵化体系中的纯粹知识节点。这样的知识除了应付考试有用,很难显现出其他用途。

从认知教育的考核方式看,其侧重知识性考核。知识性学习的考试方式常常采用闭卷和笔试,题型多采用选择题(单选或多选)、名词解释、判断题、简答题、论述题、材料题等,这些题型的目的在于考查学生的记忆能力和理解应用能力。它无法衡量一个学生接受这些规律和原理的程度,无法考查学生对它的喜爱或者厌恶程度。这就像考查一个人会不会游泳,不让他下水,仅仅考查他是否知道手脚在水中怎么摆动,呼吸怎么配合。应付游泳考试的人完全可以通过记忆背诵游泳教程答对这些问题,根本不用下水训练,这样的考生真正下水游泳,则可能会被淹死。考查一个人会不会开车,也是同样的道理。如果不让他路考,仅仅让他坐在教室里面回答怎么开车,有哪些注意事项,这样的考生即使得高分,我们也是不敢让他上路开车的。世界观、人生观、价值观、道德观、法治观教育也是如此,我们不仅要让学生知道对错、善恶、美丑、好坏,而且要让学生真正具有科学的世界观、人生观和价值观,要有发自内心的善良和做人准则,有恰当的情感表达方式和理性思考的能力。然而,鉴于这些方面的考查难度之大,当前常常采用知识性考查的替代性方法,但这种替代显然是不太妥当的。

从认知教育的效果看,其实际情况与立德树人的预期成效差距甚大。认知教育的初衷就是知识教育和能力教育,而不是高校思政课的认同教育。

当然，认知教育者辩解说，认知是认同的前提，所以认知教育也没有错。问题在于围绕认同教育的顶层设计和围绕认知教育的系统化安排是完全不一样的。这种认知教育常常把学习当作手段和工具，考试通过才是目标。三观的培养不在他们的考虑范围。这种看法和认识是成问题的。习近平总书记指出："我们的教育绝不能培养社会主义破坏者和掘墓人，绝不能培养出一些'长着中国脸，不是中国心，没有中国情，缺少中国味'的人！那将是教育的失败。教育的失败是一种根本性失败。我们决不能犯这种历史性错误！"①

二、认同教育的必要性

认同教育有两种。一种是宗教式的认同教育，它的目的在于培养虔诚的教徒，又由于它的教义的神秘性和内在的矛盾，认知和认同的关系是断裂的，很难做到以理服人。它更多地采取典型案例的感化教育方式，主要是以情感人，依赖的是人的敬畏心、恐惧心、同理心等。它也有理解教义的要求，但不理解不是接受的障碍。另一种是科学性的认同教育。它的目的在于认同，手段在于以理服人，依据在于真理性，方式在于多元综合。马克思主义信仰是科学信仰，不是宗教信仰。它要求把信仰牢牢地建立在理性的基础之上，因而要求理论的彻底性。也就是说，认同必须以认知为前提要件。因此，围绕某一专题的知识获取，达到说服的目的即可，不用面面俱到。苏霍姆林斯基认为："在知识转变并发展为信念时，才是教育的开始。只有在真理的知识触及一个人的灵魂，激动他的心，促使他以自己的活动从实际上证明，并通过行动在实际上捍卫他认为神圣和宝贵的真理时，才谈得上信念。要掌握知识，珍重信念。"②

1.认同教育切合高校思政课的定位和教学目标

高校思政课与其他课程不一样，它不仅承担马克思主义理论传播的职责，而且是立德树人的主阵地和主渠道。"育人"固然是每一门课程的应有

---

① 《十九大以来重要文献选编》（上），中央文献出版社2019年版，第647页。
② 苏霍姆林斯基：《给教师的建议》，周蕖等译，长江文艺出版社2014年版，第260页。

之义,但思政课的核心任务是围绕育人的任务展开,而不仅仅是附带的工作。这就意味着它的教学目标不是简单的认知问题,而是马克思主义的世界观、人生观、价值观教育,也就是认同问题。它要求学生树立马克思主义世界观、人生观和价值观,能够坚持唯物主义立场,从实际出发,实事求是,坚持群众史观,以人民为中心,坚持党的领导和中国特色社会主义,坚持社会主义核心价值观,坚持集体主义,反对个人主义和自由主义,树立正确的党史观,反对历史虚无主义,能够认清楚资本主义的本质和趋势,坚持科学社会主义原则,坚守共产主义信念,能够理论和实践相结合,言行一致,愿意投身于全面建设社会主义现代化国家的伟大事业,愿意为中华民族伟大复兴踔厉奋发、团结奋斗。认同教育不仅培养学生对马克思主义的认识和理解,而且培养学生对马克思主义的深沉情感,培养学生对中华民族悠久历史和灿烂文化的由衷热爱与自信自强,培养学生面对先进文化的开放胸襟和包容态度,培养学生顽强奋斗的意志品质。这些教学目标的达成依赖于认同教育,依赖于理论上的说服、情感上的感化、行动上的追随、方向上的引领。高校思政课专题教学的重要性在于最有助于达成认同教育的教学目标,培养德智体美劳全面发展的社会主义建设者和接班人。

2. 认同教育能满足大学生成长成才的需要

人才是社会主义现代化建设的第一资源。当前流行的人才观念是"德才兼备,以德为先"。党的二十大报告指出,新时代好青年的标准是"有理想、敢担当、能吃苦、肯奋斗"。[①] 这里的理想不是泛泛的个人理想,而是共产主义理想信念和中国特色社会主义共同理想。这里的担当是担当天下大任,是一种家国情怀。这里的吃苦不是忍受贫穷的能力,而是放弃娱乐生活和无效的社交,放弃无意义的炫耀式消费,克制欲望,忍受孤独,长时间高度专注于某个目标的能力。这里的奋斗就是不要躺平,不要佛系,努力实现自己的梦想,活出自己的精彩,展现自己的价值。青春是用来奋斗的,不是用来挥霍的。唯有在奋斗中,生命才能闪光。大学生是青年群体中的优秀分子,他们当然应按照新时代好青年的标准要求自己。认同教育就是要让大

---

① 习近平:《高举中国特色社会主义伟大旗帜 为全面建设社会主义现代化国家而团结奋斗——在中国共产党第二十次全国代表大会上的报告》,人民出版社2022年版,第71页。

学生真正具有这些可贵的品质,而不是仅仅"知道"这些要求和品质。大学生成长成才不仅是知识和能力的增长,而且是心灵的成长和心性的磨砺,需要认同教育这种培根铸魂工程的塑造。认同教育的意义在于超出其他知识性教育的弊端,适合大学生的成长规律和成才诉求。

3.认同教育符合高校思政课教育教学规律

西方高校意识形态教育普遍采用隐性教育方式。也就是说,他们没有采取专门开设思政课的方式,而是把"思想政治教育"渗透到素质课、国情课或专业课之中。可资借鉴和比较的是,他们在各类课程中大量使用专题教学和案例教学的方式,取得良好的效果。国内多采用显性教育的方式,直接在课堂上讲授马克思主义理论,这是方式方法上不同于西方。出现这种不同的根源在于,马克思主义理论与西方意识形态的虚伪性和欺骗性不同,它具有真理性,敢于公开宣扬自己的阶级性和意识形态色彩,从不隐瞒自己的人民立场,从不站在超历史的角度审视种种口号和宣传。正因如此,我们更重视专题教学和以理服人,西方更重视认同的心理过程。另外,我们常说的言传身教,这在认同教育中体现得尤其明显。受教育者不仅关注高校思政课教师讲授的内容,而且关注施教者本人的信仰状况。比如,一个没有马克思主义信仰的思政课教师,他对学生讲授的马克思主义理论也许是对的,但学生会有这样的想法:"你连自己都没有说服,我怎么能发自内心地接受你讲授的东西?"思政课教育教学规律不同于一般专业课的地方恰恰体现在要让有信仰的人讲信仰。根本原因在于,真正有马克思主义信仰的教师才有对思政课教学内容的激情,对学习马克思主义理论学生的热情才能自然地流淌出对专职思政课教学工作的热爱,从而引发学生的关注和重视,更容易让学生从认知走向认同。

4.认同教育助益克服认知教育弊端

高校思政课专题教学的目的在于认同,而不是知识性的学习。认知教育的最大弊端在于误把手段、中介、工具、媒介错认为目的本身。由此造成的问题是,认识论层面的维度凸显,本体论层面的维度隐而不见。毫无疑问,认知是达成认同的重要条件,甚至是必要条件,但二者毕竟不能混同。从认知到认同的转向,实验心理学、认知科学、脑科学、行为科学等可以提供丰富的理论和实践经验。

三、认同教育的实质和类型

认同是对一种理论观点或价值观的理解和接受,表现为社会的价值观或行为规范在个体心理中的内化过程,外显为个体的语言和行为。《辞海》中这样解释"认同"概念:"……在社会学中泛指个人与他人有共同的想法。人们在交往过程中,为他人的感情和经验所同化,或者自己的感情和经验足以同化他人,彼此间产生内心的默契。分有意的和无意的两种。……精神分析理论术语。个体通过潜意识模仿某一对象而获得心理归属感的过程。可分为个体把外界某人或某群体的特征和性质内化进自己人格中的发展认同,和视别人或团体所具有的优点和荣誉为自己所具有的知觉认同两种。后者是一种防御机制,个体把自己模仿、比拟成某个成功的或优秀的人,以减少挫折导致的焦虑或获得满足。"[1]认同问题的出现可追溯到"我是谁"的古老问题的追问。认同概念最早源自弗洛伊德的心理学研究,后来逐渐扩展到社会学、政治学、哲学、教育学、传播学等领域,它可分为自我认同和社会认同两种类别,相应的主体是"我"和"我们"。自我同一性和身份认同是认同理论的热点话题。我们常说,真学真懂真信真用,真信真用的前提在于真学真懂,这是就马克思主义理论而言的递进关系。真信的问题就是认同问题。这里也涉及理论与实践、认知与认同的关系问题。认同不是"知"的问题,而是"信"的问题。在当今中国,认同马克思主义才有激情和担当,才能摆脱物质主义的困扰,才能成为国家的脊梁。

高校思政课专题教学的目的在于认同教育。它采用问题导向式的方式,关注的是学生的接受度和认同度。认同有各种不同的类型划分标准,这里重点讨论具有内在逻辑关联的理论认同、价值认同、情感认同、行为认同四种认同问题,核心在于实现政治认同,巩固和维护党的领导和社会主义基础,为经济社会发展提供稳定安全的文化环境。

理论认同是接受某种观念和理论体系。不同的理论有不同的追随者,比如儒家思想、道家思想、柏拉图主义、黑格尔主义、弗洛伊德主义等。他们

---

[1] 陈至立主编:《辞海》,上海辞书出版社2020年版,第3636页。

在内部也有不同派别的争论,但总体上接受这些派别的前提设定和问题域、研究范式、话语体系等。马克思主义理论依靠自身的科学性和真理性,能够实现理论的彻底性,也就是说,它不仅是一套严密的体系和说辞,而且是真实反映了世界本质和真相的话语。就普遍性而言,马克思主义理论和其他理论一样,有一套能够自圆其说的逻辑。就特殊性而言,马克思主义理论的逻辑是生活逻辑的抽象表达,揭示了事物的本质和趋势,而不是虚构的范畴体系和概念逻辑,不是纯粹想象的彼岸世界。就此而言,马克思主义理论是最能够得到认真对待它的人们的理论认同的学说。不论是马克思主义的追随者,还是马克思主义的敌人,他们均能够感受到马克思主义理论的魅力和说服力,均能够被它的逻辑性所折服。比如唯物史观、剩余价值论、科学社会主义学说等,不仅被马克思主义者坚信,而且被诸多资产阶级学者在理论上接受。那些反对马克思主义理论的资产阶级学者,不是被资本主义发展的事实频频"打脸",就是歪曲和误解了马克思主义理论本身。

价值认同是接受某种价值取向。价值认同牵连着价值观,价值观牵连着世界观和人生观。价值认同不同于理论认同,恰如不同的宗教有不同的信条和价值理念,从而有不同的生活方式和行为方式一样。个人主义和集体主义、功利主义和道义论、利己主义和利他主义,这些是不同的价值取向。不同的文化传统和文明有不同的价值认同。从马克思主义的视角看,价值认同不是先天的,而是历史地形成的,它的基础是不同时代的实践水平和不同阶层的社会地位、不同文化的传统和习俗,以及社会环境和教育等。理论认同是价值认同的前提和基础,但二者依然可能产生裂痕。如果价值认同难以放弃财富、利益、名声和地位,理论认同的真理对象并不能成为它坚守的价值信仰。

情感认同是接受某个人或者某类人的情感取向,产生共情。中共一大召开的时候,仅仅有50多位党员,但他们所代表的伟大建党精神激励着无数的后来者,引起一代代共产党人的情感认同。坚持真理、坚守理想,成千上万的烈士视死如归,是共产主义理想的坚定信仰者和忠实实践者。"砍头不要紧,只要主义真",这是坚持理想的铿锵表达。不忘初心、牢记使命,这就是为中国人民谋幸福,为中华民族谋复兴。不怕牺牲、英勇斗争,这表现在中国共产党人一百余年来面对各种风险挑战,敢于斗争,勇于胜利,形成井冈山精神、长征精神、延安精神、"两弹一星"精神等一系列的伟大精神,构筑起了中国共产党人的精神谱系。对党忠诚、不负人民,就是要始终坚持以人民为中心。伟大建党精神是中国共产党立党、兴党和强党的精神原点与基点。2019年3月18日,习近平总书记在主持召开学校思想政治理论课教师座谈会的时候,深情地回忆起初中政治课上一位老师数次哽咽地讲到焦裕禄,这给他留下深刻印象,老师的情感认同也引起他们学生强烈的情感共鸣。[1] 情感认同依靠的是感化和共情,它常常依托于实践教学和现场氛围。当然,理论认同和价值认同也是情感认同的有力支撑。有一种必须批判的错误思潮就是历史虚无主义,它表现为极少数人扭曲的情感和价值取向,他们对革命烈士和富有牺牲精神的前辈非但没有基本的尊重,反而进行冷嘲热讽和谩骂。这是我们必须辨别并纠正的错误态度和畸形情感表达,它的深层问题在于唯心主义历史观、以偏概全的方法论、极端利己主义价值观和家国情怀的缺失。

　　行为认同是以行动的方式表达对某种理论、某种价值、某种情感的接受和认同。它和前面三种认同的区别在于有外显的行动。一个人为什么这么想而不是那么想,为什么这么做而不是那么做,这背后当然有理论认同、价值认同、情感认同的问题,但体现在行动上的必备前提是勇气和担当。一个没有勇气和担当精神的人,他可能也有理想、有正确的价值取向和朴素的情感,但在面对困难和利益,或者面对生死考验的时候,常常就会犹豫甚至背叛。也就是说,他"知道"并且"认同"某种信念和理想,但做不到。这是因为他胆怯、没有斗志、不能吃苦、缺少奋斗精神等。革命、建设和改革的事业是布满荆棘的,勇于并善于面对各种不利局面和考验,善始善成,方能胜利。高校思政课专题教学的目标在于促进学生的行为认同,让他们主动投身于中国特色社会主义现代化建设的伟大事业,让他们的青春焕发光彩。毛泽东同志说:"善于把党的政策变为群众的行动,善于使我们的每一个运动,每一个斗争,不但领导干部懂得,而且广大的群众都能懂得,都能掌握,这是一

---

[1] 吴晶、胡浩:《一堂特殊而难忘的思政课——习近平总书记主持召开学校思想政治理论课教师座谈会侧记》,《人民日报》2019年3月19日第4版。

项马克思列宁主义的领导艺术。"①

四种认同之间不是并列的关系,而是逻辑递进的关系。认同的关键在于老师用心教,而不是做一天和尚撞一天钟,应付差事,学生要用心悟,自觉接受和认同中国化时代化的马克思主义,学思用贯通、知信行统一,从而沟通心灵,启智润心。

四、认同教育的限度

认同教育的优势在于强化共识,凝聚精神力量。维护社会稳定的方式有两种:一种是暴力的方式,比如军队、警察、监狱等;另一种是教化的方式,它依靠一套价值原则实现意识形态的整合功能,达到统一思想和行动的目的。马克思主义认同教育的意义恰恰在于它是中国特色社会主义文化建设的必要组成部分,发挥着重要的教化功能。认同教育的限度在于以下方面:它具有历史性,不能"毕其功于一役";它的重心是"教与学",在"做"的方面有弱化问题;它的成效难以在短期内进行有效的考核和验证。

1. 认同教育不可能一劳永逸,而是一个历史性的过程

从广度上来看,认同教育是传播马克思主义,它是马克思主义大众化问题。马克思主义大众化的接受者群体的新生力量总是在增加过程当中,马克思主义大众化的广度不断扩散。从深度上来看,认同教育的内容不是一成不变的,它随着实践的变化和人们认识水平的提高而发生变化。比如,2021年党史学习教育之初,中央提出要回答:中国共产党为什么能,马克思主义为什么行,中国特色社会主义为什么好。这个问题的提出是很有深意和见识的,也引起国内的广泛讨论。在庆祝中国共产党成立100周年大会上的讲话中,习近平总书记深化了问题的提法:"中国共产党为什么能,中国特色社会主义为什么好,归根到底是因为马克思主义行。"②在党的二十大报告中,提法的表述进一步发生了变化:"中国共产党为什么能,中国特色社

---

① 《毛泽东选集》第4卷,人民出版社1991年版,第1319页。
② 习近平:《在庆祝中国共产党成立100周年大会上的讲话》,《人民日报》2021年7月2日第2版。

会主义为什么好,归根到底是马克思主义行,是中国化时代化的马克思主义行。"①这些认识的变化是认识深度的变化,它必须体现在高校思政课的专题教学内容中,必须讲清楚这些变化,尤其是讲清楚最新的提法之科学内涵和深层逻辑,体现与时俱进的品质,不能固守原来的提法和表述。从强度上来看,认同教育对象的认同程度也是不断加强的过程,伴随着认同内容的量的变化和质的变化,以及时间的推移,认同教育对象的认同强度也会发生潜移默化的变化。当然,随着显性认同教育课程的结束和社会环境的变化,认同教育对象的认同强度会朝两个方向变化:一个是认同的自我强化,它常常是依托于自我教育进行认同的延续;另一个是认同的弱化,它常常表现为认同教育对象难以正确看待社会生活中的诸多负面问题,自觉不自觉地放弃曾接受的观念和价值,移情于新的观念体系、话语体系和价值体系。

2. 认同教育依然局限于教与学的范围,问题在于做和实践

当前,高校思政课的认同目标之达成的主要方式依然是课堂教学。这本是无可厚非的,问题在于强化课堂教学的以理服人,力求以学术讲政治,由此带来的局限性就是无法凸显做和实践的功能。在教和学的范围内,思政课总是摆脱不了认知教育的窠臼。恰如教人游泳,如果不能下水尝试,仅仅详细讲解手脚如何配合,怎样和呼吸配合,这样的教法恐怕很难让人真正学会游泳。近年来强调的实践教学和"大思政"就是试图突破旧的教学范式,实现理论和实践的结合,进行现场教学和案例教学,强调以情感人,这是不错的尝试,也得到大学生的普遍喜爱和认可,参与度和效果不错。值得注意的是,由于经费、安全考量和规模的限制,实践教学的实施碰到了瓶颈。一种可能的突破口是利用当今的数字技术建造虚拟仿真实验室,从上到下进行系统设计,不同高校以及高校内的不同部门和院系进行协同,提高虚拟仿真教学的内容和质量,也提高大额资金投入的虚拟仿真实验室的使用效率。虚拟仿真教学质量提高的探索,兼顾加强针对性和强化特色的重要性,正在不同地区和高校进行试点。这是一种令人激动的前景广阔的尝试。当然,虚拟仿真技术依然无法代替线下实践教学。目前普遍采用的实践教学

---

① 习近平:《高举中国特色社会主义伟大旗帜 为全面建设社会主义现代化国家而团结奋斗——在中国共产党第二十次全国代表大会上的报告》,人民出版社2022年版,第16页。

存在形式化、浅表化等问题。其根源在于,失去理论牵引的实践教学很容易变为简单地走一走看一看,很难有真正的感悟和感动,无法解决深层次的认同危机问题。面对从西方传入的享乐主义、消费主义、个人主义、功利主义等种种社会思潮,如何正确应对,这是认同教育不仅在理论上要阐述清楚,而且在实践上要训练学生从容面对重大挑战的能力。

3.认同教育的实效性难以评判和考核,其实施难以有效管理

高校大学生是否接受马克思主义信仰,是否树立共产主义远大理想,是否认同中国特色社会主义道路、理论、制度、文化,这不是书面考试能够回答的。因为书面考试的方式仅仅适合于认知教育,不太适合于认同教育。答题者在回答事关切身利害的问题之时,存在说谎的可能,而这一点是难以辨别的。认同教育的实效性仅仅在受教育者面对切身利害关系的现实场景中才会体现出来,这不是短期能够见效和考核的领域范围。由此导致认同教育者依靠良心和责任心进行教学,学生必须进行去除功利心的学习。对于教学管理部门来说,传统的教学管理方式效果不佳,有效的师生管理手段和方法尚未找到,出现教学管理真空。当然,教学管理的本质意义在于提供教学服务,而不在于控制与支配教师的教学行为和学生的学习行为,也不能由于认同教育的难以考核就放弃这一教学目标。关键在于如何提升认同教育的实效性,怎样才能更有效地实现认同教育的目标。

第四节 从说教到讲理

2022年4月25日,习近平总书记在中国人民大学考察时强调指出:"思政课的本质是讲道理,要注重方式方法,把道理讲深、讲透、讲活,老师要用心教,学生要用心悟,达到沟通心灵、启智润心、激扬斗志。"[①]这一重要论述深刻回答了思政课的本质问题,它是党的十八大以来以习近平同志为核心的党中央深刻总结新时代思政课建设等实践经验基础上得出的科学结

---

① 《坚持党的领导传承红色基因扎根中国大地 走出一条建设中国特色世界一流大学新路》,《人民日报》2022年4月26日第1版。

论。讲理不同于说教,它是实现高校思政课专题教学目标的核心教学理念。

一、说教方式及其问题

学习有三类情况:第一种是把学习描述为机械地简单记录。教师和学生是线性关系,学生作为接受者会顺从地对信息进行记忆。第二种是条件反射理论。它通过对学习者进行奖励和惩罚,形成条件反射,个体选择适当的行为。第三种是建构教学法。它从个体自发的需求和天然的兴趣出发,提倡思想的自由表达、应变、自主发现和探索。个体不再满足于接受原始信息,而是要对其进行研究和选择。[①] 说教方式归属于前述的第一种和第二种情况。它特指传统的填鸭式、灌输性教学方式。说教者板着面孔,没有亲和力和针对性,其深层根源在于对学生个体性的蔑视,核心在于没有把学生看作有生命的个体,而是看作工具或完全一样的模具。高校思政课的说教方式是长期以来的顽症:它的重点是强化老师的"教",而不是学生的"学";老师和学生的关系是主客体关系,学生是被动的接受者;考核方式注重的是表层的知识和观点的记忆与了解,而不是深层的理解、认同和应用。这种说教的根本问题在于如下几个方面。

1.从教学目的的角度看,说教方式着眼于知识的传授

此种说教方式特别注重"是什么"的问题,也会有体系的观照,告诉学生应该怎么想、怎么做,却没有告诉学生为什么这么想、这么做,也不太真正关心学生的兴趣和困惑,没有针对性,不去解决迫切的问题,而是执着于理论体系的构建和观点的播撒。问题的关键是如何让学生掌握和了解书本上的既定知识及其体系。它偏重的是"死知识",不怎么关心书本知识的"原本",即现实社会历史本身及其内在的演变。它的任务仅仅在于把书本上的知识和原理告诉学生,而且是以一种填鸭式的方式。说教方式的理论预设在于,只要学生拥有了马克思主义知识体系,就会自然而然地产生认同,从而达到了教学目标。这种前提预设是错误的,没有认识到认知和认同的巨大差异。

---

① 安德烈·焦尔当:《学习的本质》,杭零译,华东师范大学出版社 2015 年版,第 21~22 页。

它的善良动机不可避免地导致事与愿违的后果。"如果教师讲到它,学生就能理解它,那么在教学中讲得越多,学生学得也越多。这是一种错误的逻辑,是将教学与结果相混淆,就像把种植与产量或者营销与销售相混淆一样。"①信息的传达和观点的传播行为本身,并不等于洞察力和判断力的提升,不等于面对矛盾和问题时选择明智行为的能力。

2. 从教学手段的角度看,说教方式采取的是干巴巴的生硬灌输

灌输的基本特征是"我要你学",它带有强迫的性质,而且普遍采取外在强迫的方式,比如学分、考试、点名……说教的方式自恋于自身的逻辑和话语,不太在意学生的感受和反应,没有能够换位思考接受者的情感和需求,也不太采用对话式、启发式、引导式的教学方式。它不能做到深入浅出,不能寓教于乐,不能以讲故事的方式讲道理,没有考虑到学生的内心困惑和真正的需求,没有解答实质问题,没有考虑学生的个性差异。说教方式的实质是没有真正吃透教材,没有实现从教材体系到教学体系的创造性转化,没有实现从教学体系到课堂话语的转化。照本宣科是说教方式的常见弊端。"授人以鱼不如授人以渔,教给学生科学的学习方法,让他们养成良好的学习习惯,远远比灌输的知识内容要有用得多。高压下的填鸭式教学,只会让学生反感,进而敷衍应付。"②古希腊哲学家苏格拉底认为,"教"是一种唤醒,是把每个人内心深处沉睡的东西激活。所以,知识不是外在灌输进去的。苏格拉底的看法不一定都是正确的,但他对"教"的看法非常值得我们借鉴和参考。

3. 从教学主体的角度看,说教方式强调的是教师主体作用的发挥,学生仅仅是被动的教学对象和知识接受的客体

也就是说,说教方式是以"教"为中心,而不是以"学"为中心。它更关心的问题是"教了什么"和"教了多少",而不是"学了什么"和"学了多少"。有一个关于教育的古老笑话:"一个男孩说自己教了小狗讲话。当他的朋友要求小狗表演时,这条狗除了叫什么也不会。于是他的朋友说道:'我印象中

---

① 格兰特·威金斯、杰伊·麦克泰格:《追求理解的教学设计》,闫寒冰等译,华东师范大学出版社2017年版,第255页。
② 陈锋等:《爱与自由:外国十大教育家经典教育理念》,北京大学出版社2014年版,第190页。

你说过教过它说话的。''是的,我教它了。'自称教练的男孩答道,'我教过它说话,但我没说过它学会了'。"①作为教学客体的学生不能和教师处于平等的地位,他们是没有主体性的、沉默的、被灌输的对象。学生的主动性、积极性和能动性很难得到调动和发挥。学生的理解能力和接受能力没有得到充分考虑和重视,他们的偏好和成功的渴望没有得到充分的尊重。从某种意义上,学生没有被当作现代社会的理性存在者,没有被看作一个启蒙以来的现代人,而是被当作宗教信徒般的受众,当作一个可被操纵的对象。教师不是引导者,而是拥有话语权的、不容置疑的存在,学生不能挑战教师的权威地位,否则就是大不敬的罪过。在主体—客体的教学关系中,教师和学生是单向的灌输和填鸭式的知识传授,不是双向互动的平等关系,不是主体间性关系,不是"主体—主体"关系,不是探讨式的问题研究。

4.从教学效果的角度看,说教方式常常引起受教者的反感

高校思政课本应是学生"德"的滋养,但说教的方式把"德的知识"错误地等同于"德本身"的形塑,又无法激活"德的知识"的内在生命力,很难实现学生的深度理解,造成的结果就是学生的茫然和反感。也就是说,学生无法在这样的思政课教学中感受到心灵的成长,宝贵的课堂学习变为应付考试的消极接受,异化为死记硬背的被动记忆。说教方式传递了知识,但无法培养人的反思和批判能力,因而磨损了智慧。认同是高校思政课的主旨,这是它不同于专业课的地方,也是党和国家在高校设置这类课的真实意义所在。说教的方式侧重知识的讲授和传递,难以实现认同的教学目标。

特别值得指出的是,说教方式不是列宁的灌输论,两者不能混淆。列宁的灌输论强调的是把马克思主义理论灌输给无产阶级,它固然强调了外在的灌输,反对自发性,但特别注重灌输的方式方法,注重灌输的针对性和亲和力,坚决反对强迫和生硬的说教方式。

总之,说教方式的核心问题在于,它考虑的是"我要你怎么样"。它的亲和力和针对性是缺乏的,它暗含的潜台词是自身占据道德制高点和真理制高点,当然,这是未经证明的武断前设。它仅仅强调的是教师一方,学生似

---

① 格兰特·威金斯、杰伊·麦克泰格:《追求理解的教学设计》,闫寒冰等译,华东师范大学出版社 2017 年版,第 253 页。

乎仅是被动的接受客体,这就导致学生消极接受,甚至反感,从而影响了课程的实效性。这里的主要任务在于强调说理取代说教的合理性。

二、讲理的必要性和可能性

从本质上说,高校思想政治理论课是"理论"课。理论课的首要原则是以理服人,这就要求思政课一定要讲道理。有人说,思政课是政治课,它的主要任务是培养学生的马克思主义世界观、人生观和价值观,因而应该讲政治、讲道理,只要坚持正确的政治方向,那就是合格的思政课。这种说法是不对的。它的问题在于把讲道理和讲政治割裂开来。专制社会的意识形态没有科学性,所以要进行"洗脑",培养顺民和愚民。资本主义社会的意识形态要为特殊阶层的特殊利益服务,所以有虚伪性和欺骗性。说教是普遍性的,它就是要把统治阶级的意志强加给它的被统治阶级。就此而言,传统社会的教育常常是愚民教育,其重要方式就是反复灌输和说教。马克思主义是揭示人类社会发展趋势和规律的真理,它的政治性蕴含在真理性之中,它的政治性和科学性是内在统一的。它依靠的是说理的方式,理论的彻底性是关键。唯有马克思主义理论的彻底性才能更好地体现它的政治性。脱离真理讲政治,就变为洗脑和愚民行为,绝不是我们强调的高校思政课之本质。把思政课理解为"洗脑"课,这种说法极易造成意识形态教育的片面化、简单化和污名化。历史使人贤明,诗歌使人高雅,数学使人高尚,自然哲学使人深沉,道德使人稳重,而伦理学和修辞学则使人善于争论。不同的科目有不同的作用,不同科目的学习提升人的不同能力,从而实现全人教育。高校思政课的独特作用在于培根铸魂。

1.讲理的必要性

讲理是理论课的基本要求。讲理有助于坚定理想信念,塑造学生的价值观,促进学生全面发展。思政课要讲好爱党、爱国、爱社会主义的道理,"不断提高学生思想水平、政治觉悟、道德品质、文化素养,让学生成为德才兼备、全面发展的人才"[①]。理性法则是现代社会的基本法则,人们彼此之

[①] 《习近平谈治国理政》第2卷,外文出版社2017年版,第377页。

间的沟通和共识的达成依赖于理性的探讨,而不是权威和启示。大学教育是成人之学,它首先要培养学生成为一个合格的公民,必须让学生具备理性思考和行动的能力。任何课程都要讲理,这是基本要求。马克思主义认识论告诉我们,"理"就是事物的法则和根据,是事物运行的规律。不按规律办事,只会导致失败。规律不以人的意志为转移,人们只能认识它和利用它,但不能违背它。"理"有自然科学的理,也有社会科学的理。俗话说,有理走遍天下,无理寸步难行。这也是强调凡事要讲理。违反"理"的要求做事,凭主观喜好,肯定是要碰壁的。说教方式拘泥于教材,不是把教材看作一种学习过程的资源,而是完全按照教材的逻辑进行教学,缺少灵活性,很少使用其他资源,没有意识到教材仅仅是很多种教学资源的一种,也没有意识到教材的普遍性和教学的特殊性之间的张力关系,因而常常掩盖了重要的问题和争论。在说教者看来,学生的任务就是了解教材内容,而不是把教材中的引导作为分析、探索和评论的材料。说教式教学的评估方式常常是依据对教材的知识点之认知和掌握程度,而不是探索。浅层次地要求学生记忆和背诵某种政治正确的观点,依靠考试等外部方式的威慑强迫学生必须按照老师的要求学习,这不是合适的教学方式。深度的理解和认同不能简单地依靠外在的要求和约束,不能把手段当成目的,它必须体现学习的目标,培养学生的能力和价值观,从而实现内化于心、外化于行。"理解永远不能通过'灌输'实现。"①说教方式的重心在于知识的传授,但知识的积累不能通向智慧。"知识不会通向智慧。我们累积了关于很多事情的大量知识,但是要按照学到的知识去明智地行动,看起来几乎是不可能的。……知识不能产生智慧,智慧却可以运用知识。"②教育要使学生获取知识,更重要的任务是使学生智慧觉醒。说理之所以是必要的,最重要的一点,它重在推理过程,强调的是逻辑思维能力的训练,最后的结论是顺理成章的事情。说教方式的重点在于结论,至于这个结论是怎么得出来的,并非它的核心任务。它的论证方式可能是从书本到书本,可能是列举经典作家的话,也可能仅仅是

---

① 格兰特·威金斯、杰伊·麦克泰格:《追求理解的教学设计》,闫寒冰等译,华东师范大学出版社 2017 年版,第 255 页。
② 克里希那穆提:《教育就是解放心灵》,张春城、唐超权译,九州出版社 2010 年版,第 12 页。

罗列一些数字和案例,至于内在的逻辑链条是否断裂,是否存在思维的跳跃,或者是思维不缜密不周到的地方,这不是说教者要着力破解的难题。这样的做法,恰如一个数学老师不提供题目论证的思路和过程,只是告诉学生结果,原因仅仅是需要讲授的定理太多。如果我们不能接受这样的数学教学,那我们当然也无法接受说教式的高校思政课教学。

2. 讲理的可能性

讲理的可能性有以下几点:一是有理可讲;二是学生愿意听并有能力听懂道理;三是教师有讲理的能力。说理要求的是"理解",而不是"知道"。"理解"是实现说理目标的要件,它是需要推理才能把握的事情。理解不仅需要解读文字,而且需要揭示文章的意义。这就不能停留于聆听和阅读,需要动脑筋去思考,去探究和实践。理解不是一个简单明了的观点的陈述,而是抽象能力的体现。理解需要推理能力、逻辑思维能力、洞察力。"理解不是一目了然的既定事实,而是运用所给的既定事实推断出的结论。这就是为什么'揭示'是必要的:在产生真正的理解之前,理解看上去也许像是学习者可以简单接受的内容,实际上需要学生进行分解(分成一小块一小块)和合成(学习者用自己的语言重新拼接)。"[①]"知道"不需要推理,只需要这个信息即可。比如,北京是中国的首都。我们每天通过手机看新闻"知道"了许多世界各地的碎片化的信息,但这并不能培养我们分析判断重大问题的能力。"知道"的仅仅是事实或彼此关联的事实,是一个主张或观点,是对或错的判断。"理解"则更深一层,不仅知道事实本身,而且理解事实的意义。它是掌握某个观点的来龙去脉的深层逻辑的。"理解"掌握是非对错的背后逻辑,掌握知识之所以是知识的原因,懂得事物之间的内在关联,对知识内容的界限和使用有足够的判断能力。教师在课堂上讲出来的马克思主义理论观点,对于学生而言,是一个需要通过思考、讨论、体验、反馈等方式深化理解的过程。没有这个过程,学生就只是掌握了一些教条性的断言,它只是让人变得僵化,并不能让人变得智慧。"理解"和"知道"的区别,可以通过一个类比进行解释。"仅用黑色和白色的瓷砖铺地板。我们的全部事实性知

---

① 格兰特·威金斯、杰伊·麦克泰格:《追求理解的教学设计》,闫寒冰等译,华东师范大学出版社 2017 年版,第 150 页。

识都可以在瓷砖中找到。每个瓷砖都有定义好的特征,这些特征可由其相对准确性来确定,这没有什么可争论的。每个瓷砖都是一个事实,理解就是从许多瓷砖中可以看出来的图案,会有很多种图案,每种图案包含了或多或少的瓷砖。突然我们发现一些小图案可以组成更大的图案,这一发现在开始的时候并不明显。而且,可能你看到的图案和我们所看到的不一样,所以我们会争论哪个图案是我们所见到的最好呈现。"①有学者也批评了"原理＋实例"的讲授模式:"在这种讲授中,把理论当成枯燥的条文和现成的结论,只是用理论去解释实例,或者用实例去证明理论,而理论自身的'道理'却没有成为被讲授的对象,因而也就失去了'以理服人'的力量。"②

理解扎根于实践,但绝不是经验主义,它有时候甚至违反直觉。理解离不开事实,但它不等于事实。"理解通过事实来说话,理解是人们基于证据和逻辑得出的结论。事实是资料,有助于形成理解。理解提供了一个基于资料的推论。……获得事实只需要我们抓住每句话的意思或读懂材料。而获得理解则需要更多的条件:即使知道每句话的意思,明白每个材料内容,我们可能也不明白它们放在一起的含义。"③理解不是事实陈述,理解是从事实中推出结论。

三、讲理的原则和路径

高校思政课要讲理。讲理就是要给学生讲清楚马克思主义的基本概念、基本理论、基本原理,讲清楚马克思主义的基本立场、观点和方法背后的道理与逻辑。讲清楚的前提是"想清楚",讲清楚还要考虑到学生能否"听清楚"。

讲理的原则性要求是讲深、讲透、讲活。目前,思政课老师水平参差不齐,许多老师面对复杂的社会现象以及诸多重大理论和现实问题,深感力不从心,无法讲深讲透讲活,无法在课堂上赢得学生。这就是我们常说的抬头

---

① 格兰特·威金斯、杰伊·麦克泰格:《追求理解的教学设计》,闫寒冰等译,华东师范大学出版社 2017 年版,第 39~40 页。
② 孙正聿:《理论课要会"讲理"——我讲"哲学通论"》,《中国高等教育》2004 年第 2 期。
③ 格兰特·威金斯、杰伊·麦克泰格:《追求理解的教学设计》,闫寒冰等译,华东师范大学出版社 2017 年版,第 149 页。

率和点头率的问题。"有理"才能讲理。高校思政课的核心是讲清楚马克思主义的"理",深刻地揭示这个时代的本质和规律,解决学生的安身立命之本和人生航向问题,培育社会主义核心价值观。具体而言,思政课的各门课程的侧重又有所不同。就普通本科院校的几门课程而言,"马克思主义基本原理"讲的是马克思主义的基本立场、观点和方法的"理",回答的是马克思主义为什么行;"毛泽东思想和中国特色社会主义理论体系概论"讲的是马克思主义中国化时代化的"理",回答的是中国共产党为什么能、中国特色社会主义为什么好;"习近平新时代中国特色社会主义思想概论"讲的是习近平新时代中国特色社会主义思想的丰富内涵和重大意义之"理",回答的是新时代坚持和发展什么样的中国特色社会主义、怎样坚持和发展中国特色社会主义,建设什么样的社会主义现代化强国、怎样建设社会主义现代化强国,建设什么样的长期执政的马克思主义政党、怎样建设长期执政的马克思主义政党等重大时代课题;"中国近现代史纲要"讲的是四个选择的"理",回答的是为什么历史和人民选择马克思主义、选择中国共产党、选择社会主义道路、选择改革开放;"思想道德与法治"讲的是马克思主义世界观、人生观和价值观之"理",回答的是建设什么样的国家、建设什么样的社会、培育什么样的公民;"形势与政策"讲的是中国与世界发展大势之"理",回答的是时代责任和历史使命等问题。

1.讲深

讲深,就是不要浮于表面,要在本质和规律性层面谈观点。它要求"拨开云雾见天日",也就是从现象到本质,由表及里,由浅入深。表面的东西,仅仅是一些碎片化的信息。信息之间的内在联系和脉络,是感性认识达不到的领域,它需要判断力和洞察力,需要理性思维和抽象思维能力,这才是转识成智的过程。它要求对重大理论观点和论断,决不能公式化,要让学生"知其然"和"知其所以然",通过独立思考和自由精神的发挥,最终接受马克思主义的深刻道理。比如,对信息化时代的资本现象、雇佣劳动、全球化和逆全球化、种族冲突、文化多元化、人性和利己心等问题,各种观点鱼龙混杂,如何深入社会发展规律的层面,洞察历史的本质和趋势,就需要从唯物史观的角度深入分析。没有把马克思主义的学理掌握好,就容易陷入众声喧哗之中,迷失自我。

2. 讲透

讲透,就是实现理论的彻底性,逻辑性强,能够说服人。它要求教师把学理弄明白。所谓弄明白,就是在逻辑上环环相扣,层层递进,得出极有说服力的可靠结论。我们常说,要用学术讲政治,用科研支撑教学。教师没有一定的科研能力,不下功夫钻研重点难点问题,半生不熟,甚至一窍不通,人云亦云,很难吃透教材,这就难以讲深讲透。照本宣科的实质是,教师自己也没有完全弄清楚学理性问题。这是典型的"以己昏昏,使人昭昭",这样的思政课没有好效果。讲透还意味着要反对各种片面和错误的观点,不能掉入"公说公有理、婆说婆有理"的相对主义陷阱之中。真假问题不同于好坏,好坏有主观偏好问题以及价值取向的个体性和历史性问题。坚持马克思主义的真理性,就要反对各种流行的错误思潮,就要能够讲清楚各种错误思潮的错误根源所在。当然,并不是任何一个有科研水平的教师都能上好思政课。教师还要掌握教育学和教学法的精髓,有良好的教学水平。

3. 讲活

讲活,就是能够以讲故事的方式讲道理,把抽象的思想和理论具象化,提高课堂语言的生动性和课堂效果的感染力。讲故事要注意"天边不如身边",也就是说,在故事的选择上,要多讲学生身边的鲜活故事和典型案例,多讲学生最关心、最敏感、最容易产生误解的问题,这样有针对性的讲解容易引起学生注意,产生共鸣。讲活不是东拼西凑地找一些花边新闻和噱头性的材料博眼球、博掌声,不是为提高抬头率而提高抬头率,更不是天马行空地瞎吹和胡侃,而是紧紧围绕教学目标和主题,激活枯燥的文字,把文字传达的现实重新呈现出来。这就要做到深入浅出。"浅出"不是浅见,不是浅显,而是以学生喜闻乐见的方式讲道理,以通俗易懂的大白话讲大道理。教师要多使用接地气的、朴实的语言。有些学者喜欢用晦涩的语言讲浅显的道理,这不是思政课倡导的方式。讲课是一门艺术,教学语言要适合教学对象的需求。2021年3月6日,习近平总书记在看望参加全国政协十三届四次会议的医药卫生界、教育界委员时指出:"上思政课不能拿着文件宣读,没有生命、干巴巴的。"[1]

---

[1] 《"'大思政课'我们要善用之"》,《人民日报》2021年3月7日第3版。

讲理的路径多种多样，比如，比较的方法、摆事实的方法、推理的方法、案例的方法、讨论的方法、启发式的方法、隐喻的方法、翻转课堂的方法、历史的方法、实践的方法……具体采用何种方法，要根据学生情况的不同和教学环境的客观情况，灵活处理，切不能采取教条主义的态度。一是要意识到理的重要性；二是要让有信仰者去讲理，这样才有感染力，才能避免假大空的话；三是讲理者必须胸中有理且有讲理的能力；四是教师必须言行一致，不能说一套做一套。有一些思政课教师在讲课形式上很花哨，比如采取演讲、辩论、竞赛等方式，讲授中也能引经据典，看起来很热闹，但深究下去，没有讲深讲透，没有思想性和理论性，这是重形式轻内容，达不到金课的高质量要求。有些思政课教师不能理直气壮地讲理，而是热衷于"讲利"。理不是利，"讲利"不是"讲理"，这是社会上的偏见和误区。当然，道理离不开利益，二者不能割裂。马克思、恩格斯认为："'思想'一旦离开'利益'，就一定会使自己出丑。"①邓小平强调："革命是在物质利益的基础上产生的，如果只讲牺牲精神，不讲物质利益，那就是唯心论。"②

总之，讲理是一门大学问，辨明真伪是讲理的基本要求。有些思政课教师缺少理论自信，讲起来没底气，吃不准，所以碰到难题不能知难而进，采取绕开石头的方式，这是不对的。这仅仅是逃避问题，而不是解决了问题，有违教学的初心。

四、讲理的限度及其克服方法

讲理不是万能的。现实生活中的大量事实证明，有理并且讲理的一方，并没有胜券在握，被理论说服的另一方，也并没有完全放弃自己原来的立场，改变自己的行为。高校思政课固然要强调以理服人，但不能指望一劳永逸地解决认同问题。

从认知到认同的跨越，需要多种因素的介入。人是知情意的统一体。讲理的方式重在发挥"知"的作用，"知"也确实对"情"和"意"有重要的作用

---

① 《马克思恩格斯文集》第1卷，人民出版社2009年版，第286页。
② 《邓小平文选》第2卷，人民出版社1994年版，第146页。

第二章　高校思政课专题教学理念的改革创新

与影响,但很难说是普遍存在的决定性作用与影响。相反,"情"和"意"的方面倒是常常反作用于"知"。双方谁决定谁的问题,一直存在理性主义和非理性主义之争。从历史和现实的双重维度看,欲望、利益、情感、道德、风俗、传统等诸多因素影响着一个人世界观、人生观和价值观的形成,"三观"作为"总开关""第一粒扣子",又会影响一个人看待事物的态度和观点、行为方式和做事方向。党的二十大报告指出:"育人的根本在于立德。"①高校大学生的"德"的培养是落实立德树人根本任务的首要方面,也是大学生成才的内在需要。发挥讲理的优势固然是必要的,但它并不是充分条件,需要其他因素的配合,实现协同发力,同向同行,从而完成"培养什么人"的教育根本问题。实践教学、现场教学、榜样感化,都是以情感人的好办法。

实践教学就是克服讲理之限度的重要方式。实践教学是理论联系实际,培养学生运用理论方法解决现实问题的能力,培养学生具备创新意识、加深理论认识、提升动手能力的教学活动。读万卷书,行万里路。实践教学就是"行万里路"的活动。习近平总书记提出:"思政课不仅应该在课堂上讲,也应该在社会生活中来讲。""'大思政课'我们要善用之,一定要跟现实结合起来。"②这就是要把课堂搬到广阔天地的现实中,才能避免理论的灰色,才能激活理论的生命力,才能发挥思政课塑造灵魂、塑造生命、塑造新人的作用。马克思说:"全部社会生活在本质上是实践的。凡是把理论引向神秘主义的神秘东西,都能在人的实践中以及对这种实践的理解中得到合理的解决。"③实践是理论的源泉。通过整合多元教育主体和教育资源,充分发挥党政机关、企事业单位和社团组织的育人功能,发挥全国爱国主义教育示范基地、红色文化纪念馆等功能,打造有特色的实践教学平台,就能实现课堂和社会的对接,就能把生动的社会生活引入思政课堂。实践教学不同于讲理方式,它不仅用生动的故事和案例诠释理论,而且以情感人,让关心社会重大热点问题的青年学子走出校门,深入基层,深入群众,通过丰富多样的社会调查、志愿服务等方式认识社会,积累经验,感悟理论,立志做有理

---

① 习近平:《高举中国特色社会主义伟大旗帜　为全面建设社会主义现代化国家而团结奋斗——在中国共产党第二十次全国代表大会上的报告》,人民出版社2022年版,第34页。
② 《"'大思政课'我们要善用之"》,《人民日报》2021年3月7日第3版。
③ 《马克思恩格斯文集》第1卷,人民出版社2009年版,第501页。

想、敢担当、能吃苦、肯奋斗的新时代好青年,自觉融入全面建设社会主义现代化国家的伟大事业之中。

虚拟仿真实践是一种值得探索的新型实践方式,它的优势是解决大规模、难组织、成本高的问题。而且,由于它的可重复性和仿真性,学生的体验和现场感受在心理层面是大致一样的,这就决定了这种方式的广阔前景。

讲理的局限性在于困在理论的范围内。它固然也有典型案例的呈现,但这些案例不能取代理论联系实际的切身感受,因而依然是间接的实践。另外,实践创新永无止境,理论创新也就永无止境。理论自身必须与时俱进,守正创新,从而保证它的真理性。

生活和经验是教育的灵魂,割裂学校教育和实际生活的关联,教育就会干枯,所以要强调在做中学。学生的学习如果脱离社会生活,被限制在狭小的空间里,坐在固定的座位上,被动地听老师讲,背诵老师指定的教学内容,消极地接受老师强加给他们的难以理解的知识,感受不到这些知识和他们生活的关系,就无法激发他们的学习兴趣,无法培养他们学习的自觉性和好习惯,无法让他们拥有探索真理的渴望,无法启发他们的智慧,从而压抑了他们的天性,扼杀了他们的创造力。一言以蔽之,我们坚决反对灌输给学生知识,而应引导他们在社会生活中获得经验和知识,这样的自由探索获得的知识才真正是自己的知识。

总之,专题教学要以理服人,但不能迷信说理,避免说理万能论的想法。专题教学要在教学内容和教学方法方面用力,坚持政治性和学理性相统一,坚持价值性和知识性相统一,坚持建设性和批判性相统一,坚持理论性和实践性相统一,坚持统一性和多样性相统一,坚持主导性和主体性相统一,坚持灌输性和启发性相统一,坚持显性教育和隐性教育相统一。[①] 专题教学关键在于教师要吃透教材,克服讲理的局限要打组合拳。也就是说,专题教学要从系统思维的角度考虑问题,教师、教务、教学、教材多方发力,家庭、学校、社会多维协同,贯彻"以学生为中心"的教学理念,通过教学设计、教学组织、教学方式、教学方法的调整,主导和控制整个教学过程,影响大学生的学习态度和行为,实现认同的教学目标。

---

① 习近平:《思政课是落实立德树人根本任务的关键课程》,《求是》2020年第17期。

第三章

高校思政课专题教学内容的改革创新

教学内容是教学传递的主要信息。教材是教学内容的载体，但教学内容绝不是教材的简单搬运，而是创造性的转化。专题教学内容更是对教材体系和教材内容的遴选、加工和再创造，它主要体现在教案、教学目标、教学计划等教学因素之中。教师是决定其质量和成效的关键因素。"教学内容是教师和学生作为教学过程中的主体所共同面对的客体对象或媒介，教师选择什么样的教学内容，既取决于课程性质和任务要求，也需要从学科专业角度进行梳理，还必须遵循学生发展的需要和水平。"[①]

第一节 高校思政课专题教学内容设计的基本原则

建构专题教学内容体系的首要问题是准确理解和诠释教材，在此基础上，教师从教学的实际需要出发，按照一定的要求和原则，合理选择和组织教学内容，解决好"教给学生什么，学生学习什么"的问题。"教学方法对提高教学效果具有重要的意义和作用，但不是决定性的，这里也包括把体现现代科学技术的多媒体技术运用到教学中。对教学质量和效果有决定意义的

---

① 余双好：《思想政治理论课程教学法探析》，中国人民大学出版社2018年版，第159页。

还在于内容本身,在于内容本身的科学性。"[①]"八个相统一"是办好思政课的根本遵循,也是提高思政课专题教学质量的基本原则。大致而言,前四个方面偏重教学内容,后四个方面偏重教学方法和教学模式。依据这种理解,这里重点讨论前四个方面。

一、坚持政治性和学理性相统一

高校思政课最根本的特性就是政治性,这一特性取决于思想政治理论课的主要任务。这个任务就是对大学生进行马克思主义理论教育,培养社会主义建设者和接班人。从2016年全国高校思想政治工作会议到2018年全国教育大会,再到2019年3月18日召开的学校思想政治理论课教师座谈会,习近平总书记关于思政课在立德树人方面的作用做了深刻的阐释。在学校思想政治理论课教师座谈会上,习近平总书记强调指出:"思想政治理论课是落实立德树人根本任务的关键课程。"[②]这些论述无不强调思政课的首要属性和鲜明特性是政治性,思政课的终极目标就是铸魂育人、涵德化人。

设置思想政治理论课课程,始终不渝在高校进行马克思主义思想政治理论教育,培养德智体美劳全面发展的社会主义建设者和接班人是中国共产党在高校开展思想政治工作的独特优势。在延安时期,中国共产党就运用学校思想政治理论课程进行社会动员以及社会共识教育和干部教育。以陕北公学为例,高级班开设"中国革命运动史""马列主义""辩证唯物主义"等课程,后期又增加"世界革命运动史""科学社会主义"等课程,面向中国共产党党员和干部全面开展马克思主义理论教育与宣传。中华人民共和国成立后,高校开设了"马列主义基础"等政治理论课,1964年,中央明确规定除"形势与任务"课外,高校设置"中共党史""政治经济学""哲学"三门公共政治理论课。改革开放以来,党和政府非常重视高校思想政治理论课的课程建设与发展,不断推动思政课锐意创新,先后重点实施了"85方案""98方

[①] 顾钰民主编:《高校思想政治理论课教学方法研究》,复旦大学出版社2012年版,序第5页。

[②] 《习近平谈治国理政》第3卷,外文出版社2020年版,第329页。

案""05方案"三套改革方案。与此同时,党中央着眼于新的时代要求和新的实践需要,把思想政治理论课摆在特殊重要的位置,一以贯之地坚持思想政治理论课的根本目标与任务是培养社会主义的建设者和接班人。邓小平同志在1978年4月召开的全国教育工作会议上强调:"我们的学校是为社会主义建设培养人才的地方。培养人才有没有质量标准呢?有的。这就是毛泽东同志说的,应该使受教育者在德育、智育、体育几方面都得到发展,成为有社会主义觉悟的有文化的劳动者。"①江泽民同志在1994年召开的全国教育工作会议上要求:"各级各类学校都要全面贯彻党的教育方针,坚持社会主义办学方向,努力培养德智体全面发展的'四有'新人。要针对改革和建设过程中出现的新情况新问题,不断加强和改进学校的思想政治工作和政治课教育……引导和帮助青年学生树立正确的世界观、人生观、价值观,打下科学理论的基础,确立为建设有中国特色社会主义而奋斗的政治方向。"②进入21世纪,胡锦涛同志认为:"全国高校都要始终不渝地全面贯彻党的教育方针,坚持学校教育、育人为本,德智体美、德育为先,充分发挥大学生思想政治教育主阵地、主课堂、主渠道的作用,全方位推进大学生思想政治教育,多方面促进大学生全面发展。"③习近平总书记在北京大学师生座谈会上强调,"培养社会主义建设者和接班人,是我们党的教育方针,是我国各级各类学校的共同使命","要把立德树人的成效作为检验学校一切工作的根本标准,真正做到以文化人、以德育人,不断提高学生思想水平、政治觉悟、道德品质、文化素养,做到明大德、守公德、严私德。要把立德树人内化到大学建设和管理各领域、各方面、各环节,做到以树人为核心,以立德为根本"。④

思政课要发挥政治导向作用,有效的方式是"要以透彻的学理分析回应学生,以彻底的思想理论说服学生,用真理的强大力量引导学生"⑤。学理

---

① 《邓小平文选》第2卷,人民出版社1994年版,第365页。
② 《江泽民文选》第1卷,人民出版社2006年版,第371~372页。
③ 《进一步加强和改进大学生思想政治教育工作大力培养造就社会主义事业建设者和接班人》,《人民日报》2005年1月19日第1版。
④ 习近平:《在北京大学师生座谈会上的讲话》,人民出版社2018年版,第5、7页。
⑤ 习近平:《思政课是落实立德树人根本任务的关键课程》,《求是》2020年第17期。

性是马克思主义的基本理论以及相关哲学社会科学所蕴含的科学思想与方法论。在思想政治理论课教学实践中,二者所蕴含的思想意蕴具有深刻的内在统一性,彰显出以政治性统摄学理性、以学理性支撑政治性的正向互动。没有政治性为学理性举旗定向、领航掌舵,学理性必然会迷失于抽象思辨的迷雾中;没有学理性为政治性鞭辟入里地阐释、科学论证,政治性必然会陷入"空洞无物"的"标签化"呐喊。习近平总书记深谙思政课的学理意蕴,明确强调"要坚持不懈传播马克思主义科学理论,抓好马克思主义理论教育,为学生一生成长奠定科学的思想基础"[①]。

思想政治理论课教学坚持政治性与学理性相统一,既要改变传统思想政治理论课远离学生实际需求,通过单向度的理论灌输来强化意识形态教育,又要防止从一个极端走向另一个极端,过于强调学生的需求甚至一味地迎合学生"诉求",追求"花哨"的教学形式而忽视教学内容的主导性与先进性,甚至出现意识形态控制弱化的现象。马克思在《〈黑格尔法哲学批判〉导言》中就强调理论的彻底性,从根本上阐明了以理服人的重要性、必要性和目标靶向。专题教学内容设计贯彻政治性与学理性相统一,做到以理服人,就是要融会贯通,讲深讲透马克思主义的基本原理、基本方法,讲深讲透人类社会发展的历史必然性、中国特色社会主义的历史必然性,讲深讲透习近平新时代中国特色社会主义思想等。思政课教师既要以高度的政治自觉,借助"点—线—面"的逻辑演绎,以政治课内在的学理魅力回应学生的关切,解答学生的困惑,让学生感到"解渴",实现学生"知其然"又"知其所以然"的深层诉求,又要以透彻的学理性教育增强学生的政治意识,引导学生从政治上观察问题、分析问题、处理问题,坚守正确的政治方向,强化政治认同。

二、坚持价值性和知识性相统一

知识性是教育实践活动的基本属性。它是人对于客观事物的主观表征的属性,可以通过语言、文字、图形、符号等载体显露于外,也能够通过体验、

---

① 《把思想政治工作贯穿教育教学全过程 开创我国高等教育事业发展新局面》,《人民日报》2016年12月9日第1版。

感觉、情感、直觉等形式潜藏于人们的意识之中。① 思想政治理论课是以马克思主义理论为指导，具有自洽的逻辑、完整的知识体系和科学的认知规律。习近平总书记提出："就科学性、真理性、影响力、传播面而言，没有一种思想理论能达到马克思主义的高度。"② 马克思主义是历史兼容性、时代容涵性、逻辑展开性三个基本向度的统一。③ 它是一个既涉及自然界、人类社会、人类思维各个领域，又涉及历史、经济、政治、文化、社会、生态、科技、军事、党建等各个方面的博大精深的理论体系和知识体系，是马克思主义的基本立场、观点、方法以及在其形成、发展和运用过程中经过实践反复检验而确立起来的具有普遍真理性的理论。列宁指出："马克思学说具有无限力量，就是因为它正确。它完备而严密，它给人们提供了决不同任何迷信、任何反动势力、任何为资产阶级压迫所作的辩护相妥协的完整的世界观。"④ 习近平总书记在哲学社会科学工作座谈会上的讲话中说："实践也证明，无论时代如何变迁、科学如何进步，马克思主义依然显示出科学思想的伟力，依然占据着真理和道义的制高点。"⑤

价值性是指客体所具有的能够满足主体需要的属性。事物的价值性离不开客体的属性，也离不开主体的需要。任何课程都不是价值无涉的。教科书系统地阐述一个人的成长所必需的知识和技能。它以符号化的方式呈现特定的价值观，这些价值观关涉到某个民族和世界，也关系到个人在其中的角色和地位。课程是教育理念、教育目标和教育内容的主要载体，集中体现着国家意志和社会主义核心价值观，构成教育教学活动的基本单元，直接影响着人才培养质量。思想政治理论课作为体现国家教育目的和培养目标的主渠道主阵地，鲜明的意识形态特征和社会主义核心价值观导向更是其

---

① 吴潜涛、姜苏容:《坚持价值性和知识性相统一 推动思想政治理论课改革创新》，《思想理论教育导刊》2019 年第 7 期。
② 《习近平在中共中央政治局第四十三次集体学习时强调 深刻认识马克思主义时代意义和现实意义 继续推进马克思主义中国化时代化大众化》，《党建》2017 年第 10 期。
③ 孙正聿:《哲学通论》，人民出版社 2010 年版，第 675 页。
④ 《列宁选集》第 2 卷，人民出版社 2012 年版，第 309 页。
⑤ 习近平:《在哲学社会科学工作座谈会上的讲话》，《人民日报》2016 年 5 月 19 日第 2 版。

本质属性。"习近平新时代中国特色社会主义思想概论"是高校思政课的首要课程。"马克思主义基本原理"是通过对大学生进行系统的马克思主义理论教育，引导学生树立马克思主义世界观、人生观和价值观，掌握马克思主义的方法论，学会用马克思主义的世界观和方法论观察并分析问题，培养学生运用马克思主义理论分析和解决实际问题的能力。"毛泽东思想和中国特色社会主义理论体系概论"以马克思主义中国化为主线，通过集中阐述马克思主义中国化理论成果的主要内容、精神实质、历史地位和指导意义，使学生深刻认识只有中国化的马克思主义才能为解决中国革命、建设、改革和中国特色社会主义进入新时代的问题提供有效指导，坚定在党的领导下走中国特色社会主义道路的理想信念和具有为崇高理想信念而不懈奋斗的精神追求。"思想道德与法治"从大学生面临和关心的实际问题出发，致力于提高大学生的思想道德素质和法律素质，帮助大学生树立正确的人生观、价值观、道德观及法治观。"中国近现代史纲要"以中国近现代历史为主题和主线，讲授中国近代以来抵御外来侵略、争取民族独立、推翻国民党反动派统治、实现人民解放的历史，让学生了解党史、新中国史、改革开放史、社会主义发展史、中华文明史，深刻领会历史和人民为什么选择了马克思主义，选择了中国共产党，选择了社会主义道路，选择了改革开放，引导学生树立正确的历史观、民族观、国家观、文化观和宗教观。

价值性是思政课的本质要求，知识性是思政课的应然要求，二者之间是灵魂与载体的关系，关涉思政课内在规律的科学认识。专题教学内容设置要贯彻价值性与知识性相统一，首要的就是正确处理好它们之间的关系，避免以下两种情况：第一，重知识性轻价值性的"价值中立"。一些思政课教师注重知识的理论推演和逻辑论证的系统化抽象化阐释，淡化价值引导，把思政课教学当作专业技术课一样的教学（实际上，专业课程也承担着育人的功能，这就是课程思政的合理性所在）。他们把思政课看作纯粹的知识教育，用理论引申理论、解释理论，忽视这些课程承载的鲜明价值观，忽视它们具有的思想引领与世界观、人生观和价值观的塑造作用，最终思政课的意识形态属性被消解，走向"实用即真理"的泥淖。习近平同志指出："掌握马克思主义，最重要的是掌握它的精神实质，运用它的立场、观点、方法和基本原理分析解决实际问题。"① 第二，重价值性轻知识性的"空洞说教"。有些教师认为思政课的基本内容在高中政治课里已有所涉及，学生已经学过，在授课时只需重视对学生价值观的引导，对一些基础理论知识浅尝辄止。另有一些教师为博学生眼球而采用花样方式讲一些大话、标语话、套话，教条地授课。"思政课要把传导的主流价值像盐一样，撒在知识的汤菜之中，才能够让教育对象在品尝知识美味的过程中使精神层面强筋健骨。"② 口号式的空洞宣教非但不会起到价值引领的作用，反而使学生望而生畏、听而不闻，甚至产生抵触情绪，并将思想政治理论课推向边缘化。

价值性与知识性、应然与实然背反的"两张皮"现象，学界已有共识。在学校思想政治理论课教师座谈会上，习近平总书记强调要坚持价值性与知识性相统一，寓价值观引导于知识传授之中，不断增强思政课的思想性、理论性和亲和力、针对性。③ 这些论述充分彰显了问题意识和解决这一问题的时代价值，也是我们在专题教学内容设置时必须牢牢把握的科学指引和根本要求。价值性不能脱离知识性，知识性也不能代替价值性。二者的关系应该是知识性以价值性为指挥棒和方向，价值性是知识性的指南针或"校准器"。离开价值性的知识传授，就会失去灵魂、迷失方向；价值性要以知识性为基础和前提，知识性是价值性的依托，离开知识性的价值引导，就流于空泛，犹如龙无云不行，鱼无水不生。列宁提出关于共产主义者与知识的正反两方面关系时说，"如果有人说自己是共产主义者，同时又认为自己根本不需要任何扎实的知识，那他就根本不能成为共产主义者"，"只有了解人类创造的一切财富以丰富自己的头脑，才能成为共产主义者"。④ 这说明知识在人的价值判断能力、价值选择与塑造能力的形成和提升中起着基础性的支撑作用，也说明人的认识越科学、越全面，主体的价值意识和价值信念就

---

① 习近平：《中国共产党 90 年来指导思想和基本理论的与时俱进及历史启示——在纪念中国共产党成立 90 周年党建研讨会上的讲话》，《党建研究》2011 年第 7 期。

② 余丰玉：《思政课改革创新要坚持价值性和知识性相统一》，《中国高等教育》2019 年第 10 期。

③ 《用新时代中国特色社会主义思想铸魂育人 贯彻党的教育方针落实立德树人根本任务》，《人民日报》2019 年 3 月 19 日第 1 版。

④ 《列宁选集》第 4 卷，人民出版社 2012 年版，第 285~286 页。

越具有合理性、先进性,越符合社会历史发展的要求。

专题内容设置时,一要深耕思想资源、丰富知识底蕴、强化理论逻辑,积极建构与时代发展和学生成长发展需要适配的理论框架与逻辑体系。我们要把知识体系内具有的历史厚重性、时代容涵性和逻辑衍展性呈现给学生,让学生在知识的学习和积累中获得科学的价值评判能力,并利用这种能力去选择、认同、接受,正所谓"物有本末,事有终始。知所先后,则近道矣"。二要深刻把握思政课的学科特点,充分发挥独特的价值传导优势、价值教育资源,用好课堂教学主阵地主渠道,在知识传授中将思想政治理论课所蕴含的世界观、方法论以及"情"与"意"融入学生主体的认识建构中,厚植学生的家国情怀、塑造学生的品行,培养学生树立崇高的理想信念和人生观、价值观,最终实现课程专题设计的知、情、意、行的教学目标要求。

三、坚持建设性和批判性相统一

批判性是马克思主义理论的特质。2016年,习近平总书记在哲学社会科学工作座谈会上说:"哲学社会科学要有批判精神,这是马克思主义最可贵的精神品质。"[①]马克思主义理论不是主观臆想的产物,而是努力从批判旧世界中发现新世界。不管是与论敌的论战还是创建自己的理论,批判性是贯穿始终的基本精神。批判性是哲学史上最常见的一种现象或事实,"哲学的根本特点便是批判,正是这种特点使得它成为一种和科学不同的学问。哲学对于科学上和日常生活上所使用的那些原则都要加以批判地研究,而且要从这些原则中找出它们的不一致来;只有在找不到摈斥它们的理由的时候,才把它们作为批判研究的结果接受下来"[②]。这一点在马克思主义哲学中表现得最为明显和突出。马克思主义的哲学批判首先体现在对"形而上学"这种哲学形态的批判,克服了唯心主义"不知道现实的、感性的活动本身"的弊端,将黑格尔哲学"头足倒置"进行了"颠倒",确立了唯物主义立场。

---

① 习近平:《在哲学社会科学工作座谈会上的讲话》,《光明日报》2016年5月19日第6版。
② 伯特兰·罗素:《哲学问题》,何兆武译,商务印书馆2007年版,第125页。

在《关于费尔巴哈的提纲》中,马克思对旧哲学特别是费尔巴哈哲学进行了批判与清算,指出其根本理论缺陷,就是把人当作"感性直观"和"感性存在",从客体的或直观的形式去理解人和外在于人的世界,而不是从现实的社会实践去探讨,导致在社会历史领域陷入了唯心主义,是一种半截子唯物主义。据此,马克思提出实践是人类存在的本质性活动,"全部社会生活在本质上是实践的"①。通过实践批判,马克思主义哲学逐步走向实践唯物主义,实现了以实践为基础的哲学变革。

在政治经济学上,马克思首先对古典政治经济学中"渔夫"和"猎人"的自然"利己本性"假设前提进行了批判:"按照他们关于人性的观念,这种合乎自然的个人并不是从历史中产生的,而是由自然造成的。这样的错觉是到现在为止的每个新时代所具有的……我们越往前追溯历史,个人,从而也是进行生产的个人,就越表现为不独立,从属于一个较大的整体……只有到18世纪,在'市民社会'中,社会联系的各种形式,对个人说来,才表现为只是达到他私人目的的手段,才表现为外在的必然性。"②也就是说,人不是与社会关系分离的单独的个体,而是必须在其社会关系内按照经济规则进行生产的"生产关系的人"。"我决不用玫瑰色描绘资本家和地主的面貌。不过这里涉及的人,只是经济范畴的人格化……我的观点是把经济的社会形态的发展理解为一种自然史的过程。不管个人在主观上怎样超脱各种关系,他在社会意义上总是这些关系的产物。"③其次,通过对资本、劳动、土地等范畴的分析,尤其是对"资本"具体化的阐释,批判和消解了古典经济学家对资本本质的物化理解,揭露和澄清资本的真实本质。"资本不是一种物,而是一种以物为中介的人和人之间的社会关系。"④资本与劳动相对立,"资本是死劳动,它像吸血鬼一样,只有吮吸活劳动才有生命,吮吸的活劳动越多,它的生命就越旺盛"⑤。最后,马克思继承了古典政治经济学的"劳动价值论",通过批判地证明"劳动的二重性",解决了李嘉图体系的两大难点:一

---

① 《马克思恩格斯选集》第1卷,人民出版社2012年版,第135页。
② 《马克思恩格斯文集》第8卷,人民出版社2009年版,第6页。
③ 《马克思恩格斯文集》第5卷,人民出版社2009年版,第10页。
④ 《马克思恩格斯文集》第5卷,人民出版社2009年版,第877~878页。
⑤ 《马克思恩格斯文集》第5卷,人民出版社2009年版,第269页。

是说明资本和劳动的交换如何与"价值规律"相一致;二是如何说明等量资本(不管它们的有机构成如何)总提供相等的利润或提供一般利润率。① 这架起了劳动价值论通向剩余价值论的桥梁,"表现为最初活动的等价物交换,已经变得仅仅在表面上是交换,因为,第一,用来交换劳动力的那部分资本本身只是不付等价物而占有的他人的劳动产品的一部分;第二,这部分资本不仅必须由它的生产者即工人来补偿,而且在补偿时还要加上新的剩余额"②。这最终揭开了资本主义生产方式之谜,"批判地理解问题的全部秘密"③。

在科学社会主义上,一是马克思和恩格斯吸收了空想社会主义中合理的思想和有益成果,尤其是19世纪圣西门、傅立叶和欧文三大空想家的学说中的积极因素:深刻地揭露和批判了资本主义社会的种种罪恶,并力图找到产生罪恶的根源;包含着唯物主义和辩证法的某些合理因素,像圣西门和傅立叶都提出了社会发展有规律的特点;对未来社会提出了许多积极的主张和天才的预测等。恩格斯在《社会主义从空想到科学的发展》一书中写道:"同任何新的学说一样,它必须首先从已有的思想材料出发,虽然它的根子深深扎在物质的经济的事实中。"④二是他们批判了空想社会主义仅仅从抽象的理性原则出发谴责资本主义制度的缺陷,由此找不到历史发展的真正动力和推翻资本主义制度的真正力量。"他们看不到无产阶级方面的任何历史主动性,看不到它所特有的任何政治运动。"⑤三是他们在唯物史观和剩余价值学说的基础上克服了空想社会主义者不懂得历史规律的根本缺陷,指出了资本主义基本矛盾使得资本主义必然灭亡、社会主义必然胜利,揭示了无产阶级与资产阶级利益的根本对立,科学论证了无产阶级肩负的推翻资本主义旧世界、建设社会主义新世界的历史使命,使人们找到了变革资本主义旧社会的力量和通向社会主义新社会的途径。

马克思主义在同一系列错误思潮进行斗争和批判吸收旧学说的过程中

---

① 马克思:《剩余价值学说史》第3卷,郭大力译,上海三联书店2009年版,第157页。
② 《马克思恩格斯文集》第1卷,人民出版社2009年版,第673页。
③ 《马克思恩格斯选集》第4卷,人民出版社1995年版,第577页。
④ 《马克思恩格斯文集》第3卷,人民出版社2009年版,第523页。
⑤ 《共产党宣言》,人民出版社2016年版,第61页。

不断成长并发展壮大,最终形成实现全人类解放的伟大思想理论体系,自始至终蕴含着批判性与建设性的统一。批判性与建设性是破和立的关系,马克思主义理论的创立充分体现了破立并举、不破不立:破中有立,"破"是为了"立",不是为了批判而批判,批判的最终指向是建设;立中有破,以科学的态度对待科学,以真理的精神追求真理,勇于自我否定、自我批判。无论是立还是破,无不彰显马克思主义理论在思维方式和真理、道义上的比较优势与理论魅力,都是守正创新、与时俱进,让马克思主义永葆青春魅力,放射出更加灿烂的真理光芒。

在学校思想政治理论课教师座谈会上,习近平总书记指出:"要坚持建设性和批判性相统一,传导主流意识形态,直面各种错误观点和思潮。"[1]这一基本要求继承了马克思主义倡导和身体力行的批判精神,从顶层设计方面为专题教学内容设置中保证思政课的思想堡垒作用提供了方法论指导,并列出了建设性与批判性的具体任务。

首先,专题教学内容设置的批判性要求是源于新时代社会主义意识形态工作面临的严峻复杂形势。从国际看,以美国为首的西方国家为维护资本主义制度在全球的绝对优势和实现自身利益最大化,利用经济、科技和文化传播方面的话语优势,将自己的价值观包装为所谓的"普世价值",即放之四海而皆准的普世主义,使之成为瓦解社会主义国家价值观和意识形态防线的有力工具。世界百年未有之大变局下,随着中国持续快速发展,国际地位和影响力提升,"中国之治"和"西方之乱"的鲜明对照,美国延续冷战思维,把中国视为主要战略竞争对手,大肆渲染"中国威胁论""中国称霸论",不间断地对我国实施地缘政治上的围堵并加大对我国意识形态领域的攻势,甚至欲挑起美中之间的意识形态对抗。从国内看,我国进入新发展阶段和全面改革的深水期、攻坚期,发展不平衡不充分、不可持续问题仍然突出,改革进程中的一些社会矛盾日益凸显,如贫富差距问题、劳资矛盾问题、腐败问题等,容易导致民众立场信念的动摇和价值观的混乱。另外,伴随着社会主义市场经济的深入发展,人们思想认知、道德意识和价值取向日益呈现出分化、多样,引发了社会性的主流价值观的认同危机。例如,市场经济的

---

[1] 《习近平谈治国理政》第3卷,外文出版社2020年版,第331页。

市场交换原则、市场逐利性观念催化了人的物质欲望膨胀,诚信意识淡薄、社会责任缺失、艰苦奋斗精神淡化。西方消费主义冲击和解构中国传统的消费观,节俭和适度的消费理念被抛弃,以消费获取幸福的享乐主义和利己主义价值观受推崇,人的本质异化。一些人认为,人生最高目的就是无限消费。从大学生群体看,信息化时代下,网络新媒体所具有的即时性、交互性、共享性和跨时空性特点与青年学生求知若渴的精神相契合,成为大学生交流和对话的平台。而大学生涉世未深,常从自身角度、从理想状态的角度来认识和理解世界,容易陷入认识片面化、简单化、碎片化的困境。新媒体发展迅速但有效的监管和甄别机制薄弱,导致网络传播过程中泥沙俱下,物质主义、享乐主义以及一些带有明确的政治指向性、现实关联性和行为诱导性的错误思潮被一些居心叵测的人精心包装打扮,极有可能给大学生带来思想上、灵魂上的冲击,甚至是心灵上的腐蚀和世界观、人生观、价值观颠覆。尤其是一些"公知""水军"充当起西方敌对势力的马前卒,不时发布一些道听途说的言论,转载哗众取宠的噱头,编造不着边际的谣言,妄图制造思想混乱,以便浑水摸鱼,抢占意识形态话语的主导权和制高点。还有一些网络平台为获取流量,任由耸人听闻、煽动情绪的"标题党"、断章取义的现象滋生蔓延,把改革发展中出现的个别社会问题扩大化、简单问题复杂化、一般问题政治化,诱发大学生负面情绪"发酵""滚雪球",使部分大学生成为错误舆论的跟风者和助推器。

其次,专题教学内容设置的批判性要求起因于思政课教学过程中有些教师对西方社会思潮和各种非马克思主义观点的回避。究其原因,一是有的教师机械照搬教材,照本宣科,对社会矛盾和问题遮遮掩掩,对学生的发问质疑语焉不详,对错误思潮三缄其口,不敢举旗亮剑。二是有些思想政治理论课教师在面对西方意识形态的诘难和挑战时缺乏应有的理论自信,没有练就敢于战斗和破其攻势的真本领。"思政课教师,不仅要有信仰,还要有底气,理直气壮开好思政课。'理'直,意味着理论性强,思想政治理论课'理论不彻底,就难以服人',有了理论的清醒,才能有课程的自信和批判的底气。"[1]

---

① 吴潜涛、陈越:《坚持建设性和批判性相统一 推动思政课改革创新》,《中国高等教育》2019年第10期。

教师只有全面系统地学习和掌握马克思主义理论并深入研究当下的各种社会思潮,厘清它们产生与传播的历史条件、社会背景,搞清楚它们的来龙去脉、基本主张、思想实质、理论特征、发展走向,把社会思潮掰烂了、揉碎了并给学生讲透彻,学生才不会因少知而迷、不知而盲、无知而乱。学生在比较辨别中了解错误思潮的本质与危害,通盘领悟,更能自觉地与错误思潮划清界限,抵制错误思想观点的侵蚀。例如,"中国近现代史纲要"第一章内容中涉及这样一个问题:资本主义、帝国主义的入侵,给中国人民带来了沉重灾难,也给中国植入了现代文明因素。历史虚无主义思潮经常把积极作用无限夸大,鼓吹"帝国主义侵略有功论",诋毁中国人民争取民族独立和人民解放的反帝反封建斗争,质疑中国共产党领导革命的正义性。因此,在专题设计中,我们以史实为依据,通过列举世界伟人的观察和分析进行针锋相对的澄清与批判。帝国主义的野蛮侵略和中国人民陷入亡国灭种的悲惨境地引起了马克思的高度关注,他"撰写了十几篇关于中国的通讯,向世界揭露西方列强侵略中国的真相,为中国人民伸张正义"[1]。马克思关于中国的这些通讯史料,如"这个帝国的银币——它的血液——也开始流向英属东印度"[2],"英国政府在印度的财政,实际上不仅要依靠对中国的鸦片贸易,而且还要依靠这种贸易的不合法性"[3],"广州城的无辜居民和安居乐业的商人惨遭屠杀,他们的住宅被炮火夷为平地,人权横遭侵犯"[4]……是我们批驳"帝国主义侵略有功论"的坚强底气。批判有据,还要有理,"要有科学的分析,要有充分的说服力。教条主义的批评不能解决问题"[5]。接着,我们用马克思主义的历史分析方法,摆事实、讲道理,从生产力与生产关系的关系、西方列强的主观动机和近代中国最主要的社会矛盾——进行批驳,抽丝剥茧地揭示历史虚无主义思潮的真面目,让学生积极思考,认清历史趋势,真正把握历史发展的主题和主线、主流和支流。

---

[1] 习近平:《在纪念马克思诞辰200周年大会上的讲话》,《人民日报》2018年5月5日第2版。
[2] 《马克思恩格斯文集》第2卷,人民出版社2009年版,第608页。
[3] 《马克思恩格斯文集》第2卷,人民出版社2009年版,第636页。
[4] 《马克思恩格斯文集》第2卷,人民出版社2009年版,第620页。
[5] 《毛泽东文集》第7卷,人民出版社1999年版,第233页。

思政课教师要能够批判性地思考和分析社会问题,需要紧跟时代,深入社会,敏锐地关注经济、政治、文化、社会、生态文明等各个领域的新情况新问题,做到心中有数,了然于胸,才能在专题设置中把收集到的学生问题进行整理、归类,并结合教学内容对具有普遍性、代表性的相关社会性、生活性的矛盾、问题进行分析,回应学生关切。"马克思主义基本原理"第四章中讲授资本有机构成与相对过剩人口关系时,有同学会联系到我国的就业压力和大学生的就业形势,尖锐地提出社会主义国家不存在制度优势,它与资本主义国家一样,存在相对过剩人口和失业问题。对此,在专题内容设置时,我们就要敢于和善于回答此类疑虑重、难度大的现实思想问题,解开同学们的疑团,拨云见日,潜移默化地培养学生的批判性思维,看问题能看得更深、更远。其一,客观阐述。随着资本积累和社会技术进步,资本有机构成提高的规律在任何国家都客观存在,而我国由于现阶段基本国情、市场经济发展等因素,就业压力凸显。其二,对比分析。习近平总书记关于做好就业的一系列讲话,政府出台的种种就业优先政策和新冠疫情期间落实落细援企、稳岗、增就业的举措……与之形成鲜明对比的是,发达资本主义国家,如美国,在就业问题上实行以市场为导向的完全市场经济体制的做法。其三,以近5年每年完成的就业目标翔实数据和事例展示我国坚持就业优先、做好百姓就业这篇文章的成效。

"习近平新时代中国特色社会主义思想概论"的"以保障和改善民生为重点加强社会建设"部分,涉及公平与效率、收入分配问题时,有的同学就会尖锐地指出我国基尼系数值超过 0.4 的警戒线,贫富差距显著,这和资本主义国家的贫富两极分化有何不同,社会主义国家的本质不是解放生产力、发展生产力,消灭剥削,消除两极分化,最终达到共同富裕吗?同学们提出的问题我们不能绕开,更不能泛泛无味地强调社会主义的本质要求。只有厘清事实,用鲜活的例证、可信的论据、彻底的分析,才能解开学生的思想"疙瘩",打开他们的心结。在专题内容设计时,首先,我们分析当前我国收入差距处于较大水平的原因。改革开放后,我们党深刻总结正反两方面的历史经验,认识到贫穷不是社会主义,打破传统体制束缚,允许一部分人、一部分地区先富起来,推动解放和发展社会生产力。在公平与效率上,当时为了解决"人民日益增长的物质文化需要同落后的社会生产之间的矛盾"的社会主要矛盾,把效率放在第一位,1993年党的十四届三中全会提出"效率优先、兼顾公平"。在分配机制上,更加强调发挥市场化的作用。于是,一部分人、一部分地区先富起来了,但与此同时,城乡之间、区域之间、人群之间的收入差距不断扩大。其次,教师通过具体事例说明我们国家重视发展不均衡、不充分问题,正在着手努力解决,并把逐步实现全体人民共同富裕摆在更加重要的位置上。(1)2020年我国取得脱贫攻坚战的全面胜利,全国近1亿贫困人口实现脱贫,困扰中华民族几千年的绝对贫困问题得到历史性解决,创造了人类减贫史上的中国奇迹,在实现共同富裕的道路上迈出了坚实的一大步。(2)2015年,党的十八届五中全会提出新发展理念,"共享"是其中一个理念,"坚持共享发展,必须坚持发展为了人民、发展依靠人民、发展成果由人民共享,作出更有效的制度安排,使全体人民在共建共享发展中有更多获得感,增强发展动力,增进人民团结,朝着共同富裕方向稳步前进"[①]。2020年10月,党的十九届五中全会明确提出:"到2035年,全体人民共同富裕取得更为明显的实质性进展。"2021年1月11日,习近平总书记在省部级主要领导干部学习贯彻党的十九届五中全会精神专题研讨班开班式上,深刻阐述实现共同富裕的重要意义。"实现共同富裕不仅是经济问题,而且是关系党的执政基础的重大政治问题。要统筹考虑需要和可能,按照经济社会发展规律循序渐进,自觉主动解决地区差距、城乡差距、收入差距等问题,不断增强人民群众获得感、幸福感、安全感。"[②]2021年8月17日,习近平总书记主持召开中央财经委员会第十次会议,专门研究如何扎实促进共同富裕问题,明确阐释和部署共同富裕方向、路径和重要任务等。[③] 这一历史进展表明,我们国家已对实现共同富裕擘画出蓝图,勾勒出愿景框架和设计出全面完整的路线图。(3)中共中央、国务院印发《关于支持浙江高质量发展建设共同富裕示范区的意见》,支持浙江先行探索高质量发展建设共同富裕示范区。这既是党中央、国务院扎实推动共同富裕在省域层面的

[①] 《中国共产党第十八届中央委员会第五次全体会议公报》,《求是》2015年第21期。
[②] 《深入学习坚决贯彻党的十九届五中全会精神 确保全面建设社会主义现代化国家开好局》,《人民日报》2021年1月12日第1版。
[③] 《在高质量发展中促进共同富裕 统筹做好重大金融风险防范化解工作》,《人民日报》2021年8月18日第1版。

重要制度安排,也是新发展阶段积极有为地促进共同富裕的大胆试验、大胆突破。一方面,通过构建一个先行先试的共同富裕示范区,探索推进共同富裕的体制机制和制度体系,找到其中的规律,发现新的问题,形成一些有价值、可操作、可复制、可推广的经验和做法,以点带面实现整体突破。另一方面,建立共同富裕示范区的标杆,让人民群众清晰地感受到共同富裕不是停留于口号,而是落实到行动上,是可以看得见、摸得着、真实可感的。

专题内容设置坚持批判性,并不意味着建设性就可有可无,无足轻重。建设性是批判性的基础,没有建设性的批判性是无力的,"有用的理论是批判的重要基础。批判如果不借助合理的理论,一般是不能使人获得教训的,即不可能是令人信服和驳不倒的"①。只有深耕课程的思想性与理论性,将时代发展的最新形势与思政课教学关联起来,抓住关键问题进行专题性的教学和研究,并不断把马克思主义中国化的最新理论成果和经济社会发展的前沿问题融入教学中,才能使批判更加有力,也才能更好地完成思政课建设性的应然属性——立德树人的根本任务。

世纪疫情冲击和百年变局加速演进叠加的大背景下,"国内外形势、党和国家工作任务发展变化较快,思政课教学内容要跟上时代"②,常讲常新,把伟大抗疫精神融入,让学生在体味社会主义制度温情中,厚植爱党爱国情怀,不断增进学生的认同意识和情感。

四、坚持理论性和实践性相统一

高校思政课作为肩负培养知行合一、全面发展的社会主义事业建设者和接班人的关键课程,理论性与实践性的相互融合是其必然要求。思想政治理论课的理论性指向知识体系的内在逻辑性和科学性,它强调思想政治理论课要把以马克思主义理论为基础的科学理论系统地传导给学生。思想政治理论课的实践性是马克思主义实践观在思政课教学过程中的具体化,它强调思政课必须观照现实,回应现实诉求,涵养学生践行能力与行为习

---

① 卡尔·冯·克劳塞维茨:《战争论》,艾跃进编译,中国工人出版社 2015 年版,第 63 页。
② 习近平:《思政课是落实立德树人根本任务的关键课程》,《求是》2020 年第 17 期。

惯。理论性和实践性是辩证统一的关系,"实践没有止境,理论创新也没有止境"①,要"不断推进实践基础上的理论创新"②。任何思想或理论的生成都离不开其特殊的时代背景和社会实践,没有纯粹的、脱离实践的理论。"理论一旦脱离了实践,就会成为僵化的教条,失去活力和生命力。"③也没有无理论指导的实践,"没有革命的理论,就不会有革命的运动"④。理论的生命力在于既用现实活化理论又用理论照亮现实,既用实践推进理论又用理论引导实践。

思想政治理论课的理论性和实践性的相结合,有其内在的必要性,但并不意味着两者会自然而然地相结合,需要我们探索有效机制实现二者有机融合。一是通过专题教学内容的情境化、生活化、问题化设计,把抽象理论与具体社会现实相结合。理论性与实践性相统一的专题教学内容体系既蕴含科学的知识、先进的思想与逻辑思辨的理论,又具有明确的实践目的指向,增强理论知识的吸引力与感染力,推动学生深层次地学习理论、把握理论,夯实知行合一的理论根基。二是通过把思政小课堂与社会大课堂结合起来,指导学生运用所学理论知识,深入农村、社区、工厂车间去调查研究,然后把实践调研心得带回课堂,在善学善用、真学真用中实现理论升华。

专题教学内容的情境化、生活化、问题化设计,就是教师以学情分析为基础,结合学生的心理规律、认知背景、专业差异和个性化需求,充分发掘各种教学素材,进行精细加工、转化,将简单、静态、结果性的教材内容设计得有血有肉,既有特色,又接"地气"。

教学内容情境化设计,就是通过创设真实情境,学生恍若身临其境,引发学生的求知欲,让学生带着情感去探索问题,达到情感态度价值观目标。以"中国近现代史纲要"第六章"中华民族的抗日战争"为例。20 世纪 30—40 年代,日本发动侵华战争,妄图将中国变为它独占的殖民地,苦难深重的中国人民面临亡国灭种之灾。学生对这段历史并不陌生,但对日本在占领

---

① 《习近平谈治国理政》第 3 卷,外文出版社 2020 年版,第 21 页。
② 《习近平谈治国理政》第 3 卷,外文出版社 2020 年版,第 183 页。
③ 习近平:《辩证唯物主义是中国共产党人的世界观和方法论》,《求是》2019 年第 1 期。
④ 《列宁选集》第 1 卷,人民出版社 1995 年版,第 153 页。

区实行残暴的殖民统治和经济掠夺给中国人民带来的惨痛遭遇难以得到真切的感受。因此,专题内容设计时,我们先通过档案、文献、纪录片等大量史实资料展现的纪实情境化,带领学生重回历史现场,感受国破家亡的苦痛。接着,通过对史料的逻辑推理和层层剥离,还原历史真相,引导学生认清歪曲历史、否认和美化侵略战争的错误言论,感悟朴素而深刻的道理——国弱民遭欺,国盛则民强,进而把那段灾难历史的铭记与深刻反思内化为实现中华民族伟大复兴的不竭动力。

教学内容生活化设计着重解决的是破除抽象理论的知识壁垒,回归生活本真、本源。马克思说:"在思辨终止的地方,在现实生活面前,正是描述人们实践活动和实际发展过程的真正的实证科学开始的地方。"①思政课教学不是概念、语词和符号等简单知识的传递,不是理论到理论的空洞说教,也不是远离现实的做法。"以前,哲学家们把一切谜底都放在自己的书桌里,愚昧的凡俗世界只需张开嘴等着绝对科学这只烤乳鸽掉进来就得了。"②思政课要从学生生活实际的逻辑出发,将他们耳闻目睹、鲜活生动的日常生活融入价值叙事和信仰建构中,引起学生共鸣共情。人的精神世界是知、情、意的统一。马克思曾经指出,人"是一个有激情的存在物。激情、热情是人强烈追求自己的对象的本质力量"③。知识传授不是一个枯燥、冰冷、纯理性的过程,它还渗透并体现着人的情感、意志及信念等非理性的因素。教学专题内容生活化设计正是从人的非理性因素特别是情感角度出发,通过将学生亲闻的社会热点和亲历的社会现实及时引入,能够以真实事件、真实经历激发学生学习的积极态度和热情,形成强大的向心力和聚合力。专题教学讲"对立统一规律"时,用多媒体展示苏轼的《水调歌头》,"人有悲欢离合,月有阴晴圆缺,此事古难全",以此让学生感知矛盾的观点,认识到矛盾具有普遍性。但是不同事物的矛盾又是具体的、特殊的。接着用中国古代民歌中的"天苍苍,野茫茫,风吹草低见牛羊"、白居易的"日出江花红胜火,春来江水绿如蓝"、王勃的"落霞与孤鹜齐飞,秋水共长天一色"这些

---

① 《马克思恩格斯选集》第1卷,人民出版社1995年版,第73页。
② 《马克思恩格斯全集》第47卷,人民出版社2004年版,第64页。
③ 《马克思恩格斯文集》第1卷,人民出版社2009年版,第211页。

名句为例,说明词句之所以能千古传诵、经久不衰就是作者抓住了描写对象的特征,即矛盾的特殊性。从哲学上讲,人们认识世界也就是认识世界万物的种种矛盾,改造世界也就是在对世界矛盾正确认识的基础上解决矛盾。因此,要达到正确认识世界和有效地改造世界的目的,就必须坚持具体问题具体分析,比如对症下药、量体裁衣等。以脱贫攻坚的实践为例,减贫脱贫工作能够取得举世瞩目的成绩,正是我们善于分析事物的矛盾本性,掌握事物的本质及规律,"精准是要义……不搞大水漫灌,不搞'手榴弹炸跳蚤',因村因户因人施策,对症下药、精准滴灌、靶向治疗,扶贫扶到点上扶到根上"①。

专题教学内容问题化设计就是坚持问题导向,以问题发现、问题筛选、问题设置、问题分析以及问题解决这一环环相扣的"问题链"贯穿专题内容设计,沿着答疑解惑的认知路径层层推进、不断深入。马克思认为理论创新要从问题开始,"问题就是公开的、无畏的、左右一切个人的时代声音。问题就是时代的口号,是它表现自己精神状态的最实际的呼声"②。随后,在答案与问题的对比中,他进一步强调问题的重要性和时代现实性,"一个时代的迫切问题,有着和任何在内容上有根据的因而也是合理的问题共同的命运"③。马克思主义理论形成和发展的历史就是面对问题、分析问题、解决问题的历史。这些无不告诉我们,发现问题、找准问题是专题教学内容问题化设计的基础环节。我们要以多向、立体的思维,从各个角度、多个学科去发现、探索问题,它们可以是理论问题的纵向延伸,也可以是现实生活中的热点难点问题。为了更好地获取问题,我们充分利用网络教学平台的信息搜集功能。一是开课前要求学生在网络平台上填写每章节自己感兴趣的问题,老师根据学生提出的问题有针对性设计专题内容。二是关注网络平台上学生的视频浏览记录、发言记录、学习记录等,及时捕捉、分析、掌握学生的学习行为与思想动态,围绕学生认识上感到模糊、困惑和迷茫的问题以及他们关心的社会热点,如生态环境、科技伦理、道德危机、文化冲突等,调整

---

① 《习近平谈治国理政》第3卷,外文出版社2020年版,第151页。
② 《马克思恩格斯全集》第40卷,人民出版社1982年版,第289～290页。
③ 《马克思恩格斯全集》第1卷,人民出版社1995年版,第203页。

并丰富思想政治理论课的专题教学内容。三是课程结束前,在网络平台上就本轮专题内容、案例等进行问卷调查,根据学生的反馈意见和课后学习效果剖析,再进行问题的整理、优化和完善。除了利用网络平台进行问题搜集外,与学生的集体座谈也是获取问题的一个重要途径。问题搜集后,教师就要进行总结、归纳和分类。在教学重点、社会热点、理论难点和思想疑点的"交集"中,抓住主要问题,并引导学生将思想聚焦到这一中心主题上来。这是专题教学内容问题化设计的第一步。第二步就是引导学生分析、讨论和解决问题。在这个过程中,通过师生之间的交流、沟通,学生能够学会如何全面、客观、透彻地分析问题,掌握分析问题的关键和方法;通过学生之间的讨论,他们能够认识到个体的差异、思维的差异、视角的差异,解决问题的对策各不相同。要实现问题质的突破,唯有看透问题表象,抓住问题根本,方能达到"秉纲而目自张,执本而末自从"的效果。

实施专题教学内容问题化设计中,我们发现不同专业的学生关注的问题尽管都一样,但文理科学生因为思维差异,对同一问题的聚焦不尽一致。例如,同样是生态文明建设,海洋专业的学生关心的是海洋生态问题,社会学专业的学生考虑更多的是生态环境对社会的影响,经济学专业的学生主要是想知道生态环境改善带来的经济效益有多大,法学专业的学生关注生态环保方面出台了哪些法律法规、国家从法律层面如何推进……因此,在专题教学内容问题化设计时,我们要贯彻统一性与多样性相结合,根据不同专业的授课对象进行多样化探索,以恰当的案例和角度,回应不同专业学生的不同问题需求。

我们以"马克思主义基本原理"课程中的"资本主义再生产与资本积累"为例,开展问题化设计。先是以美国民众"占领华尔街"这一社会现实事件,抛出民众为什么抗议,抗议什么,抗议有效吗？将本专题需要学习的概念、原理等知识要素藏在层层递进的"问题链"中,激发学生的好奇心和求知欲。接下来我们从解决问题着手,以问题导引教学,阐释资本主义资本积累的实质、原因以及资本积累导致的资本有机构成不断提高和引起相对过剩,最后形成贫富两极分化。学生在问题链导引的教学过程中,随着问题的逐步展开更能深入地理解相关的知识内容,也更能明确各个知识点的具体来源、性质、作用及其相互关系等,掌握教学内容的重点、难点。

第二节　高校思政课专题教学内容设计的程序

专题教学内容是教育教学的灵魂,是教师组织教学活动的遵循与蓝本。专题教学内容的编写设计不是毫无章法、随心所欲的,而是要紧扣教学目标,契合基本学情,按照一定的程序来着手进行的。程序是为完成某一特定任务而选择的活动方式及排列顺序,教学内容设计程序则指教学内容设计的基本环节与操作顺序。教学内容设计程序关联着教学的三个基本方面:一是教学目标的制定;二是如何实现教学目标,包括学生起始状态的分析、教学内容的编写设计与组织;三是判断目标实现情况。"从各个不同历史阶段思想政治理论课程内容的分析来看,高校思想政治理论课程教学内容呈现出结构合理、功能互补、相对稳定等特点。"[1]当前专题教学内容设计要守正创新,不能为改革而改革。

一、确定教学目标

教学系统方法和现代教学理论强调,教学目标应该预先确定,它在专题教学内容的设计过程中具有定向和指引作用。"蜘蛛的活动与织工的活动相似,蜜蜂建筑蜂房的本领使人间的许多建筑师感到惭愧。但是,最蹩脚的建筑师从一开始就比最灵巧的蜜蜂高明的地方,是他在用蜂蜡建筑蜂房以前,已经在自己的头脑中把它建成了。劳动过程结束时得到的结果,在这个过程开始时就已经在劳动者的表象中存在着,即已经观念地存在着。"[2]马克思的蜜蜂与建筑师的类比例子,指出了目标的重要性。泰勒的课程设计"目标—内容—方法—评价"四要素原理,就是以目标为核心和依据选择教学内容、组织课程教学、评价教学效果。泰勒原理也被称为"目标模式"。教学目标的确定受多种因素的制约,大至国际政治经济形势、国内社会经济发

---

[1] 余双好:《思想政治理论课程教学法探析》,中国人民大学出版社 2018 年版,第 180 页。
[2] 《马克思恩格斯全集》第 44 卷,人民出版社 2001 年版,第 208 页。

展状况,小至课程标准、学生的行为表现,需要由大到小,逐层分析。

1.社会背景分析,找准时代脉搏

教育作为人类传承社会文化的活动,与社会的政治、经济、历史文化、科技等存在着纷繁复杂的联系。社会政治制度决定着教育的价值取向与教育目的的制定;经济发展水平影响着教育的投入和人才培养的规格;历史文化影响着教育的基本规范与教育的特色和风格;科技的变革与创新直接影响教师教学行为的创新、学生学习方式的转变和师生互动行为的变化等。培养什么人的问题是教育的首要问题,马克思认为教育是"社会功能"和"育人功能"的辩证统一,它使个体掌握社会知识和规范,使人的本性得到最完善的发展。教育是人的全面和谐发展。"未来教育对所有已满一定年龄的儿童来说,就是生产劳动同智育和体育相结合,它不仅是提高社会生产的一种方法,而且是造就全面发展的人的唯一方法。"[①]围绕"培养什么人"的首要问题,毛泽东提出"三好",即"身体好,学习好,工作好"[②],邓小平提出"四有新人",即"有理想、有道德、有文化、有纪律"[③],习近平提出"五育并举",即"培养德智体美劳全面发展的社会主义建设者和接班人"[④]。历史表明,我们对人的全面发展的理解越来越深入,对"社会主义建设者和接班人"的教育目标越来越强调。社会背景的分析,是从"教育要适应社会、经济的需要"这一指导思想出发的,因此要立足我国国情实际,正确认识当今时代潮流和国际大势,深入学习并准确领会国家的大政方针、决策部署和发展战略,时刻关注党中央在关心什么、强调什么,把牢政治方向,把党的最新精神全面贯穿、有机融入教学体系,讲清楚、讲明白党的理论创新成果,使学生听得懂、能领会,并落实到具体行动上。

2.课程标准分析,明确课程要求

标准是行为的准绳。课程标准是国家管理和评价课程的基础,反映了国家对大学生学习的基本规范和质量要求,是指导思政课教师编写设计教

---

① 《马克思恩格斯全集》第42卷,人民出版社2016年版,第501页。
② 《毛泽东文集》第6卷,人民出版社1999年版,第278页。
③ 《邓小平文选》第2卷,人民出版社1994年版,第444页。
④ 《坚持中国特色社会主义教育发展道路 培养德智体美劳全面发展的社会主义建设者和接班人》,《人民日报》2018年9月11日第1版。

学内容的纲领性文件。思想政治理论课程的课程标准,即中共中央办公厅、国务院办公厅印发的《关于深化新时代学校思想政治理论课改革创新的若干意见》及其实施方案、《高等学校思想政治理论课建设标准(2021年本)》、各门思想政治理论课程的教学大纲等。思想政治理论课教师要研读课程标准,领会课程内容在整个课程标准中的地位和作用以及课程建设的总体要求。毫不夸张地说,课程标准是教学的航标灯,是教师正确认识教学目标的需要,是科学设计专题内容的需要,是正确实施教学的需要,是正确进行教学评价的需要。思政课教师理解和把握课程标准,才能将教学目的具体化,对"教什么""怎么教""为什么这么教""教到什么程度"做到了然于胸,将课程标准的精神贯彻到每一专题内容的编写设计中。

3. 深入分析教材,确定教学目标

教学目标的确定是一个从宏观到微观、从抽象到具体的过程。社会背景分析使教学活动把稳政治方向,适应时代发展的要求;课程标准分析使教学活动具有明确的指向性,保证教学发展的连续性与稳定性;教材分析使教学目标更加具体和清晰,课程总目标更好地落实。教学目标按照不同的标准有不同的分法。不管采取什么样的划分法,只有学习目标被清晰地制定,并以可测量、可观察的行为术语陈述后,才便于进行课程设计与教学设计。"一般认为,一个完整、具体、明确的教学目标应包括以下四个部分:一是教学对象。在教学中,是针对哪一类学生。二是学生的行为。说明学生在学习后,应获得怎样的知识和能力,态度会有什么变化,应用可观测到的术语来说明学生的行为,以减少教学的不确定性。三是确定行为的条件。条件是指能影响学生学习结果所规定的限制或范围。四是程度。程度是学生达到教学目标的最低衡量依据,是阐述学习成就的最低水准,程度可从行为的速度(时间)、准确性和质量三个方面来确定。"[①]以"马克思主义基本原理"这门课程为例,课程的教学目标包括以下内容:从方法论上阐明马克思主义的思维方式、思想方法,帮助学生掌握马克思主义的精髓和精华;帮助学生树立马克思主义的世界观、人生观和价值观,掌握马克思主义的方法论,学会用马克思主义的世界观和方法论观察与分析问题,正确认识经济全球化

---

① 徐英俊:《教学设计》,教育科学出版社2001年版,第127~128页。

和人类社会发展的未来趋势等;培养与提高学生运用马克思主义理论分析和解决实际问题的能力,确立中国特色社会主义的坚定信念,自觉地坚持党的基本理论、基本路线、基本纲领、基本经验、基本要求,同党中央保持高度一致,自觉维护党中央权威。

二、学情分析

专题教学内容编写设计不能仅关注教师的行为,否则就可能使得教师背离更为重要的学生学习目标,导致手段和目的颠倒。教与学是构成教学过程的两个基本要素,任何教学目标都建立在已有的教学起点的基础之上,"学"是"教"的逻辑起点,教学过程是在学生已有水平和预期目标之间行走并最终达到预期目标。"在现实生活中,面对各种复杂的现象,学生会有许多问题和困惑,会有许多需要从思想理论上搞清楚的问题,这就是学生的兴趣和需求,教学方法要研究教学如何从这些问题入手去满足学生的需求。就像企业生产的产品只有满足了消费者的需求,才有广阔的市场,才有好的收益。思想政治理论课教学只有能够满足学生的需求,才能抓住学生,才能有好的效果。"[①]

中国传统教学中有孔子的"因材施教",孟子也归纳了对不同情形的学生采取不同教法的五种情况。朱熹提出:"圣贤施教,各因其材,小以成小,大以成大,无弃人也"。这些说明教师要去认识"材"、了解"材",进而根据"材"的不同去施行不同的教育,使"材"各得其所,各遂其志,迅速成长。现代教学的系统化设计理论是以"学习需要分析"和"学习者分析"作为教学设计的基础,认为学习者对某项学习目标的学习已具备的知识和技能、了解和掌握的程度是教学工作成功的关键。教育要得法,就必须分析学习者在进入学习过程前所具有的一般特征,考虑他们的水平与能力,因材施教。"大家明白,不论做什么事,不懂得那件事的情形,它的性质,它和它以外的事情

[①] 顾钰民主编:《高校思想政治理论课教学方法研究》,复旦大学出版社2012年版,第28页。

的关联,就不知道那件事的规律,就不知道如何去做,就不能做好那件事。"[1]做宣传工作的人,对于自己的宣传对象没有调查,没有研究,没有分析,乱讲一顿,是万万不行的。1942年2月8日,毛泽东同志在延安干部会上作《反对党八股》的演说,深刻诠释了学情分析的重要性和必要性。

学情分析既包括对学生共同的特征,如年龄特征、心理特征、认知特征、情感特征与意志特征等共性的分析,也包括学生个体的特征,如学生各自的知识背景、知识储备、学习经历、学习态度等个性的分析。思想政治理论课是高校所有本科生的通识必修课,不同专业学生的知识储备差异性大,因此,在专题教学内容编写设计时,大致有两种做法:对于学习能力强的学生,要"以其所知,喻其不知,使之知之";对于学习能力较弱的学生,要循序渐进、对症下药,补缺补漏,避免他们"陷入少知而迷、不知而盲、无知而乱的困境"[2]。

三、立体化解读教材

从教材体系向教学体系转化,建构专题教学框架,离不开理解、诠释、整合和重构教材。研读教材最基本的要求是读懂吃透教材,尤其是深入研究教材中变化的地方,这样可以洞察教材的指导思想,胸有成竹的状态。在此基础上是深层次研究教材,从"没有问题"到"自己提出若干问题"的状态。最后是站在教材之上研读,达到"解决问题"的状态。这就是教材研读的进入教材和超越教材。

解读教材同时是一个"点、线、面"结合的过程:"点"就是科学认识教材知识,分析教学重点难点是什么;"线"就是揭示知识点的逻辑线索,把握知识点与知识点间的内在关联性;"面"就是挖掘教材的组织顺序与蕴含的结构性关系。教材解读的"点、线、面"三种活动并非单独存在,而是存在承接与相互制约的关系。一方面,三种解读活动具有承接性关系,"点"的解读是"线"的解读的基础,"线"的解读是"面"的解读的基础;另一方面,三种活动

---

[1] 《毛泽东选集》第1卷,人民出版社1991年版,第171页。
[2] 习近平:《第四批全国干部学习培训教材〈序言〉》,《人民日报》2015年2月28日第1版。

呈现出相互影响的关系,即"点"的解读以"线"和"面"为引导,"面"的解读影响着"点"和"线"解读的方向与深度,如诗所云:"不畏浮云遮望眼,自缘身在最高层。"

第一步,先明确讲授的主要内容和知识点。第二步,厘清各节知识点之间的关系,分析教学的重难点。所谓教学重点,是指举足轻重的、最重要的内容,或最基本、最精华的部分。教学难点,是指较艰涩、难以理解、不好掌握或容易引起混淆、错误的内容。教学重难点的分析,有助于教师找准教学的抓手,提高教学效果。从系统论来看,任何事物或现象都不是孤立存在的,知识点之间的关系亦是如此,它们之间相互联系、相互作用,形成一个错综复杂的知识网。教学重点作为具有共性、概括性、理论性的知识,一般是处于知识网上的关键节点。因而,要恰如其分地确定教学的重点,准确地找出教学的难点,就是要分析本章的整体结构,把握相关知识的内在联系,抓住知识网上的纲。第三步,分析本章的知识结构及其在教材中的地位、作用。知识结构分析,就是在厘清各节知识点之间的关系和重难点后,抓住教材知识的主线,加以梳理、归纳和整理,并通过一定的组合方式有机组合,形成完整的知识体系和结构,画出知识结构框架图。知识结构分析,建立知识结构框架,有助于学生对将要学习的知识有一个整体的概貌式认识。

第三节　高校思政课专题教学内容设计的若干热点问题

专题教学的组织包括"教什么"和"如何教"两个问题。"教什么"是首要问题。如果"教什么"这个问题没有弄明白,"如何教"的问题就显得盲目或盲从。专题教学内容的编写设计连接着课程与教学,它是教师选取恰当的教学模式以有效开展教学活动的根本保障。

一、教师素养:专题教学内容设计质量保证的根本

教师在教育过程中处于主导地位,教师的人格、专业素养和教学水平决

定着教育进步的程度。"教师的素质是教师发挥作用和获得社会地位的基础和前提。如果没有一支合格的、责任心强的和有抱负的师资队伍,就不可能有高质量的教育。"①专题教学内容设计是一项极为复杂的系统工程。教师需要分析判断专题教学实施的总体环境,需要分析教学目标并考虑学生的特性与需求,需要理解教材并对教材进行深度挖掘,最后才能确定并形成系统的专题教学内容体系。毋庸置疑,这是一项极为挑战教师能力的任务,也意味着在这项任务中,教师要有较高的专业素养和较强的综合素质,才能交出漂亮的答卷。"百年大计,教育为本;教育大计,教师为本。高素质教师是提高教育质量的重要保障。"②

2019年3月18日,习近平总书记在学校思想政治理论课教师座谈会上对思想政治理论课教师提出的政治要强、情怀要深、思维要新、视野要广、自律要严、人格要正的素养高标准"六要"③,涵盖了对思政课教师在信仰坚定、学识渊博、理论功底和教学水平上的全面要求,为思政课教师全面提升综合素质、做好培根铸魂工作提供了基本尺度和努力方向。《新时代高等学校思想政治理论课教师队伍建设规定》强调:"高等学校应当严把思政课教师政治关、师德关、业务关。"④目前,高校思政课教师的专业化建设存在如下急需解决的矛盾:思想政治理论课程的综合性与教师专业培养和专业发展的矛盾;思想政治理论课程的集体性与教学科研考核的个体性的矛盾;思想政治理论课程教学的统一规定性与高校教师发展的自主性的矛盾;思想政治理论课程的高要求与课程建设的低投入和教师低收入的矛盾;思想政治理论课程的变化性与教师专业稳定性的矛盾。⑤

教育是"润物细无声"的育人活动,对于高校思政课教师教学素养的基

---

① 何齐宗:《联合国教科文组织教育文献研究——教育理念的视角》,人民出版社2020年版,第129页。

② 袁振国等:《从反正到立新——教育理念创新之路》,华东师范大学出版社2018年版,第159~160页。

③ 《习近平谈治国理政》第3卷,外文出版社2020年版,第330页。

④ 本书编写组编:《中华人民共和国学校思想政治理论课重要文献选编》,人民出版社2022年版,第1574页。

⑤ 佘双好:《思想政治理论课程教学法探析》,中国人民大学出版社2018年版,第310~313页。

本要求来说,一要有家国情怀。只有心系国家和民族,牢记为党育人、为国育才使命,在党和人民的伟大实践中关注时代、心系社会,并从中汲取养分,丰富自己的内心世界,思政课教师才能在专题教学内容的选择中以正能量的案例为主,如讲述"抗疫事迹",阐述红船精神、长征精神、建党精神等,激发学生对国家和民族文化基因的认同,厚植爱国主义情怀,引导学生坚定"四个自信",把爱国情、强国志、报国行自觉融入坚持和发展中国特色社会主义事业、建设社会主义现代化强国、实现中华民族伟大复兴的奋斗之中。二要有仁爱情怀。大学阶段正是大学生心理急剧变化的高峰期,他们的心理活动十分活跃。在这个时期,他们在生理上已基本成熟,但在心理上远未成熟,同时又缺乏社会生活的锻炼,抗挫折能力较弱,容易发生心理上的矛盾、冲突,继而形成莫名困扰和心理障碍。德国哲学家卡尔·西奥多·雅斯贝尔斯也曾经说过:"教育是人的灵魂的教育,而非理智知识和认识的堆集。……谁要是把自己单纯地局限于学习和认知上,即便他的学习能力非常强,那他的灵魂也是匮乏而不健全的。"[①]大学不仅是为了获得更多的知识,它的本质是为了人的全面发展,是为了让每个人认识自己的存在、自由、道德、尊严和责任,在知、情、意、行上做一个完整的、独立的人。"如果你想感化别人,那你就必须是一个实际上能鼓舞和推动别人前进的人。"[②]思想政治理论课教师只有以"仁爱之心"对待学生,树立以学生为中心,育人为本,才能及时了解学生的思想动态和心理状态,从学生的现实需要和目标出发设计专题内容,正面回应学生关切的问题,从而给予学生人生前行的方向和力量。三要有时代情怀。面对经济全球化、文化多元化和自媒体时代信息传播开放性的新形势,思想政治理论课教师应当直面机遇与挑战,与时俱进,转变思维方式,改变教学方式,不断提升教育能力。高校思想政治理论课教师在认识和回应时代的关切中,只有保持开放的心态,才能以创新思维因事而化、因时而进、因势而新,紧扣时代脉搏和思想政治理论课教学的精神实质,不断破除经验主义和形式主义藩篱,兼收并蓄,引导学生关注和思考天下大事,培养学生具有开放多元创新的思维。

---

① 雅斯贝尔斯:《什么是教育》,邹进译,生活·读书·新知三联书店1991年版,第4页。
② 《马克思恩格斯全集》第3卷,人民出版社2002年版,第364页。

第三章 高校思政课专题教学内容的改革创新

思想政治理论课具有鲜明的意识形态属性,教师的政治信仰和理论素养是高校思想政治理论课教师教学素养的核心要求。思想政治理论课教师教给学生科学的理论、思维和方法的同时,也帮助学生树立坚定的马克思主义信仰,具有思想引领与价值导向的作用。"传道者自己首先要明道、信道。高校教师要坚持教育者先受教育。"[1]思想政治理论课教师自身对马克思主义理论掌握的程度和信仰的坚定程度,直接影响着学生的学习态度和学习效果,关系到我国社会主流意识形态的安全防火墙筑牢与否,所以马克思主义基本理论是思想政治理论课教师的必修课,教师学习不仅是自己的事情,而且是关乎社会主义接班人的培养大事。教师要把读马克思主义经典、悟马克思主义原理当作一种生活习惯和精神追求。研读经典的过程,不仅是增长知识、开阔视野、训练思维方式、提升思想深度的过程,而且是涵养正气、淬炼思想、升华境界、坚定理想信念的过程。毛泽东读《共产党宣言》不下100遍,遇到问题就翻翻,他每读一次都有新的启发。[2] 习近平总书记也说过:"要把系统掌握马克思主义基本理论作为看家本领,老老实实、原原本本学习马克思列宁主义、毛泽东思想特别是邓小平理论、'三个代表'重要思想、科学发展观。"[3]高校思想政治理论课教师要领会和掌握朱熹的"循序渐进、熟读精思、虚心涵泳、切己体察、着紧用力、居敬持志"读书六法来练好、练精看家本领,夯实理论基础。教师要加强与提升马克思主义理论的学科建设和学术研究,才能充分研究和把握教材上的理论难题,通过专题内容的设计,直面学生的理论困惑,真正做到以透彻的学理分析回应学生、以彻底的思想理论说服学生、用真理的强大力量引导学生。

教师对思想政治理论课专题内容编写设计是教师运用自己的知识经验、思维能力与价值观念对教材进行解构与再构,需要通过反思来完成。关于反思,杜威这样理解:"对任何信念或假定的知识形式,根据支持它的基础

---

[1] 《把思想政治工作贯穿教育教学全过程 开创我国高等教育事业发展新局面》,《人民日报》2016年12月9日第1版。
[2] 《习近平讲故事》,人民出版社2017年版,第126页。
[3] 《胸怀大局把握大势着眼大事 努力把宣传思想工作做得更好》,《人民日报》2013年8月21日第1版。

和它趋于达到的进一步结论而进行的积极的、坚持不懈的和仔细的考虑。"[①]在教育教学过程中,反思是批判地考察自己的教育理念和行动的能力。《荀子·劝学》提出:"故木受绳则直,金就砺则利,君子博学而日参省乎己,则知明而行无过矣。"这段话充分阐释了反思的必要性、持续性、主动性和效果性。反思能力是教师素养的重要组成部分,反思性教学是教师在质疑的基础上以开放的心态来对已经发生或正在发生的教学活动有意识地进行的思考与审视。在这个过程中,教师需要有丰富而扎实的教学理论和实践知识,才能发现教学问题,并透过教学问题的表象洞察教学问题的本质,提出有理有据的解决办法。教师在"发现问题—解决问题"的过程也进一步积累并丰富教学知识与经验。所以说,教学反思有助于提升教师的教学能力和水平,是教师专业成长的必备环节和促进教师发展的有效途径。因此,思想政治理论课教师在对专题内容编写进行设计的过程中,要常怀"山重水复疑无路"的反思自省,才能迎来"柳暗花明又一村"的豁然开朗以及"积跬步,至千里"的教学素养提升。

二、专题教学内容设计的重要特征

思想是行动的先导。在专题教学内容编写设计具体行动之前,我们要确立相对形而上的基本价值准则。就像恩格斯描述的,原则是规律性认识的凝练与升华,是人类社会颠扑不破、历久弥新的真理,是我们处理问题的行为规划和解决问题的遵循标准。"原则不是研究的出发点,而是它的最终结果;这些原则不是被应用于自然界和人类历史,而是从它们中抽象出来的;不是自然界和人类去适应原则,而是原则只有在符合自然界和历史的情况下才是正确的。"[②]

1.整体性

专题教学体系的各个子专题的有序关联性决定了专题体系的整体性

---

① 罗伯特·哈钦斯、莫蒂默·艾德勒主编:《西方名著入门》第9卷,商务印书馆1995年版,第114页。

② 《马克思恩格斯选集》第3卷,人民出版社2012年版,第410页。

和生成性,"世界表现为一个统一的体系,即一个有联系的整体,这是显而易见的"①。因此,专题设计时我们需要有整体思维,从整体上把握联系着的事实,"如果不是从整体上、不是从联系中去掌握事实,如果事实是零碎的和随意挑出来的,那么它们就只能是一种儿戏,或者连儿戏也不如"②。需要正确处理整体与部分的关系,不能把整体绝对化、至上化,忽视个体或部分的作用与意义,"这个整体构成它们的关系;没有整体,便没有部分","整体是从部分组成的;以致没有部分,它便什么也不是"③。专题的整体性是沿着纵横两个"坐标"展开或推进的。从横向维度看,同一专题内作为知识整体构建时,各节点清晰,同时各节点有序衔接。从纵向维度看,各专题要以课程的教学目标为主线,形成一个有机的整体,避免专题碎片化、断裂化。例如,"马克思主义基本原理"课涵盖马克思主义哲学、马克思主义政治经济学和科学社会主义三个部分,它们之间是相互渗透、融为一体的。在马克思主义内容体系中,把其中任何一部分从整体中或与其他部分的联系中分割开来,片面地加以夸大或缩小,都会使其他部分失去科学前提,使整体丧失原有性质。对于马克思主义的整体性,马克思自己曾经有明确的表述和说明:"不论我的著作有什么缺点,它们却有一个长处,即它们是一个艺术的整体。"④恩格斯的《反杜林论》尽管分哲学编、政治经济学编和社会主义编三个部分来批判杜林的思想体系,但他这样划分是根据杜林的思想体系的内容来设置的,为此,恩格斯还就此作了说明:"本书所批判的杜林先生的'体系'涉及非常广泛的理论领域,这使我不能不跟着他到处跑,并以自己的见解去反驳他的见解。因此消极的批判成了积极的批判;论战转变成对马克思和我所主张的辩证方法和共产主义世界观的比较连贯的阐述,而这一阐述包括了相当多的领域。"⑤可见,马克思和恩格斯都是整体地而不是相互割裂地论述马克思主义的一般原理,是系统地而不是片面地分析资本主义的当代发展和社会主义、共产主义的未来发展。列宁强调要从整体上、联系

---

① 《马克思恩格斯文集》第9卷,人民出版社2009年版,第346页。
② 《列宁全集》第28卷,人民出版社2017年版,第364页。
③ 黑格尔:《逻辑学》(下),杨一之译,商务印书馆2011年版,第159页。
④ 《马克思恩格斯文集》第10卷,人民出版社2009年版,第231页。
⑤ 《马克思恩格斯文集》第9卷,人民出版社2009年版,第10~11页。

上全面地把握马克思主义,"马克思学说具有无限力量,就是因为它正确。它完备而严密,它给人们提供了决不同任何迷信、任何反动势力、任何为资产阶级压迫所作的辩护相妥协的完整的世界观"①,"马克思主义的全部精神,它的整个体系,要求人们对每一个原理都要历史地,都要同其他原理联系起来,都要同具体的历史经验联系起来加以考察"②。因此,专题设计要涵括马克思主义理论完整的思想体系,也要注重理顺专题与专题之间关系,不能相互重复和脱离,在各个专题的衔接等问题上体现其内在的联系和有机统一,帮助学生从整体上了解马克思主义,使他们对马克思主义有比较全面而客观的认识。

专题教学内容的编写设计是一项覆盖方方面面的庞大工程,只有切实遵循整体性的思想和工作的总原则,才能保证高质量地完成任务。"系统"是整体性的重要体现。它既表现在专题编写设计的具体内容上,要重视宏观布局,把握整体全景,统筹谋划设计,也表现在组织实施专题编写设计工程的指导思想与方法论上。各专题就是大系统的诸要素,这就要求我们树立一种战略思维、系统分析的全局观念,登高望远,以更宽广的视野和多角度分析判断教学实施的总体环境;从全域的广度、规律的高度审视整个课程的知识框架和结构,深层次把握知识的内在联系和脉络,"既见树木,又见森林",在对每个专题子系统进行精心设计时,不仅要考虑其自身的特殊性,而且要考虑与其他专题的关联性。世界万事万物是普遍联系的,恩格斯在《反杜林论》中对这一普遍联系的"辩证图景"有着形象描述,"当我们通过思维考察自然界或人类历史或我们自己的精神活动的时候,首先呈现在我们眼前的,是一幅由种种联系和相互作用无穷无尽地交织起来的画面"③。

正是因为"不同要素之间存在着相互作用。每一个有机整体都是这样"④,我们在专题内容编写设计时就要注意分析专题层次系统共同的运动规律和各自特殊的运动规律,发挥"杠杆作用"、自组织功能,实现各个专题子系统的最佳组合和相互协调,最终实现专题教学内容编写设计"1+1>2"

---

① 《列宁全集》第 23 卷,人民出版社 2017 年版,第 41 页。
② 《列宁全集》第 47 卷,人民出版社 2017 年版,第 445 页。
③ 《马克思恩格斯文集》第 3 卷,人民出版社 2009 年版,第 538 页。
④ 《马克思恩格斯全集》第 12 卷,人民出版社 1962 年版,第 750 页。

的整体优化。

2. 开放性

马克思主义是随着时代、实践和科学的发展而不断发展的开放的体系，"一切划时代的体系的真正的内容都是由于产生这些体系的那个时期的需要而形成起来的"[①]。开放性是马克思主义理论的固有品质，也是"互联网＋"时代我们进行专题内容设置要遵循的重要原则。网络空间是一个完全开放的空间，存在无数的不确定因素与无限的可能，海量信息触手可及，教材的相对稳定性与社会发展的动态性矛盾尤为凸显。在这种形势下，教师的认识和思维方式一定要以深远目光、宽广胸怀、深刻思维科学对待教学专题内容的设置，打破因循守旧的思维惯性。在"不离开教材，还要超出教材"的总的教学思想的指导下，克服高校思想政治理论课教学重知识传授轻回应现实问题的"复读机""搬运工"思路；在专题内容的编写设计上，考虑生动的实际生活，考虑现实的确切事实，拓展思路，敏锐地捕捉和反映当下社会发展的新要求，贴近学生思想实际、贴近学生生活、贴近现实社会，把科学理论的最新成果与对学生学习中关心与思考热点难点问题的解答及时补充到专题教学内容中，实现蕴含实践和时代精华的要素持续融入。

3. 动态性

"世界不是既成事物的集合体，而是过程的集合体，其中各个似乎稳定的事物同它们在我们头脑中的思想映象即概念一样都处在生成和灭亡的不断变化中，在这种变化中，尽管有种种表面的偶然性，尽管有种种暂时的倒退，前进的发展终究会实现。"[②]世界是过程的集合体的思想，是马克思主义观察和解决问题的一个重要原则，也是专题教学内容设计的指导思想与重要原则。怀特海认为："现实世界是一个过程，这个过程就是现实实有的生成。"[③]我们在编写设计时要充分认识到教学对象总是处在变化发展的过程中，不同阶段有不同的特点和学习状态，专题内容作为客观事物的一种，具有运动、生成演化的特性，要坚持动态发展的辩证思维，设计好了的专题内

[①] 《马克思恩格斯全集》第 3 卷，人民出版社 1960 年版，第 544 页。

[②] 《马克思恩格斯选集》第 4 卷，人民出版社 2012 年版，第 250 页。

[③] 裴娣娜：《现代教学论生成发展之思：怀特海过程哲学的方法论启示》，《教育学报》2005 年第 3 期。

容不是一经形成就凝固了的化石。1886年1月,恩格斯在给爱德华·皮斯的信中谈道:"我们对未来非资本主义社会区别于现代社会的特征的看法,是从历史事实和发展过程中得出的确切结论;不结合这些事实和过程去加以阐明,就没有任何理论价值和实际价值。"①这一至理名言为我们提供了设计专题内容动态调整的方法论指导,教导我们专题内容既要深深扎根于现实生活,又不能刻舟求剑,要随着生活实践的变迁而不断地实现新的突破,反映变化着的社会实践,力求思想政治理论课专题内容获得一种与时代现实相契合、与时代发展同频共振的存在样态。

4.针对性

专题内容设置的针对性原则指在专题教学过程中,既要注重问题导向,又要结合理论发展和适应学生的特点,对教学内容进行科学的选择,找准专题式教学的契合点、切入点,有针对性地设计专题教学的主题和内容。增强高校思想政治理论课的针对性是新发展阶段高校思想政治教育高质量发展的内在要求。就此,习近平总书记在全国高校思想政治工作会议上强调:"提升思想政治教育亲和力和针对性,满足学生成长发展需求和期待。"②在2019年3月18日召开的学校思想政治理论课教师座谈会上习近平总书记又再次强调,要不断增强思政课的思想性、理论性和亲和力、针对性。③2021年3月6日,习近平总书记在看望参加全国政协十三届四次会议的医药卫生界、教育界委员时指出:"一定要跟现实结合起来。上思政课不能拿着文件宣读,没有生命、干巴巴的。"④从思政课的实际出发,专题教学内容设置的针对性原则主要包括两个方面:首先,针对变化着的教育教学环境。教育教学环境主要包括国际形势的基本特征、演变趋势和国内经济社会发展大局大势等。思政课教学要及时关注经济社会发展中的重大事件以及相关理论和实践问题。其次,针对受教育者个性心理、知识背景和接受能力、意

---

① 《马克思恩格斯文集》第10卷,人民出版社2009年版,第548页。
② 《把思想政治工作贯穿教育教学全过程 开创我国高等教育事业发展新局面》,《人民日报》2016年12月9日第1版。
③ 《用新时代中国特色社会主义思想铸魂育人 贯彻党的教育方针落实立德树人根本任务》,《人民日报》2019年3月19日第1版。
④ 《"'大思政课'我们要善用之"》,《人民日报》2021年3月7日第3版。

识发展水平等。在专题内容设置时,如果没有充分考虑这些因素,起点设置不当,脱离受教育者的年龄和心理实际,脱离他们的知识、思维和思想品德发展水平,就导致专题内容的广度、深度、进度和强度与学生不匹配,进而使教学价值供给无法与大学生成长发展需求、期待协调平衡和良性互动。

三、专题教学内容设计的关键

专题教学内容的编写设计是课堂教学活动的事先筹划,是确保教学有序、有效开展的前提。可以说,专题内容的编写设计既是教师素养的充分展现,又体现教学目标以及实现目标策略的一系列要求。

1.精准把握教学目标

人的活动是一种目的性的活动,目的性是人类实践活动的根本特性。教育教学是培养人的一种社会活动,是一种目的性活动。每一次教学活动,每一堂课,甚至每一个教学言语行为都具有一定的目的,这就是课程教学目标。教学目标犹如航行的定盘星、指南针,是教学活动的灵魂,教学内容受教学目标的制约,"内容是旨在实现目标的'素材性'的基础"[1]。专题教学是对传统教学模式和教学观念的变革,教师只有准确把握教学目标,才能以具体的、可操作的行为范式落实新教学理念。否则,教师教学目标模糊笼统,教学目标与实现教学目标的专题教学内容的关系没有厘清,教学就会无法把握,甚至出现专题内容替代教学目标的本末倒置的现象。所以,在专题内容设计时,我们要紧紧围绕高校思想政治理论课是引导大学生坚定正确的政治方向,树立正确的世界观、人生观、价值观,培育社会主义合格建设者和可靠接班人这一根本目标及学生获得持续、有效的认知、情感和能力三维目标。具体来说,高校思想政治理论课教学的认知目标是学习和掌握马克思主义基本原理、马克思主义中国化的历史进程与理论成果、中国近现代史基本问题、社会主义道德与法治等知识;情感目标是引导学生树立远大理想和坚定理想信念,树立科学的世界观、人生观、价值观,增强中国特色社会主义道路自信、理论自信、制度自信、文化自信;能力目标是培养科学的思维方

---

[1] 佐藤正夫:《教学论原理》,钟启泉译,人民教育出版社1996年版,第244页。

式,领会马克思主义的精髓要义,学会用马克思主义的方法分析问题和解决问题。

习近平总书记在学校思想政治理论课教师座谈会上提出:"在大中小学循序渐进、螺旋上升地开设思想政治理论课非常必要,是培养一代又一代社会主义建设者和接班人的重要保障。"[①]这明确地指出了大中小学思政课一体化建设的发展方向,为新时代思想政治理论课建设提供了根本遵循。中共中央办公厅、国务院办公厅印发的《关于深化新时代学校思想政治理论课改革创新的若干意见》从顶层设计的高度明确了大中小学思政课一体化建设的必要性,明晰了思政课一体化建设的整体框架和规划。中宣部、教育部更是在充分分析各年龄段学生心理、认知、学习、成长的阶段性特征和发展需求的基础上,出台了《新时代学校思想政治理论课改革创新实施方案》,从课程目标、课程体系、课程内容建设和教材体系建设等为大中小学思政课一体化建设提供了具体而微的遵循与抓手。这些政策的出台,昭示着大中小学思政课一体化建设的重要性和迫切性。各地掀起大中小学思政课一体化建设的热潮,如举办大中小学思政课一体化教学展示活动、集体备课、教学实践研修、相关课题研究等,大中小学思政课一体化建设成效初显。然而,对标中央最新精神和要求,大中小学思政课一体化仍是当前整个教育体系当中的短板。思政课教育教学虽然是按照"(小学)科学的道德启蒙—(中学)牢固的思想基础—(大学)坚定的责任担当"推进,但是客观考量,大中小学思政课力度、深度和效度仍显得不够,普遍存在着各学段思政课管理体制机制的系统化建设格局未形成、教师思政课"一体化建设"思维理念欠缺、各学段的教学内容出现重复、错位、断层等一系列突出问题,存在着教学内容相互交织、相互影响和相互制约的复杂性样态。大中小学思政课一体化建设是一个庞大的系统工程,任重而道远。现实事物是内容与形式的统一,内容决定形式,大中小学思政课一体化建设的根本是课程内容的一体化。课程内容始终是教育教学改革的重心和支点,我们不能舍本逐末、本末倒置,要把解决纵向学段之间教学内容循序渐进、螺旋上升的问题作为重中之重。就此而言,作为思政课教师,我们既要守好自己的"这段渠",种好自己的"责

---

① 《习近平谈治国理政》第3卷,外文出版社2020年版,第329页。

任田",也要了解相邻学段和同一学段不同课程的教学情况,如教什么、如何教等,思考贯通衔接与交叉知识点处理方法,突破"单兵作战、各自为营"的惯性思维和路径依赖,主动作为,积极为大中小学思政课一体化破局,唯此方能真正奏响不同学段之间相互协作的"交响乐"。

仔细审视可以发现,无论纵向还是横向的思政课教育内容,要保持各自学段课程教材体系的完整性,不可避免地出现一定程度的知识重复及交叉问题。法治教育是对学生知、情、意、行的培养与提高过程,适当的、必要的重复有助于增强学生记忆、理解接受和强化认同。然而,简单同质的重复讲授则适得其反,使学生产生"似曾相识"、"炒冷饭"、索然无味的感觉,学习兴趣大大降低,甚至产生厌学的心理。在教学内容一体化建设过程中,教师首先要仔细研读教材,既研读本学段本门课程的教材,又研读其他学段和同一学段其他思政课程的教材,明晰教学内容,分清哪些知识点是有意义的、必要的重复,哪些是无意义的、不必要的重复。其次是在确定哪些知识内容是有意义的、必要的重复后,教师根据大学阶段学生重在开展理论探究性学习的特点,通过专题设置,对同一教学内容补充、深化、拓展和创新,注入新的元素。

2. 正确使用教材

教材作为课程内容一种重要的物化形态和载体,是教学的蓝本和依据。高校思想政治理论课教材是实现育人目标的重要根基,集中体现国家主流意识形态,是解决培养什么人、怎样培养人、为谁培养人这一根本问题的最直接载体。中华人民共和国成立以来,党和政府高度重视高校思想政治理论课教材建设,经历了教育部拟定或推荐教学大纲,高校自行编写教材或讲义的"拟纲编本"阶段(1949—1976年),到专家编写示范性教材"一纲多本"的"教材多样化"阶段(1977—2003年),再到 2004 年中央实施马克思主义理论研究和建设工程,教材实行国家统编、统审、统用的"一纲一本"阶段。其间,随着社会实践的发展、理论创新成果的涌现,高校思想政治理论课教材进行了 2008 年、2009 年、2010 年、2013 年、2015 年、2018 年、2021 年、2023 年多轮修订,确保了教材的权威性、科学性、规范性和时代性,为新时代建设好思想政治理论课,做好教材内容向教学内容的转化奠定了坚实的基础。教师在专题教学内容设计时要澄清和纠正两种错误的认识:一种是视教材为金科玉律,把教材作为唯一可靠的教学资源,不敢越雷池半步的唯教材论；另一种是脱离教材、天马行空式随意发挥的做法。专题教学要以统编教材为依据，但不是唯教材论，而是创造性地使用教材。对此，陶行知先生有段很精辟的话：有三种教师，一种是拿学生去配书本的教师，一种是拿书本去配学生的教师，一种是教学生学的教师。[①] 所以，教师既要尊重教材，读懂教材的编写理念、意图，透彻理解教材内容，又要从更高的站位和更广阔的视角把握教材，融入自己的思想和情感对教材进行二度创作，成为教学生学的教师。

3. 系统掌握教学设计方法

"教学设计既不是一种形式化的拟定教案的过程，也不是简单地排定教学内容的过程，教学设计是一项系统设计，它需要遵循一些必要的程序，运用科学的方法，使教学设计理性化、科学化。"[②]教学设计兴起于20世纪60年代末，80年代中期传入中国后，经历了引进消化、理论探索和全面发展三个阶段。教学设计有一定逻辑与定律，与一般设计相比，更为复杂，涉及教师、学生及其互动关系等基本问题的深入分析与探索，需要综合运用教育心理学、认知心理学、学习科学、学科教学等知识方法。"设计—实施—优化"三环节的专题教学设计是基于实践并依赖于实践，融合了教学目标设计、教学内容设计、教学方法设计、教学评价设计等专题教学的理念与途径，最终形成由教材体系向教学体系转化，教学体系再向认知体系转化的设计方法体系。"教学内容尊为王，教学设计贵为后。"教学设计专家梅里尔认为效果佳、效率高、学生参与热情大的教学无不是注重运用教学设计的原理、方法进行课程设计、开发的结果。专题教学内容的编写设计作为专题教学设计的重要内容，更需要我们系统掌握并运用教学设计原理与方法，熟悉教学设计过程的各要素，能根据不同的情况要求，决定设计从何着手、重点解决教学内容的关键问题，有效地对教材进行情境化、生活化、个性化处理，因地制宜地开展专题教学内容设计工作，最终达成教学的总体目标。

4. 整体把握马克思主义理论体系

马克思主义理论学科是2005年12月设立的一级学科，涵盖马克思主

[①] 陶行知：《陶行知全集》第1卷，湖南教育出版社1984年版，第87~88页。
[②] 汪霞：《对教学设计问题的几点思考》，《教学探索》2004年第12期。

义基本原理、马克思主义发展史、马克思主义中国化研究、国外马克思主义研究、思想政治教育五个二级学科,后来又添加中国近现代史基本问题研究二级学科。2022年,新设立中共党史党建学一级学科。马克思主义理论及其相关学科的设立,增强了思想政治理论课教师的学科归属感。学科建设与课程发展紧密衔接、同呼吸共命运、同向同行。国家设立马克思主义理论一级学科及相应二级学科的现实目的,就是要强化学科对课程和教学的内在支撑,夯实高校思想政治理论课的建设基础,要自觉地把学科研究方向凝聚到为思想政治理论课教育教学服务上来,并将其中的重大问题纳入学科建设规划,使思想政治理论课建设与学科专业建设的教学、科研、人才培养和管理紧密结合,统筹规划、整体部署、统一实施。"思想政治理论课与马克思主义理论学科存在着紧密的关系。一般认为,马克思主义理论学科是思想政治理论课的依托,而思想政治理论课则是马克思主义理论学科在教育教学中的具体展开和运用。"[①]用学科专业建设成果服务于思想政治理论课建设,不断提高教育教学的实效性,增强说服力、感染力和亲和力。教师进行专题教学内容设计必须具有马克思主义理论的学科意识,离开学科意识来探索思政课专题教学内容设计,无异于对马克思主义理论学科的解构。学科意识就是思政课教师对于马克思主义理论学科建设与发展有一种清醒、自觉的态度,能从整体上把握马克思主义理论学科的历史脉络、演进形态、体系结构、基本内容、总体特征、发展趋向及价值取向等问题。熟悉学科研究状况,掌握学科前沿,能以二级学科的相关研究成果、研究方法和研究思路来指导专题教学内容设计,提高专题教学内容的理论水平和学术品位,进而构建起内容完整、理论教育深度、广度和厚度兼具的思想政治理论课的专题教学体系。

---

① 张雷声:《思想政治理论课教学的境界》,中国人民大学出版社2018年版,第275页。

第四章
高校思政课专题教学模式的改革创新

教学模式主要要回答"为什么这样教"和"如何教"等一系列问题。高校思政课专题教学模式的改革创新的核心在于解决"为什么这样教"的问题,明确教学模式改革创新的原则方向,解决"如何教"的问题,以便更好地实现教学环节的具体目标。

第一节 高校思政课专题教学模式 设计的基本原则

高校思政课专题教学模式改革创新的实施要求遵循习近平总书记提出的"八个相统一",本章重点论述后四个相统一,即坚持统一性和多样性相统一、坚持主导性和主体性相统一、坚持灌输性和启发性相统一、坚持显性教育和隐性教育相统一。有必要指出的是,教学模式和教学方法的重点在于操作的有效性。"能够从理论上把握一种教学方法,并不等于在实践中能够有效地操作这一方法。教学方法的操作,本质上是一个实践问题。"[1]

---

[1] 顾钰民主编:《高校思想政治理论课教学方法研究》,复旦大学出版社2012年版,序第3页。

一、坚持统一性和多样性相统一

（一）统一性和多样性的含义

这里先要弄清楚统一性和多样性的含义。思政课的统一性指的是把教学目标、课程设置、教材使用、教育管理等统一到中央要求上来，围绕立德树人这一根本任务，加强对思政课的宏观指导，做到教学目标明确、课程设置科学、教材编写权威、教学管理规范。① 思政课要坚持指导思想的统一，确保正确的政治方向；思政课要坚持课程及教材的统一，确保立德树人的价值和初心；思政课要坚持组织管理的统一，确保教学规范的科学和稳定。思政课的多样性指的是为了满足学生多样化的现实需要，教学内容、教学方法、教学成果等必须具有灵活性、针对性和多样性，教师要不断更新整合教学资源，采用多样化的教学方式，做到差异化教学。思政课多样性的本质体现是差异化教学，在统一性前提下发展多样性是思政课改革创新的内在要求。

高校思政课守正创新的根本遵循在于坚持统一性和多样性的辩证统一。也就是说，既要遵循"教必有法"，又要遵循"教无定法"。

（二）统一性和多样性的关系

统一性和多样性既相互联系又存在区别。统一性反映事物内在的、固有的本质属性，是多样性的前提和基础。多样性反映事物在形式、发展阶段、过程等方面的个性特征，多样性是统一性的发展和创新。思政课坚持统一性和多样性相统一，是矛盾普遍性和特殊性原理在思政课教学过程中的运用，体现了思政课教学守正与创新的逻辑关系，也阐释了思政课建设"统"和"放"的辩证关系。

（三）思政课教学如何坚持统一性和多样性相统一

思政课教学在目标设定、课程设置、学分落实、教材使用等方面要坚决

---

① 房广顺、刘培路：《思想政治理论课建设坚持统一性与多样性相统一论析》，《思想理论教育》2020年第1期。

按照中央及主管部门的统一部署,在原则性问题上维护统一性的要求。实践证明,如果思政课教学的统一性弱化就会产生各种问题:若没有教育部的统编教材,教材建设质量就会参差不齐;若思政课教师队伍配备没有硬性要求,教师队伍的质量甚至数量都无法保证。若教学各个环节没有统一要求,教学质量和教学效果更无从谈起。没有统一性要求进行指导和指引,思政课教学就会脱离原本应有的轨道,多样性创新也就脱离了思政课教学的实质。但是,统一性并非绝对的,必须鼓励教师创新性地开展教学工作。在确保课程政治原则正确、教学内容合理覆盖的前提下,教师可以根据学校以及学生的具体情况因地制宜、因时制宜、因材施教,充分考虑党情、国情、民情和世情的特殊性,充分考虑具体课程和章节内容的特殊性,对教学内容和教学手段进行大胆的改革创新,既体现出教师教学风格的个性化,又满足学生多样化的需求。

坚持统一性和多样性相统一,还必须防止在教学过程中将二者割裂开来,产生教条主义和经验主义两种典型的错误。思政课教学的教条主义指的是过于强调统一性而忽视多样性,典型表现就是教师的一言堂和照本宣科。教师把教材体系等同于教学体系,把教材等同于教案,把书面语言等同于教学语言,这种传声筒、复读机式的教学方式不仅没有亲和力,而且缺乏针对性,当然无法得到学生的认同和喜爱,统一性要求必然也就难以得到贯彻。思政课教学的经验主义指的是过于强调多样性而忽视统一性,典型表现就是过于追求新颖的教学方式,弱化思政课的思想性和理论性。教师为了追求所谓的到课率和抬头率,随心所欲地安排教学内容,把思政课讲成故事课、段子课和视频课,不遵守甚至背离统一性要求。

概言之,要把统一性和多样性统一起来,既遵守和落实统一性要求,又充分发挥教师的创造性,尤其要处理好思政课教学中的四对辩证关系——教学目标统一与教学模式多样的辩证关系、课程设置统一与课程体系多样的辩证关系、教材使用统一与教学体系多样的辩证关系、教学管理统一与教学方式多样的辩证关系,只有这样才能把思政课专题教学搞得有声有色。[①]

[①] 白永生、方雷:《高校思想政治理论课守正创新坚持统一性和多样性相统一的理论意蕴》,《学校党建与思想教育》2019 年第 9 期。

2018年起，中共中央办公厅、国务院办公厅和教育部曾多次就思政课教学体系、教材体系、管理体系建设等相关问题发文，明确了相关规定和要求，统一了思政课教学规范。① 在课程设置方面，规定了普通高校学生必修"习近平新时代中国特色社会主义思想概论"(本专科)、"马克思主义基本原理"(本科)、"毛泽东思想和中国特色社会主义理论体系概论"(本专科)、"中国近现代史纲要"(本科)、"思想道德与法治"(本专科)、"形势与政策"(本专科)、"四史"(本科)等课程，且规定了各门课的学时和学分，要求各高校不得随意缩减思政课学分学时。另外，研究生开设的思政课有"新时代中国特色社会主义理论与实践"(硕士阶段)、"中国马克思主义与当代"(博士阶段)，"自然辩证法概论"(理科硕士必选)、"马克思主义与社会科学方法论"(文科硕士必选)等。在使用教材方面，各门思政课统一使用高等教育出版社出版的马工程系列教科书和辅导教材，"形势与政策"课则采用时事报告杂志社出版的《时事报告》(大学生版)教材。由于这些教材都由中宣部、教育部组织的马工程相关领域的专家学者进行审核把关，具有科学性和权威性。在教学管理方面，采取强化日常教学监督、推动中班或小班教学的转变、按照1∶350的师生比例配齐思政课教师、加强师资队伍建设和全过程培训、组织开展集体备课、推动课程思政与思政课程同向同行等一系列措施提高教学效果。

统一性的统领作用和多样性的协调配合是辩证统一的。不同年级、不同专业的学生所处的环境不同，存在着学习水平差异、学习风格差异、思维方式差异、个性差异等多方面的差异。为了满足学生多样化的需要，教学内容、教学方法、教学成果等必须具有灵活性、针对性和多样性，教师需要不断更新整合教学资源，采用多样化的教学方式，做到差异化教学。

1. 充分了解教学对象是前提

为了确保多样化教学方式的顺利实施，其前提是要充分了解教学对象的群体特征及其认知基础，以了解学生的独特性作为教学的起点。通常来说，教学对象的群体特征比较容易把握。文科生相较于理科生而言，对马克

---

① 杨美新、郭燕萍：《思政课坚持统一性和多样性相统一论析》，《大学教育科学》2020年第6期。

思主义理论的知识点较熟悉,所以对文科学生的教学应该更注重运用理论来分析解决问题。而对于艺术生、体育生来说,他们的理论基础相较于理科生更为薄弱。不同专业背景的学生对思政课的兴趣各异、接受能力不一、理论吸收程度也千差万别。教学对象的认知基础不仅包括学生现有的知识基础,而且包括学生的认知能力、认知过程和认知模式。学生在学习的过程中不仅要获取知识,而且要主动构建属于自己的知识经验。因此,教师应从学生自身的实际出发,了解他们的知识储备、思想动态、学习经验、思维方式和学习期待,以学生的认知基础为起点进行教学设计,才能够做到因材施教。①

教师需要在课前深入地了解教学对象,充分了解学生的群体特征及其认知基础,如果教师在备课时忽视学生的主体性诉求,在教学中没有充分激发学生的参与热情,课后又不重视学生的意见反馈,就难以对不同学科背景的学生进行针对性的教学。具体来说,可以采取学期初个别访谈、师生座谈和问卷调查等多种调研形式的联动,为后续的专题教学打好基础。但要注意以下几个方面:一是建立学校内部多方联动机制,开展学生调研。调研是一项需要极高参与度和配合度的工作。例如,在各个院系辅导员、学工部门人员等教师的密切配合下,思政课教师作为主导者,做好相关调查问卷的设计,并跟进调查结果的分析研究。二是在进行认知基础等学情分析的时候,不能仅仅停留在对学生做出整体性空泛的描述,不能纯粹为了调查而调查。问卷的设计要有针对性,比如,要设计一些拟开设的专题供学生选择,在学生感兴趣的专题投入更多的课时。三是调查分析在注重集体的同时还要兼顾个体差异。思政课班级人数都比较多,除了充分了解班级共同的认知基础、学习能力、心理特征、学习态度外,还要适度兼顾集体中的个体差异,这样才能真正体现因材施教的原则。四是教学内容、教学方法等方面的设计运用和学生的发展都处在动态变化过程中,需要及时根据新情况进行动态分析,可以以一段时间为单位,进行相应的教学调整。

2.在教学内容方面体现多样性

由于学生的特点不同,对专题的认同度和理解力也不同。通过课前的

---

① 孙蚌珠:《理论为本·内容为王·因材施教——提升思想政治理论课教学质量的思考》,《思想理论教育导刊》2017年第9期。

细致调研,教师应不断更新专题教学素材以使学生对讲授的问题产生浓厚兴趣,从而提升专题授课的针对性和灵活性。因此,专题化教学不应一刀切,教师在具体授课时要根据不同对象进行微调,调整专题教学的侧重内容,实行分层分类教学。在针对性方面,教师可以在教学过程中融入地方特色的内容。不同的地理环境和风土人情积淀了丰富的人文精神和优秀的地方传统文化,为思政课提供了差异化、多样化,以及富有当地特色的教学资源。教师要在整合、提炼这些优秀资源后,自觉将其转化为学科资源,合理地融入教学相关环节,从而引发学生的情感共鸣。在灵活性方面,通过鲜活的案例使抽象的概念具体化,并将实际应用中的理论更具体地展现出来,选取的案例要能够为进一步的分析提供充足的空间。

3.在教学过程方面体现多样性

教学方法包括教法和学法两个层面,传统的教学模式将二者等同,忽视了它们之间的差异。在教学过程方面的多样性,需要基于教学内容,通过不同的教学组织、不同的实践教学安排等来实现。

在教学组织的多样性方面,应注意以下几点:第一,思政课要强化互联网思维,善于利用移动新媒体技术,抢占网络思想政治教育新阵地。当前大学生都是"00后",他们成长于新世纪,网络已成为他们信息获取和知识学习的重要来源。在教学模式上,通过课程网站建设,教学资料数据库共享,线上和线下齐上阵,以此突破教学的时空限制,为差异化自主学习创造条件。课后,可充分利用QQ群、微信群、微信公众号等新媒体教学辅助交流平台,形成多元立体的师生交流模式。第二,网络新媒体技术为课堂教学提供了实时、双向、同步的交流。借助课堂派、雨课堂等应用软件,实现"师生—生生"实时教学互动。如互动答题情况可以现场分析统计,并以图表的形式呈现在屏幕上,教师可以当场了解课堂中学生认知能力和思维水平的差异,通过点评、比较、引导,教师可以便捷、及时地调整教学难度和教学进度。第三,教师的教学语言应该更加个性化和接地气。毛泽东曾指出:"我们的文艺工作者的思想感情和工农兵大众的思想感情打成一片。而要打成一片,就应当认真学习群众的语言。"[①]事实上,教学也是一门艺术,运用健

---

① 《毛泽东选集》第3卷,人民出版社1991年版,第851页。

康有益的网络话语,能够更好地拉近与学生之间的距离,更容易让学生和教师在思想情感上产生共鸣。当然,网络话语也不能生搬硬套,倘若运用不当,便无法起到应有的效果。因而,要分析不同年龄年级、兴趣爱好的学生的社会关系网络,以多样性的话语有的放矢地运用网络话语。

在实践教学安排的多样性方面,教师要给予学生更多的自由度,进行差异化教学。第一,在实践选题组队环节,只要能够达到实践的目的要求,允许学生自主选择小组成员,自由选择感兴趣的研究领域和完成实践任务的途径。由于学生自行组队,社会实践过程的分工协作会更加顺畅。而学生自由选择的实践题目,尽管可能与其他小组雷同,但阐发的角度或许不同,也避免了与教师提供的选题过多重复。关键是这种方式让学生带着兴趣去探索并发现问题,更能激发出他们的主动性和创造性。第二,在分组讨论环节,有些小组喜欢更多地和教师沟通、讨论,而有些小组喜欢独立探讨,较少需要教师从旁协助。那么,教师应该给予偏爱独立摸索的小组一定的空间,只需要在他们有疑问时才过去答疑,或者等研讨完成后,再去了解小组的讨论进度,这样,在时间安排上,教师也能照顾到更多的小组,满足不同小组个性化的答疑需求。第三,在展示实践环节,充分发挥学生在团队合作中的价值。在全体成员都需要上台展示的情况下,有的小组就采取每个成员负责讲述一部分的内容,有的小组以情景剧、辩论等形式呈现。人人参与的方式让每个人都能在团队中根据自身的特长发挥作用,实现自身的价值。第四,对于一部分学有余力、对马克思主义感兴趣的学生,教师可以开列一些课外阅读书单,鼓励他们读原著学原文悟原理,撰写读书心得,发表与马克思主义理论研究相关的学术文章。

4.在教学成果方面体现多样性

教学成果指的是学生展示学习效果的方式,下面主要阐述实践教学如何通过开放、灵活的实践教学成果展示来实施差异化教学,体现多样性。

在实践成果展示形式上,教师应该尽量尊重学生的差异性,根据不同的思政课程、不同学生的不同情况,让学生自主、灵活地去设计,这不仅培养学生分析问题、解决问题的能力,而且培养了他们的创新精神。教师可以让学生选择制作PPT做汇报展示或者拍摄短视频展示,以及汇报现场是采用情景剧或人物访谈的形式,还是采用模拟法庭或辩论的形式等。例如,在首届全国高校思政课"赤子初心"学生艺术作品巡展上,学生结合教学内容,通过绘画、书法、剪纸、雕刻、雕塑、染织、陶瓷、海报、工业设计、诗歌和摄影等多样的艺术形式呈现课程学习成果。① 一系列不同类型的成果激发了学生的积极性,这样就避免了学生应付了事的情况。

一言以蔽之,只要能达到学习目标,就应该鼓励学生进行多样化的尝试。比如,清华大学马克思主义学院"因材施教"典型创新案例教学实践基本架构,由理论教学、实践教学、学生艺术创作、思政课学生作业作品展、全国大学生艺术作品巡展五大内容共同构成。学院还根据学生的专业特点,连续创办了"百年印象""人间正道""寻梦中国""峥嵘岁月""山河浩气""雄关漫道"等主题的思政课学生作业作品展,实践教学成果的差异化教学展示取得了优异的教学效果。② 在信息化、全球化、社会价值取向多元化的背景下,作为立德树人、价值观教育的主阵地,思政课课堂的差异化教学应该作为一种理念、一个原则深入教学的各个环节,如果教师能对每个班级、每个小组、每个学生尽己所能地在教学过程中灵活调整、适时衡量和精准取舍,在统一性的基础上充分体现多样性,就能达成立德树人的思政课目标。总之,思政课教学是统一性与多样性的双向互动,统一性是根本,多样性是关键。思政课专题教学不断改革创新,多样性得到了充分彰显,反过来也落实了统一性的要求。

二、坚持主导性和主体性相统一

上好思政课离不开思政课教师的主导。教师在教学活动中,通过知识传授、价值塑造、能力培养、素质提升等彰显主导性作用。作为思政课的学习主体,学生是学好思政课的关键。青少年阶段处在人生的"拔节孕穗期",在思政课教师的引导下,学生需要充分调动学习思政课的积极性和主动性,在学习过程中,通过知识学习、价值建构、能力养成、素质提升等实践来彰显

---

① 刘承昊、华表、丁威:《高校思想政治理论课"因材施教"典型创新案例研究——基于清华大学思想政治理论课教学实践创新》,《北京教育(德育)》2018年第11期。

② 刘承昊、华表、丁威:《高校思想政治理论课"因材施教"典型创新案例研究——基于清华大学思想政治理论课教学实践创新》,《北京教育(德育)》2018年第11期。

主体性作用。作为教学活动的双方,教师和学生都不是孤立存在的,两者是密切相关的教学共同体,教师发挥其主导性能动地开展教学活动,以激发学生主体性学习的动能,从"要我学"转变为"我要学",实现教与学的同频共振。坚持主导性和主体性相统一,超越了传统的师生角色定位,强调了教师主导性与学生主体性的辩证统一。①

1.坚持主导性与主体性的辩证统一,必须以教师的主导为前提

在高校思政课专题教学中,教师的主导地位更加突出。高校作为思想传播的重要场所,师生之间的教学过程是思想与灵魂的交流过程,高校思政课的首要任务是要讲明白马克思主义理论的各个方面:把这些理论问题是什么讲好,属于知识教育的范畴;把这些理论为什么能够产生以及其内在的价值追求说清楚就是思想升华的过程;只有思想升华了,人们才能形成稳固的价值信念,才能使这种信念转化为自觉的行动。② 思政课教师要从学理性和知识性入手,用正确的思想理论教育引导学生,帮助学生认同政治性和价值性,用马克思主义及其中国化理论成果武装头脑。在教学过程中,教师既要对理论进行系统讲解和正面的教育引导,又要对各种错误思潮进行纠偏纠错,通过引导避免学生误入歧途,使教学朝着正确的方向发展。

2.坚持主导性与主体性的辩证统一,必须以学生的主体性为中心

如果学生主体作用无法得以发挥,教师的主导作用就失去了对象,教学就无法实现双向互动。如果一味强调灌输在教育中的作用和地位,忽视学生的主体地位,必然会引发学生的反感和排斥,进而弱化思政教育的效果。所以,科学教育理念的核心应该是坚持"以学生为本",更加突出学生的主体地位,认识到学生的差异性,鼓励他们充分发挥积极性、主动性和创造性,提高大学生自我管理和自我教育的能力,拥有完善的人格继而得到全面发展。教师必须尊重学生,了解和掌握学生的思想动态,选择适合学生的教育方法和途径进行有针对性的教育引导,从学生的角度出发贴近他们的内心。要尊重学生的话语权,给学生创造更多的自由发言的机会与展示自我的空间,

---

① 党锐锋:《思想政治理论课改革创新的主导性和主体性相统一研究》,《思想理论教育导刊》2019年第7期。

② 程美东:《让真理和思想的光辉照亮思想政治理论课课堂——基于2017年教育部思想政治理论课大听课的一点思考》,《思想教育研究》2017年第7期。

让学生形成独立自主的人格。要转变工作职能,提高服务质量和水平,使服务贯穿学生培养和发展的全过程,促进学生全面发展。

3.坚持主导性与主体性的辩证统一,还需防止出现两种错误

其一,片面强调教师主导性而忽视学生的主体性。部分思政课教师由于教学理念滞后,过于强调教师对教学环节的绝对主导,忽略学生在教学中的参与互动,无法激发学生学习的积极性、主动性和创造性,课堂演变成教师的一言堂。其二,过于迎合学生的主体性,而放弃教师的主导性。部分思政课教师为了提高教学效果,过于强调形式的创新,将思政课上成故事课、娱乐课或视频课,导致课堂娱乐有余、思想不足,无法回应学生的理论困惑和思想困惑,导致思政课理论性不强。

4.实现主导性与主体性的统一,要在实践中不断探索

不仅需要在教学理念上厘清认识,而且需要在思政课教学实践中探索有效实现的路径。[①] 思政课专题教学改革创新,实现教师主导性与学生主体性的辩证统一,尤其要从案例教学、问题导向教学、小组研讨教学、社会实践教学和改进学习环境等方面进行探索。

就案例教学来说,教师习惯采用的是"传授—接受"的传统教学模式,事实上,案例教学成功的秘诀是强调以学生为中心的多方互动,强化课内外的师生互动。为取得良好的案例教学效果,可采取课堂提问或小组讨论方式进行案例分析。课堂提问采用的案例要尽量贴近学生的生活实际,通过鲜活的或典型的案例,不断引导、启发学生跟随教师进行思考,从而提高学生学习的主动性,让学生愿意积极回答问题并且言之有物。若采取小组讨论的方式解读案例,则要做好一系列的准备。教师应在讨论课前将案例发给学生,组织学生认真阅读案例材料,运用所学理论探寻案例的启示,并解读相关联的理论,准备好发言提纲。在分组案例讨论课上,小组内学生轮流发言,相互启发,从不同的角度来解读案例,通过头脑风暴,碰撞出思想的火花。然后,由各小组选出代表进行总结发言,其他小组可以进行补充。最后,教师就本次案例分析的情况做出总结和点评,尤其是要对学生讨论的观

[①] 何洪兵:《论高校思想政治理论课坚持主导性与主体性相统一》,《学校党建与思想教育》2019年第13期。

点、案例涉及的相关原理和方法,对理论知识的拓展和独到见解,案例中理论运用的成败等进行一一评价。案例教学实施过程中教师的主导性还表现在教师要对出现的问题及时反思总结。比如案例设计方面,可以反思如下问题:提出的问题是否能让学生有话可说?问题的难易度是否适合学生?学生是否主动参与案例讨论?研讨过程中有没有突发的问题?下次教师可以如何处理?案例研讨还有何改进的空间?此外,案例教学实施过程中学生的主体性也可表现在学生参与案例的编写或视频案例的制作。案例的选择和提炼是一个理论联系实际的综合能力的考验,能激发学生实践的热情,学生通过收集、阅读、分析、编辑、整理、加工等一系列过程获得锻炼,提高学生眼界广度、认识深度和知识层次。学生在短视频制作方面也比教师更加熟练,可以通过师生合作,让学生积极参与到视频案例开发过程之中。

就问题导向教学来说,它的理论基础主要有建构主义理论、合作学习理论、情境学习理论等。该教学模式有以下几项典型的特征:以学生为中心,教师担任学生认知的引导者和促进者;以真实世界的问题作为学习的开端;教与学的过程多样化,整个学习过程贴近真实的生活;教师设计的问题取材于生活,期望学生能对问题有进一步的探究而非仅寻求单一的正确答案。因此,问题导向模式既是一种课程组织的方法,也是一种以教师为主导、以学生为主体围绕现实问题展开的教学过程。教师要注重采用启发式教学,积极引导学生发现问题、分析问题和解决问题,使学生知其然而且知其所以然,真正发挥教师在思政课教学中的主导作用。学生是思政课教学活动的主体,只有充分发挥主体性对问题进行探索性学习,勤于思考并勇于创新,才能将所学内化为自身素质的一部分。当前,我国面临的国际、国内形势正在发生着深刻的变化,世界多极化冲突加剧、新冠疫情仍然影响人们的生活、国际舆论环境日益严峻。同时,随着改革开放进入新阶段,国内各种社会矛盾凸显,社会思潮更加复杂多变。国内外环境所引发的种种问题给思政课教学提出更大的挑战。大学生正处于身心发展的关键时期,他们容易受错误价值观、网络虚假信息、社会舆论热点等误导,产生思想上的困惑和信念上的动摇。因此,思政课教学内容的设置要直面这些现实问题,针对社会上的热点、难点问题,学生心中困惑的问题,在教学过程的多个环节进行呈现,如教师讲授的专题、学生讨论的话题、社会实践的主题等,从中既能体现学生的学习需求,又要贯穿着教师的引导,引发学生的思考。

就小组研讨教学来说,它要贯穿教师主导性和学生主体性相统一的教学过程。教师作为小组研讨的组织者和掌控者,其主导作用贯穿于研讨教学的全过程,是确保教学目标达成的责任主体。[①] 无论理论讲授还是学生分组研讨以及最后的点评,教师都必须全程参与组织和引导,使教学过程朝向教学目标有序推进。这不仅需要教师具备扎实的理论素养,而且需要熟练把控课堂教学的能力。而小组研讨要成功,还需要发挥学生的主体性,要促使学生积极参与讨论、提出观点。有学者归纳了四种开展小组研讨的教学模式:"基于先行问题的随堂小组研讨模式",适用于以教师专题讲授为主的课程教学;"基于课前独立阅读的堂上小组研讨模式""基于课前小组研讨成果的堂上交流模式""基于分组小课题研究的学术论坛交流模式",这三种模式适用于在专题讲授中途或专题之间穿插安排小组研讨课。[②] 不管何种小组研讨教学模式,它在思政课专题教学的运用大致分为以下几个步骤:一是理论讲授。教师先对专题的基本框架、主要原理进行初步的讲解,让学生对课程主要涉及的原理和重难点有初步的印象。二是选题分组。在理论讲授的基础上,设置不同的选题,可以是案例、实践主题、正反观点等。通过抽签、教师分配或自主选择等方式分成若干小组,让每个小组选定一个研讨主题。三是收集资料。在教师的指导下,学生通过图书馆、网络或调研查找并收集整理资料,撰写研讨发言稿。四是课堂研讨。学生在小组内进行交流讨论,针对问题提出看法,并对别人的观点做出分析和评论,最后汇总小组观点。五是展示评议。各小组推选代表汇报各组的选题和观点。教师根据情况安排发言时间,并让其他学生进行提问或展开辩论,教师最后进行总结和点评。

就专题教学的拓展形式即实践教学来说,随着大学生主体意识的不断增强,思政课依靠传统的理论教学模式已经难以满足价值观多元化发展的时代需要,必须通过引入实践教学来巩固和提升课堂教学实效。思政课教师应积极顺应这一转向,厘清实践教学的内涵、形式、方法、意义,不断发展

---

① 董雅华:《思想政治理论课教学坚持主导性与主体性相统一论析》,《思想理论教育》2020年第3期。

② 许桂清:《高校大班教学背景下通识教育课程小组研讨模式探讨》,《中国现代教育装备》2016年第13期。

完善思政课的实践教学。具体而言,实践教学模式是以教师为主导、学生为主体,综合采用多种教学手段和教学方法,通过各种形式的社会实践让学生了解社会实际,体验社会生活,培养社会责任感,提升教学效果的教学模式。社会实践主要包括校内实践教学和校外实践教学两部分。校内实践教学包括案例教学、校内调研、经典著作读书社等主要形式,校外实践教学则包括实践教育基地研学、暑期社会实践等形式。每一种实践教学形式所发挥的作用不尽相同,但都体现了教师主导性和学生主体性的统一。以经典著作读书社为例,学期初任课老师以阅读书目为分组依据进行安排,介绍考核要求。学生们自主选择感兴趣的阅读书目,形成阅读小组。由推选出来的组长负责阅读任务的分解、组织分工协作、理论研讨等事宜,并向教师汇报阅读进度。教师应该对各个小组在各个阶段提交的文件,如选题报告、汇报课件和读书报告等进行审核,及时给予指导意见,并要求学生适时改进。学期末除了提交一份读书报告外,还可以组织读书分享会,师生们围坐在一起,共同品读马列经典名篇。学生就读书计划、阅读方法、学习感悟等方面踊跃发言,并提出在阅读中所遇到的困惑,教师在答疑解惑之后,还可以分享"如何阅读经典""如何撰写学术文章"等心得。实践教学实现教师主导性和学生主体性相统一,需把握以下几个问题:一是要避免纯粹实践而没有教学。无论是课内案例教学还是校内外实践调研,教师都应该全程参与并监督,从选题、研讨、形成报告到课堂展示,教师都应该给予学生相应的指导。二是在实践理论指导方面,安排有社会调查经验的专家教授,针对实践主题有关情况作专题设计和调研方法的培训,让学生有一定的社会调查专业知识积累,为后续调研过程中深度访谈、问卷设计、实践报告撰写等环节的开展奠定理论基础。三是要避免课堂专题教学和实践教学的分离。实践教学帮助学生了解和洞察社会,体察社会现实,更能唤起学生的参与热情,但根本目的还是要帮助学生深化专题理论学习,做到道路自信、理论自信、制度自信、文化自信。

三、坚持灌输性和启发性相统一

(一)思政课专题教学的灌输性和启发性辩证统一关系

阶级社会中意识形态具有阶级性,统治阶级必然要传播他们的意识形态,从而维护其统治地位。这种传播常常被认为是一种灌输。与其他的专业课程有所不同,高校思政课既要传授马克思主义理论知识,也要对学生的世界观、人生观和价值观进行教育,坚持马克思主义指导地位,坚持社会主义意识形态的主导地位,从而确保思政课正确的政治立场和明确的价值导向。思政课的特殊性决定了它必须理直气壮地向学生"灌输"马克思主义理论。思政课专题教学的改革创新也必须遵循"灌输性"这一思政教育的方向和规定。思政课的启发性指的是教师指点学生使其有所领悟,一般通过情境、问题或案例等方式进行有目的性的引导、指点,使其产生联想并有所感悟,消除学生因灌输产生的逆反情绪。与灌输性相对应,启发性强调的是教师在教学环节中积极引导学生发挥主观能动性,从而让学生主动发现问题、分析问题并解决问题,这是提高思政课实效性的逻辑必然。思政课专题教学的灌输性和启发性既对立又统一,二者相互渗透,辩证统一。

1. 没有灌输性的存在,启发性就失去了目标和针对性

在社会思潮多元化的时代背景下,各种社会思潮反映着不同阶级、阶层的不同利益诉求,学生在意识形态的认知判断上容易出现偏差,无法自觉地形成正确的阶级意识和政治意识,因此,需要教师在思政课堂上以主导性、强制性方式将主流意识形态、正确的价值取向"灌输"给学生,并将其内化于心、外化于行,推动马克思主义理论入耳、入脑、入心。

2. 没有启发性的存在,灌输性就降低了效能

人的思想是大脑对客观现实的能动反映,促使其形成符合社会和阶级需要的思想品德。思想品德的形成是一种价值判断,体现的是知行合一、协调发展的过程。因此,在灌输的过程中,也要注重启发。只有通过教师的引导和启发,动之以情、晓之以理、导之以行,才能使学生自觉地用马克思主义理论来指导实践,进而形成正确的价值观,促进个人的全面发展。[①]

3. 需避免的误解

坚持灌输性和启发性的辩证统一,还需防止一种普遍存在的误解,就是将灌输性等同于思政教育的具体方法,将思政教育等同于课堂灌输式教学。

---

① 张阳:《思想政治理论课"灌输性与启发性相统一"的教育之路》,《思想理论教育导刊》2020年第2期。

灌输性是作为思政教育的本质而不是作为方法谈论的。列宁在《怎么办?》一书中,发展了马克思、恩格斯关于社会主义不能从自发工人运动中产生,需要由理论家创造并从外面灌输给工人的理论,全面系统地阐述了马克思主义灌输理论。列宁认为:"工人本来也不可能有社会民主主义的意识。这种意识只能从外面灌输进去,各国的历史都证明:工人阶级单靠自己本身的力量,只能形成工联主义的意识,即确信必须结成工会,必须同厂主斗争,必须向政府争取颁布对工人是必要的某些法律,如此等等。"[1]灌输就是宣传、教育、启发、提高工人群众的社会主义觉悟,使工人阶级担负起解放全人类和解放自己的历史任务。只有以先进理论为指南的党,才能发挥先进战士的作用。没有革命的理论,就不会有革命的运动。回顾列宁"灌输论"提出的历史背景、针对的问题及其主要思想观点,不难发现,灌输论不是从一般意义讨论思政教育的具体方法,而是强调马克思主义政党不能放松更不能主动放弃对广大群众进行科学理论灌输的政治原则。[2] 实践中,思政课教师要发挥灌输性教学和启发性教学各自的优势,一方面要坚持灌输性的本质,另一方面也要解决灌输式教学存在的弊端,积极地采用启发性的教学,只有实现两者的有机统一,才能体现出思政课的意义和价值。灌输性的优势在于可以较快占据思想传播的有利地位,达成教学目的。启发性的优势在于可在轻松的氛围中培养学生的探究精神,更加扎牢理想信念。由此可见,教学改革要抛弃填鸭式的灌输和说教,提倡启发与引导,通过灌输播下希望的种子,通过启发让培育的种子开花结果。[3]

(二)思政课专题教学的灌输性和启发性相统一的实现路径

灌输性和启发性统一于思政课教学的全过程,统一于思政课教学目标的实现。一方面,思政课教学启发性必须建立在灌输性的基础之上,思政课开设的根本目的就是把党的指导思想以及路线、方针、政策等传授给学生,

---

[1] 《列宁全集》第 6 卷,人民出版社 2013 年版,第 29 页。
[2] 冯秀军、咸晓红:《思想政治理论课改革创新要坚持灌输性和启发性相统一》,《思想理论教育导刊》2019 年第 7 期。
[3] 施丽红、吴成国:《高校思想政治理论课坚持灌输性与启发性相统一的实践路径分析》,《思想教育研究》2021 年第 3 期。

启发性决不能以追求教学方式的多样化而把其根本目的性丢掉。另一方面,思政课教学灌输性寓于启发性之中,没有启发性的灌输性课堂就会变得枯燥和僵化,无法达到应有的教学效果。灌输性因其具有强制性、单调性和重复性,时常导致自身根本目的性的实现大打折扣,这要求思政课的改革创新必须把坚持启发性放在重要的位置。

高校思政课灌输性和启发性相统一有其必然性,但二者并不会自然和谐达成统一,需要根据专题授课内容,学生的认知规律,通过各种教学实践活动,不断探寻灌输性和启发性相统一的实现路径。

1. 以教师为主导进行科学灌输

高校思政课专题教学课堂要以教师为主导进行科学的灌输,采用"理论精讲"+"科学引导"的方法,注重学理性和政治性、理论性和实践性、价值性和知识性等相统一,确保正确的政治立场和明确的价值导向。课堂理论精讲要突出主流意识形态的价值引导,但是理论灌输并非要填鸭式"满堂灌",而是立足于贴近学生个人需求和心理需要对学生进行启迪和引导,引发其共鸣。在话语方式上,通过讲好中国故事进行巧妙地灌输,既有"四史"教育方面的宏大故事,又有贴近学生日常生活的新时代故事,以亲切真诚的话语唤起学生的情感,提高学生的课堂参与度。

2. 以教学手段创新进行启发教学

思政课教师在专题授课过程中必须认真思考:哪些教学内容适用于理论灌输,哪些适用于启发引导;在教学环节和时间分配上,如何合理配置灌输性方法和启发性方法。以教学手段创新进行启发教学,最关键的就是实现师生的良性互动,启发和引导学生发现、分析、思考和解决问题。教师要明确自身职责,坚持以学生为本,引导学生积极参与,让学生在追根溯源的过程中水到渠成地得出结论。教师直接给出结论还是让学生在设计情境下不断追问探寻答案,反映的正是灌输性和启发性的区别。因此,选取学生关注的带有启发性的问题,有助于激发学生的兴趣,启发学生思考,增进学生对知识的理解和对问题的感悟。还可以在教学中设计一个学生不易回答的悬念,激发学生强烈的求知欲望,起到启示和引导的作用。比如,在讲授"走高质量发展之路,不断增进民生福祉"专题时,教师可以从新热点、新层面、新角度,阐释国家在高质量发展阶段为解决民生福祉提出的系列改革创新举措,让学生有层层剥笋的感觉,从而激发学生学习的兴趣。

3.立足实践教学和专题教学的互补,增强学生获得感

恩格斯认为,理论"越多由他们通过自己亲身的经验去检验它,它就越会深入他们的心坎"[①],揭示了理论灌输应该是一种基于实践的柔性灌输。事实上,实践教学与课堂专题教学是不可分割的一个整体,实践教学是理论教学的延伸,目的是帮助学生将马克思主义理论内化于心、外化于行,重点解决知行合一的问题。因此,应该将实践教学纳入完整的教学过程,根据不同课程的特点,选择和安排相应的实践教学形式,能最大限度提升专题教学的实效。实践教学帮助学生了解和洞察社会,体察社会现实,更能唤起学生的参与热情,但根本目的还是要帮助学生深化理论学习。因此,实践教学从这个意义上实现了灌输性和启发性相统一。在校外实践教学方面,各高校应充分利用所在地区的资源,探索富有地方特色且切实可行的实践教学方案。例如,2021年6月25日,习近平总书记在第十九届中共中央政治局第三十一次集体学习时指出,要用心用情用力保护好、管理好、运用好红色资源。国家文物局的数据显示,全国有不可移动革命文物3.6万多处,国有馆藏可移动革命文物超过100万件(套)。全国文物保护单位革命旧址开放率接近94%,革命博物馆、纪念馆总数超过1600家,"十三五"时期平均每年推出革命文物展览4000余个。[②] 革命文物史实研究和价值挖掘为思政课的实践教学提供了丰富的教学资源,通过实地参访,红色故事得以传播,红色基因得以传承。围绕这些红色资源,充分挖掘生动感人的事例和英雄人物,凝练党在不同历史时期形成的精神文化,结合相应的思政课开展现场教学,能使学生的心灵受到直观且深刻的震撼,从而有效克服思想政治教育中灌输性不足的困难。暑期社会实践通过组织指导学生深入城市乡村,调查目前中国社会的热点问题与核心问题,探寻这些问题的解决方案和未来发展趋向。实践教学活动使学生更系统全面地了解和把握新时代城市发展、社会民生、乡村振兴、生态保护等方方面面的问题,促使学生积极为当地发展献计献策,从而提升学生的理论与实践相结合的能力,也实现了思政课灌

---

① 《马克思恩格斯文集》第10卷,人民出版社2009年版,第562页。
② 《守护红色资源 传扬红色精神》,《中国旅游报》2021年6月29日第2版。

输性和启发性的相统一。

4.创设良好的教学环境和氛围

思政课必须构建有助于灌输性与启发性相统一的高水平信息化教学平台。与传统的"板书＋PPT"的教学环境相比，智慧教室在新技术植入和空间布局上有极大的创新。教室使用触控显示屏幕（智能黑板）、交互式电子白板、教室四面多屏显示等多种智能化的软硬件设施，采用智能化手段，将各种先进的技术运用到课堂教学，如无线投影、设备自动化控制、互动教学系统、实时应答系统、课堂教学录播、远程互动教学等。教室空间布局打破传统"秧田式"座位编排方式，采用动态课桌椅组合，根据分组情况，课桌椅可以自由组合，有助于教师自由走近学生，参与面对面的交流讨论。教师在课堂上要更多地充当好启发者和引路人的角色，善于营造良好的课堂氛围，善于同学生自由平等地交流和研讨。营造良好的课堂氛围考验着教师的人格魅力、教学能力和课堂把控能力。思政课教师只有具备深厚的理论底蕴、娴熟的教学技巧、细致入微的观察能力，才能游刃有余地应对不同的学生，营造良好的学习氛围。在课堂上，除了课本的知识外，教师可以适时融入与思政课相关的名人轶事、"时代楷模"等，不露痕迹地在学生心中埋下日后萌芽的种子。教师教学态度以及待人接物的示范，也能对学生产生潜移默化的效果，在价值塑造中持续发挥教师言传身教的作用。当教师发生笔误或口误时，教师应勇于承认学生指出的错误，表达感谢并积极改正。在学生遇到困难时，教师要鼓励学生积极面对，勇于尝试。总之，教育活动深刻蕴含着人文精神，师生的情感交流是一种不可或缺的教育力量，而良好课堂氛围的营造是灌输性与启发性相统一的重要保障。

四、坚持显性教育和隐性教育相统一

高校思政课专题教学改革创新要坚持显性教育和隐性教育相统一，既坚持旗帜鲜明的马克思主义立场，又注重润物细无声，把显性教育和隐性教育有机贯穿于思想政治教育的各个方面和各个环节。显性教育在高校思想政治教育中长期处于主导地位。思政课是思想政治教育的主渠道，属于显性教育，指的是高校制定明确的教育目标、教育内容和教育计划，用马克思主义理论对学生进行有目的、有计划、有组织的思想政治教育和引导,从而达到立德树人的目的。我们必须理直气壮地讲好思政课。习近平总书记指出:"思政课要做思想政治教育的显性课程。有人提出把思政课变成隐性课程,完全融入其他人文素质课程中,这是不对的。"[①]隐性教育是指通过间接内隐的教育活动,对学生施加潜移默化的影响。通常在思政课教师的人格品行和教学技巧、课程思政与思政课程的同向同行、高校校风学风以及各种实践活动等三个层次开展思想政治隐性教育。隐性教育通过渗透性的教育内容、无形的教育方式,让学生的价值观得到深刻而持久的浸润和熏陶,从而终身受益。

显性教育和隐性教育不是截然对立的,而是同向同行、辩证统一的关系。第一,显性教育与隐性教育虽然属于不同的教育形式和教育方法,其适用的具体场景不尽相同,教育教学效果也存在一定的差异,但是显性教育和隐性教育的目的是同向的,都是服务于立德树人这一根本任务。第二,显性教育和隐性教育是统一于思想政治教育的两个方面。在教育实践中,既没有绝对的显性教育,也没有绝对的隐性教育。只是在某些场合,一种形式占据主导地位,另一种形式作为辅助而存在。在总体方向上,要坚持显性教育的主导性,理直气壮、旗帜鲜明地上好思政课。但在具体操作上要因材施教、因势利导,更多地采用显性教育还是隐性教育,则必须具体问题具体分析,才能提升教育效果,行稳致远。第三,显性教育与隐性教育是相互影响、相互渗透的。如果没有显性教育对教育内容的主导,隐性教育就会显得盲目,而隐性教育通过潜移默化的方式在一定程度上强化了显性教育所传达的内容。教师在思政课堂上通过自身的人格魅力来引导学生,显性教育就隐含了隐性教育的方式,通过校风、学风等教育学生,属于隐性教育的范畴,但校风、学风本身也包含了显性教育的内容。[②] 只重视显性教育,不关注隐性教育,无法达到显性教育应有的效果;只关注隐性教育,不重视显性教育,会使教育活动丧失其价值导向。只有把显性教育和隐性教育结合起来,才

---

① 习近平:《思政课是落实立德树人根本任务的关键课程》,《求是》2020年第17期。
② 黄建军、赵倩倩:《高校思想政治教育显性教育和隐性教育相统一的内在逻辑与路径优化》,《思想教育研究》2020年第11期。

能真正实现教育效果。①

落实显性教育和隐性教育相统一的教学实践有三个层面。微观层面即思政课教师的人格品行和教学技巧,中观层面即课程思政与思政课程的同向同行,宏观层面即高校校风学风以及各种实践活动等。

1. 微观层面:教师

坚持显性教育与隐性教育相统一,思政课教师要注重自己的人格品行和言传身教,提高自己的教学技巧,这是思政课专题教学改革的重中之重。思政课教师的教学技巧是显性的,他们的个人魅力则是隐性的;课堂是教师的显性阵地,而学生的生活则是他们的隐性阵地。一显一隐,二者缺一不可。② 一方面,思政课不仅传播知识,而且塑造学生的理想信念。教师具备的人格魅力是一种巨大的隐性教育资源,其思想品质、语言表达、交流方式都会对学生产生潜移默化的影响。思政课教师要用高尚的人格感染学生,为学生作表率,才能给学生的学习和品德的塑造提供一个良好的氛围。因此,要通过不定期开展师德师风培训,将教师的师德师风纳入年度考核,从而让教师在教学过程中对学生产生潜移默化的积极影响。此外,要鼓励师生之间课后进行广泛的交流和沟通,教师要及时关注学生的思想困惑,成为学生的知心朋友。另一方面,知识的传授主要以显性教育的方式呈现,表现为计划性、直接性和组织性,而价值引领更适合以隐性教育的方式实施,突显其隐蔽性、间接性和灵活性。要改进思政课直白的灌输,在坚守好教学内容的思想性和理论性的前提下,注重教学语言、教学技巧的隐性渗透,开展案例教学、小组研讨、演讲辩论等教学活动,营造生动活泼、寓教于乐的课堂氛围,使学生在潜移默化中接受教育。习近平总书记指出,办好思政课关键在教师。要打造一支可信、可敬、可靠,乐为、敢为、有为的思政课教师队伍,才能把思政课办得越来越好。③ 可信、可敬、可靠源自思政课教师的人格素养,乐为、敢为、有为则要求教师不断提高自身的教学水平,只有两个方面都

---

① 余双好:《办好思想政治理论课须坚持显性教育与隐性教育相统一》,《红旗文稿》2019年第15期。
② 胡大平:《坚持显性教育和隐性教育相统一 全面提升高校立德树人水平》,《思想理论教育导刊》2019年第7期。
③ 习近平:《思政课是落实立德树人根本任务的关键课程》,《求是》2020年第17期。

做好,才能在坚持显性教育与隐性教育相统一的教学过程中取得良好的教学效果。

2. 中观层面:课程

培养担当民族复兴大任的时代新人是建设社会主义现代化国家的重要战略,"课程思政"与"思政课程"在立德树人方面目标是一致的。课程思政和思政课程应该同向同行、紧密协作,形成教书育人的协同效应。一方面,要处理好"课程思政"与"思政课程"的关系。"显性教育"的思政课程应发挥统领的作用,引领和指导"隐性教育"的课程思政的总体方向;课程思政要补充思政课程的触角未及之域。课程思政与思政课程要加强沟通和协调,构建大思政教育体系。另一方面,要深挖课程思政等隐性教育资源。隐性教育应该体现在课程思政当中,但这并不意味着要把其他课程都讲成思政课,而是要注意采取隐性教育的方式进行融入渗透的教育。思政课程教学内容十分丰富,涉及哲学、政治学、经济学、法学等多门学科,但受限于学时少,很多内容只能点到为止,无法深入展开讲解。为此,要借助其他专业课程和通识课程进一步深化思政课相关教学内容的研究和拓展,在遵循知识逻辑、学科逻辑和历史逻辑的基础上,从爱国主义、传统文化、人文情怀、科学精神、社会责任、职业道德、法治意识等多方面切入,深度发掘专业课程中潜在的思政资源。总之,课程思政要拓宽专业视野,与思政教育课程紧密结合、互相补充,揭示专业课程对人类、国家和个人的意义,通过"显性教育"和"隐性教育"相统一,充分发挥每门课程的育人功能,通过深化和拓展思政教育,提升教学效果。

3. 宏观层面:高校

紧紧围绕校园文化、校园环境、社会实践等方面充分挖掘隐性教育资源的各种载体。第一,高校校园文化作为社会文化的一个子系统,是指全体高校师生在长期的教育实践中所创造和传承的文化现象、精神财富、规章制度和物质形态的总和。隐性教育就是发挥校风、学风等校园文化的育人功能,把思政教育寓于多样化主题的校园文化活动之中,通过健康向上的文化氛围熏陶和感染学生,从而贴近学生思想,走进学生生活,实现全方位全过程育人。第二,重视校园环境对学生的隐性教育。优美的校园环境,可以使学生的身心得到放松,在不知不觉中得到熏陶,从而树立积极奋发的生活态度。因此,加强隐性教育要结合学校历史、未来发展定位和人才培养目标等进行校园环境建设。第三,隐性教育还体现在学校、家庭、社会三位一体的育人体系中。从社会宏观层面看,家庭里、社会中如果形成较好的思想道德氛围,必然会潜移默化地影响学生。学校、家庭和社会所扮演的教育角色,体现了"显"与"隐"的区别,只有学校、家庭、社会三者合力,才能扎实做好新时代人才培养工作,形成全员、全过程、全方位育人的良好局面。[①]

第二节 高校思政课专题教学模式改革创新的路径

一、精选案例是专题教学模式的关键

教师将知识的情境引入课堂,通过精选的案例,将枯燥的理论生活化,将深刻的思想寓于世情、国情、党情、民情的鲜活故事中,以分析、讨论等方法开展教学,促进教学过程中的师生互动和生生互动,引发学生思考并产生共鸣,让学生在典型案例研讨过程中深刻认识理论、全面理解理论并实际应用理论。

1.精选案例的原则

与思政课内容相关的事例很多,但学时有限,要达到很好的教学效果,必须对案例进行精心筛选,才能有力支撑案例教学。优秀的案例应该具备以下几个共同点:一是契合专题。选择的案例能够精确反映教学内容的内在要求,与思政课专题内容紧密联系。二是贴近生活。案例要贴近学生的思想、心理和生活实际。比如,讲理想信念可以举《觉醒年代》陈延年、陈乔年的事例。电视剧的热播,让大学生了解了革命年代青年人对信仰的追求,这两位年轻革命者的事迹能够让当代青年大学生产生强烈的心理震撼和情感共鸣。三是推陈出新。案例要紧扣时代脉搏,聚焦社会热点,力争做到事

[①] 高国希:《坚持显性教育和隐性教育相统一》,《中国高等教育》2019年第11期。

例新、角度新,如大学生亲历的建党百年庆祝活动就具有鲜明的时代特色。四是来源权威。案例要做到内容丰富、来源权威、有代表性和信服力。大数据时代,学生通过以网络为主的各类平台能获取大量的信息,只有通过权威渠道获取主流学术观点或有代表性的案例,才能让学生信服,推动正确的理论与教学实践的良性互动。把好案例选择关要坚持按照契合度、贴近度、新颖度和权威性四项原则,为提升教学效果奠定良好的基础。

2. 讲好中国故事是主要目标

故事是最生动、最有效的载体,讲好中国故事是思政课的主要目标。习近平总书记指出:"会讲故事、讲好故事十分重要,思政课就要讲好中华民族的故事、中国共产党的故事、中华人民共和国的故事、中国特色社会主义的故事、改革开放的故事,特别是要讲好新时代的故事。"[①]习近平总书记在一系列重要讲话和文章中,时常引经据典,讲述中华优秀传统文化的传神故事,堪称新时代中国故事的主讲人。中华民族五千年辉煌灿烂的文明,近代史的波澜起伏,党史、新中国史的峥嵘岁月,改革开放史、社会主义发展史的斐然成就,孕育了不胜枚举的鲜活故事,尤其是新时代不断涌现的中国奇迹,无不彰显了中国特色社会主义道路的创造性与生命力。有反映国家历史文化、发展成就的宏大故事,也有许多反映平凡英雄的小故事。比如,点亮乡村女孩人生梦想的张桂梅的故事,"群众一有困难,第一个就想到我们"的社区工作者林丹的故事,扎根大山,生命定格在扶贫路上的黄文秀的故事……源源不断的当代中国故事丰富着思政课的案例素材库。故事化的案例结合教学研讨,能够消除学生对思政课枯燥乏味的刻板印象,精彩的案例与抽象的理论形成有效互补,更好地激发学生的思想共鸣,进而说服学生。上海各高校探索开设"大国方略"等数十门"中国系列"思政选修课程,就是通过讲好各领域的中国故事,教育引导大学生理性认识和客观评价真实的中国,获得了学生的广泛好评。[②]立足于新时代,把课本中的理论转化为具体的案例,以"研发一个案例、讲述一个故事、阐明一个道理"的叙事形式阐

[①] 习近平:《思政课是落实立德树人根本任务的关键课程》,《求是》2020年第17期。

[②] 曹继军、颜维琦:《上海高校全员参与共绘育人"同心圆"》,《光明日报》2018年1月3日第8版。

发中国故事,尤其是把体现中国道路、中国制度、中国精神、中国力量的鲜活案例寓于其中,让学生通过"在案例中学习"这座桥梁,深化对习近平新时代中国特色社会主义思想的理解和自觉践行。①

3. 视频案例是增加吸引力的法宝

网络宽带技术和手机移动端的普及,催生了各类视频大行其道,也改变了年轻人的学习和社交方式。如果课堂上能将案例背景资料以短视频的形式呈现,无疑会大大提高学生的上课兴趣,增强案例分析的吸引力。采用案例视频要注意以下几个环节:一是视频案例播放时间不能太长,最好控制在3分钟以内。因为一节课只有45分钟,视频案例只是作为背景知识的介绍,接下来还要有师生的分析解读,甚至安排讨论,视频过长势必会影响教学进度。二是视频案例的选材可以是某个电视新闻、MV、微电影、纪录片的片段等。教师可以学习视频的下载、剪辑、制作等相关技术,从央视网、"学习强国"等网络平台下载,用格式工厂等软件对视频剪辑,有些熟悉视频制作技术的年轻教师也可以自行制作案例视频。这要求教师除了关注学生生活、网络热点事件外,还要掌握一些相关技术,及时更新视频案例库。三是不能完全用视频播放替代专题理论讲授,要给予学生思考、讨论的空间。因此,一节课的视频以不超过三个为宜,一个视频案例使用后,应隔一段时间后再播放另一个视频,这样可以不断地抓牢学生上课的注意力,提高学生的抬头率。

4. 提升理论深度是成功的砝码

思政课专题教学成功的关键在于提升理论深度,实现案例与理论的有机融合。坚决避免填鸭式的讲授,忽略学生的认知规律和逻辑,也要避免迎合学生兴趣,忽视必要的引导和提升。教师要做到案例是为了更好地为阐释理论服务,让学生从学理层面了解案例背后的理论逻辑。理论阐述要有深度和内涵,就要做到逻辑严密,遵循"是什么""为什么""怎么样"的逻辑进行论述。相应地,案例教学应是一个动态的过程,要做到逻辑严谨,不能仅仅停留于知识、现象层面的描述,要有进一步深入理论探索的空间。"是什

---

① 崔建霞:《论新时代高校思想政治理论课案例教学的中国属性》,《思想理论教育导刊》2019年第12期。

么"只是铺垫,"为什么"和"怎么样"才应该是案例分析的重点。因此,思政课的案例教学不是讲好故事那么简单,更重要的是阐释故事背后蕴藏着深刻的逻辑和道理。① 通过教师精心设计并层层递进抛出的问题,与学生共同推导出结论,最后由教师进行点评和总结,分析出学生意识不到的看问题的角度和理论高度,从而提升学生对理论的认知能力。精选案例的专题教学主要有两种教学模式:一种是"理论＋案例"的教学模式,也就是说,教师先讲授相关理论的内涵,再通过案例帮助学生理解理论。不少教师喜欢并采用这种模式,它的优势是教学进程相对可控,不足在于案例的作用仅限于解释或论证理论,忽视了学生主观能动性的发挥。另一种是"案例＋理论"的教学模式。教师先讲授案例,再通过分析案例来推导出所授理论。教师在呈现案例后,积极引导学生共同参与分析讨论案例的进程。这种模式充分调动了学生的积极性,锻炼了其分析、推导、反思和纠错的能力。当然,它也对教师的理论功底、课堂把控能力提出了更高的要求。第二种模式更能提升理论深度和教学效果。

二、问题导向是专题教学模式的灵魂

问题是学习和研究的现实起点和逻辑起点,也是联结认识与实践、理论与现实的中介和手段。思政课专题教学要从大学生的思想实际出发,以马克思主义重大理论问题、学生感兴趣或有困惑的社会现实问题为主线,让学生根据教师预设的情境或自身面临的问题,有目的地通过运用马克思主义的立场、观点和方法进行释疑解惑,以实现思政课专题教学的目标和要求。

1.依托专题化教学精心设计问题

一是专题化教学更适合层层设计相关问题。与传统注重知识讲解的教学方式不同,专题化教学更加重视对学生思想问题和现实困惑的回应,在对教材全面把握的基础上,围绕现实问题精心设计并组织教学内容。教师应依托专题化教学,设计几个大的问题,将教学内容分割成若干个相对独立的

---

① 肖贵清、车宗凯:《新时代思想政治理论课如何讲好全面建成小康社会故事》,《思想理论教育导刊》2020 年第 11 期。

专题,每个专题下面再精心设计若干个环环相扣的小问题,逐层递进地阐释教学内容。① 二是教师在专题化教学上有更大的自主性。在专题问题设计上,教师往往选择自己感兴趣的专题内容或者自己长期深耕的领域,这不仅可以体现教师的学术水平,发挥教师的科研优势,而且能增强教师授课的熟练度和理论深度,让学生在问题的阐释中感受到理论的魅力。此外,在初步设计好问题后,教师可以通过集体备课或小型研讨会把问题抛出,与其他同事讨论、交换意见,并搜集他人的反馈意见或建议,优化专题化教学的问题设计。在授课结束后,教师也应该对课堂效果进行反思,并对问题进行及时的调整和更新。三是专题化教学可以将问题导向和精选案例紧密结合。将思政课教学转变为问题分析和案例研讨,这无疑会极大提升学生学习的内在动力,变被动学习为主动钻研,提高思政课教学的现实性、针对性和实效性。例如,在课堂上讲述辜鸿铭关于"中国人的精神及其对温良的解释",播放 2021 年河南暴雨洪灾"一方有难、八方支援"的视频案例,展现很多感人事迹:有人被困商场,市民组成"人墙"喊口号合力救援;有人被困洪水抱树求救,社区工作人员扔条幅救援;行人不慎被水冲走,市民在湍急水流中将人救下;一家三口掉入深坑,一位路人舍命施救;医院新进试工人员于逸飞逆行救人,跪地做了六个小时心肺复苏,救助了十几个人;酒店、商户甚至老百姓纷纷免费为路人提供食宿等。接着提出几个问题请学生思考:为什么很多中国人都自觉发扬着无私奉献的精神?社会主义道德区别和优越于其他社会道德形态的标志是什么?为什么说为人民服务是社会主义道德的核心?这些问题将道德问题与平凡人的事迹联系在一起,从而启发学生对如何用实际行动诠释"什么是伟大而平凡的为人民服务"的思考。

2. 问题设计要有针对性和递进性

以问题为导向的专题教学要取得良好的效果,关键在于问题的选择和设计。从内容上看,问题包罗万象:既有社会现实中的重点、难点、热点问题,也有学生关注的思想现实问题;既包括我国特有的问题,也有世界普遍存在的问题;既有历史问题,也有新时代出现的新问题;既有重大理论问题,

---

① 王静:《高校思政课问题链教学法的运用与思考》,《思想理论教育导刊》2021 年第 11 期。

也有实践问题。① 因此,专题教学的问题设计不是随意碎片式的拼凑,而应该要有针对性、递进性、启发性,将课堂教学内容合理地转化成问题和问题链。一是问题要具有针对性。对社会现实问题的关注与回应是马克思主义思维的起点;马克思、恩格斯从剖析资本主义社会存在的问题入手,科学地揭示了人类社会的发展规律;中国共产党人始终将解决当前的现实问题作为奋斗目标,实现了中国人民从站起来、富起来到强起来的历史性飞跃,为解决一系列现实问题贡献了中国智慧、提供了中国方案。② 问题的选择要从教材章节中的重点、难点、关键点入手,针对学生的思想实际进行答疑解惑。这些问题或者是受到社会普遍关注,或者是能够反映大多数学生的思想困惑,要有较强的代表性和针对性。教师可以在学生容易犯错的地方有针对性地设问,让学生充分暴露问题,然后教师顺藤摸瓜,对错误进行剖析和引导,从而让学生印象深刻。二是问题要具有递进性。围绕一个教学专题的问题往往并不是单一的,教学目标的实现也不是单一层次的问题就能解决的。因此,应细化、分解教学专题,从而形成一个问题体系。这个问题体系由内容相关、层次分明、逻辑递进的"问题链"组成,"问题链"环环相扣、层层递进,深化了教学过程的展开,展现出相关的理论逻辑,从而激发学生理论学习的好奇心和求知欲。"问题链"的设计可以借鉴新闻传播学"5W+H"理论。③ 前4个W分别指的是who(事件主体)、what(事件内容)、when(事件发生的时间)和where(事件发生的地点)。前面这几个问题相对比较简单,只是情境的背景资料,关键是要引导学生进一步追问why(为什么会发生此事件)以及how(事件发生何种程度或如何解决)。

3.有效推进问题导向教学的过程

教师是问题情境的创设者、问题研究的组织者、问题解决的指导者。学生是问题的发现者、问题研究的主动参与者、问题解决的主体。在尊重学生

---

① 陈红、米丽艳:《高校思政课专题教学设计问题导向的实现路径》,《中国高等教育》2018年第24期。

② 赵洁:《"思想道德修养与法律基础"课问题导向式教学的探索与思考》,《思想理论教育导刊》2018年第8期。

③ 费英秋、于欣宜:《问题导向式教学法研究——以形势与政策课为例》,《思想政治教育研究》2020年第2期。

主体性的同时,教师要坚持主导地位,充分发挥在问题分析研究中的思想引领和价值引领作用,对学生的不正确认识要及时加以剖析和回应,让其真正意识到症结所在。问题导向的目标是培养学生分析解决问题的能力:学生从现实生活情境的问题中发现并设定自我学习目标,透过师生、生生展开合作和讨论,运用学科知识、批判思考能力以及问题解决技能去解决真实世界的问题。[1] 教师善用问题激励学生学习动机,让学生学会自主深入思考;设计问题,让学生参与课内外讨论,学会探索反思;讨论问题,让学生学会聆听和沟通;解决问题,让学生培养协调合作的团队精神;反思问题,让学生学会辩证思考和总结归纳,完成理论知识的实际应用。[2] 联系社会问题开展的探究活动,让学生切实感受国家进步发展的伟大成就,则提升了学生的社会责任心和使命感。问题导向学习的教学历程,归纳起来有下列几个步骤:呈现问题情境,界定问题,形成探究方式;思考问题,进行探究、分享与讨论;解决及反思问题,教师做最后的补充与归纳。学生通过亲历体验和感受,加深了对理论知识的深层理解,能够以历史的标准、现实的方式、真善美的尺度去深刻地理解马克思主义理论并真实地把握社会现实,培养了自身多方面的能力。

总之,思政课专题教学是不断找寻问题、探究问题和解答问题的过程。它不仅向大学生传授理论知识、立场及观点,而且培养学生问题意识,养成理论思维习惯。问题设计的目的,归根结底,不在于提供标准答案,而在于启发学生更深远、更有价值、更有创造性的思考。问题导向式教学模式的最终目标是培养自我主动学习、团体学习及终身学习的能力,使学生从"知识获得"向"情感升华"和"能力提升"的目标迈进。

三、小组研讨是专题教学模式的抓手

教学过程不仅是知识传授的过程,而且是引导学生进一步思考的过程。

---

[1] 谭顺、丁乃顺、刘芳:《六问法:思想政治理论课教学突出问题导向的探索》,《思想教育研究》2017年第10期。

[2] 赖绍聪:《有效构建以问题为导向的课堂教学范式》,《中国大学教学》2021年第9期。

拉尔夫·泰勒认为："学生学习经验的获得,是通过学生的主动行为而发生的,他学到了什么取决于他做了什么,而不是教师做了什么。"[①]小组研讨教学模式能够实现这一目的。它让教师不再迷信传统的讲授法,让学生的学习方式发生重大转变。自主学习、合作学习、研究性学习、实践性学习等小组研讨方式引入思政课课堂教学体现了课程教学与问题研讨的辩证统一,实现了师生之间和生生之间的平等对话。总之,小组研讨模式与专题教学配套实施,为的是给学生创造机会,有效地提高学生的学习参与度,促进小组成员之间的合作意识,并实现围绕专题课程内容的深入学习。[②]

1. 小组研讨和其他教学方法的衔接

根据不同的教学目的以及教学内容的性质和难易程度,小组研讨可采取不同的讨论形式,但该教学方法方式与其他教学方法有着密不可分的联系。案例分析讨论是案例教学的拓展和延伸,教师根据教学目的和专题教学内容选择相关案例,组织学生在课堂对案例进行剖析和讨论。学生运用所学原理对案例材料进行分析讨论,目的是准确地理解并运用所学理论。问题导向教学同样也需要小组研讨来加深对问题的理解。与案例教学不同,问题导向教学讨论的选题涉及内容可以更加广泛,也可以让学生更灵活地自由选择研讨方向,充分发挥学生的发散性思维,培养学生的问题意识、创新思维和社会责任感,鼓励学生勇于探索社会问题。例如,"在高质量发展中促进共同富裕"专题,教师可以引导学生讨论并回答如下几个问题:"什么是共同富裕?""为什么共同富裕是中国共产党的百年夙愿和追求?""新时代实现了全面小康后,为什么紧接着提出在高质量发展中促进共同富裕?""当前为实现共同富裕国家有什么具体的举措?"通过分组研讨,学生分析解读了案例,讨论了共同富裕相关理论问题和现实问题,对共同富裕的内涵、要求以及如何实现等相关问题,有了更深入的认识和理解。这种将小组研讨教学和案例教学、问题导向教学相衔接的方式,能够达到良好的研讨教学效果。

---

① 拉尔夫·泰勒:《课程与教学的基本原理》,罗康、张阅译,中国轻工业出版社2008年版,第55页。
② 易彪:《"中国近现代史纲要"课开展研讨式教学要把握好的几个问题》,《思想理论教育导刊》2012年第10期。

2.针对不同研讨形式合理分组

小组研讨教学模式的关键在于学生的积极主动参与,唯此才能使学生成为课堂的主人,确保课堂研讨取得应有的效果。高校思政课的选课人数众多,在编教师数又往往相对不足,因此,大多数思政课班级人数都比较多,班级规模偏大且多种专业混合上课,学生认知水平差异较大。在这种情况下进行研讨式教学,如果不进行研讨形式与方法上的处理,必然会使大部分学生无法在课堂上参与研讨,结果只会使少部分思维活跃、能力较强的学生得到进一步锻炼,达不到人人参与互动的教学效果。近年来,这一现象有所改观,部分高校将班级人数控制在100人左右,甚至更少,但中等人数的规模离学生广泛参与还有一定的差距。因此,需要通过中班授课、小班/小组研讨的形式展开教学。拥有众多研讨教室的学校有条件开展小班教学,但思政课涉及全校所有学生,因此,分小组开展研讨可能是更现实的一种选择。根据案例研讨、实践调研主题等不同的研讨主题要求,按照学生认知水平和能力基础,通过抽签、自主选择或教师随机分配等方式均衡配置每一研讨小组成员,每个小组人数控制在8~10人。人数太多的话,由于课时限制,有部分学生没有发言的机会,也容易产生搭便车的行为。人数过少的话,小组数量会比较多,教师或者助教没有足够时间和精力关照到每个小组。因此,适度的规模才能确保每一小组成员的平等参与,同时训练每一个学生的组织协调能力和团队协作精神,教师或助教也能参与观摩或网络听取各组的讨论和汇报,进行相应的指导并审核小组的发言。总之,只有针对不同研讨形式合理进行分组,才能形成活跃、和谐的课堂研讨氛围,促进师生、生生等教学主体的多维互动,实现专题教学从"一言堂"到"群言堂"的转变。

3.加强对小组研讨的组织和管理

要想有效地开展小组研讨,必须加强对小组研讨的组织和管理,尤其是对话题和时间的把控,否则,就会出现东拉西扯、跑题、随心所欲讨论以致超时等问题,因此,研讨程序的规范十分重要。一是开展研讨学习方法的培训。教师通过讲解,帮助学生掌握独立查阅资料、分析问题并形成解决方案的能力,让学生熟悉提问式、辩论式、研究式及头脑风暴法等各种研讨方式方法,能在研讨过程中通过思维碰撞和观点交锋,集思广益、畅所欲言、相互启发,达到研讨的目的。此外,选拔优秀的助教或组员担任研讨组长,加强对他们的培训,明确组长的各项职责。比如,明确研讨专题,组织课内外讨论,把控研讨过程,组织记录发言内容,归纳讨论结果,汇报研讨情况等。二是加强教师对讨论选题的指导。为了激发学生的学习积极性,提升其自主学习能力,在研讨主题和内容上,教师应给予学生一定的自主选择权,让他们能在给定范围内根据自己的兴趣选择讨论范围。但这并不意味着教师可以彻底放任不管,教师应在选题和分析深度上加强对小组自主选题讨论的指导与监督。教师应就研讨主题是否紧扣原理、是否具有现实讨论价值、是否明确具体等方面进行认真评估和指导。如果选题太零散,要指导学生凝练主题;如果选题偏离主旨,要指导学生及时矫正回归。三是明晰研讨方法和组织流程。一些理论性较强的研讨主题,需要学生围绕研讨内容静下心来读原著、悟原理,以科学的理论作为指导,结合自己调研查找的资料和教师提供的辅导材料,认真研究分析问题原因,思考对策措施,并写好发言稿。成果展示前提交 PPT 和研讨报告,教师也要提出修改建议,提高研讨质量。在具体研讨步骤上,可采用重点发言和自由讨论发言相结合的方式。由几名重点发言学生作主题发言,其他学生对重点发言人交流内容进行补充、纠正或拓展,最后再归纳总结。而对于一些学生熟悉的主题,可能讨论气氛会更热烈一些,但这种情况要防止学生泛泛而谈或偏离主题。[①] 做好小组研讨的各项组织和管理工作,最大限度地激发学生研讨的积极性和相关能力,确保研讨既热烈活泼又有内涵深度。

4.客观反映研讨过程的考核

每个小组经过讨论分析、课堂展示、答辩点评、提交报告等环节,呈现了最终研讨的成果。通过小组讨论,学生不仅学会运用理论系统分析、解决社会现实问题,在潜移默化中认同中国特色社会主义道路、理论、制度和文化,而且他们的综合判断、逻辑分析、创新意识、语言表达、沟通协调等能力都会得到相应的提高。传统的考核体系只看重最后呈现的成果,未能有效反映每位学生全程实际参与程度和各项能力的提升。因此,应该对考核体系进

[①] 吴健:《基于案例的参与式研讨教学法——结合"资源与环境经济学"教学的思考》,《中国大学教学》2020 年第 9 期。

行优化,关注并且客观反映研讨过程的考核。① 小组研讨成绩的评定分为两个部分:一部分根据每个小组课堂汇报效果和最后提交的书面报告来评定,由学生组成评委打分,去掉最高分和最低分,计算出的平均分就是汇报效果成绩。另一部分根据每个小组成员在资料搜集、课件制作、小组研讨、上台汇报、报告写作等环节的付出和表现来评定,由教师负责,此举是为了避免有学生搭便车,出工不出力。两部分之间的成绩比例,可由任课教师根据具体情况把握和调整。上述成绩评定方式的细化是加强过程管理和考核的体现。

5.构建多样化的研讨环境

研讨式教学包括教师讲解、分组讨论和小组分享三个阶段,通过教室空间布局以及信息化、现代化的升级改造,支持小组研讨教学模式。教师讲解和小组分享阶段,取消传统教室讲台的空间布局,教师或小组发言人不再"高高在上",而是能随时走近学生,进行提问或平等顺畅地对话交流。此外,由于智慧教室支持多终端学习互动,笔记本电脑、平板、手机等移动终端能通过无线网络接入教室安装的大显示屏。教师在授课过程中可以即时出题,学生的回答可以在不同终端之间展示与分享,这样提问不再是一对一的提问,而是所有学生都能参与答题,教师能够据此了解学生的学习情况,及时动态地调整教学方法和教学内容。② 在小组讨论阶段,学生围绕研讨主题展开讨论,这就需要小组之间有互不干扰的相对安静空间。研讨教室可以安排研讨桌椅,桌椅能够随意搭配,能根据研讨人数随意组成圆形或多边形,便于小组成员一起进行探讨。教室可以放置带有折叠桌板的椅子,方便学生移动桌椅,根据小组研讨活动的需要形成不同的组合。总之,研讨环境改变了过去思政课普遍使用的阶梯多媒体教室,通过智慧教室的布局和课桌椅的摆放,为小组研讨教学活动的展开提供优质且人性化的环境。③ 此

---

① 龙迎伟、王利华:《全要素驱动的高校思政课研讨式实践教学改革与探索》,《中国高等教育》2018 年第 22 期。
② 安静:《5G 技术背景下高校思政课改革的机遇、挑战与路径》,《思想理论教育导刊》2022 年第 4 期。
③ 于瑾、胡晓红:《以教学环境提升思想政治理论课教学品质的路径探究》,《思想理论教育导刊》2019 年第 11 期。

外,还可以在校园里提供不同类型的场地,便于学生课外研讨,比如,充分利用教学楼、院系办公楼、图书馆、宿舍大堂、露台、学生活动中心等公共空间,放置沙发或课桌椅以满足学生讨论交流的需要。

第三节 高校思政课专题教学模式的新探索

重新设计"专题教学+翻转课堂"的混合教学模式是对高校思政课专题教学模式的创新。"混合"并非教学技术层面的简单混合,而是以教师为主导、以学生为主体,打破时空界限,细化教学环节,利用教学活动的线上线下联动,实现不同的教学手段、评价方式的深度融合。

一、混合式教学模式遵循的原则

教学模式是一种手段。它在不同的教学目的和应用环境下,应该灵活运用并整合多种教学方法,避免教条化倾向,这也是它必须遵循的核心原则。多种教学方法不应在专题课程中同等地运用,而应根据实际需要灵活选择,形成符合教师个人需要的混合式教学模式。这种混合式教学模式要体现从重视知识传授转向重视发展学生综合能力转变的新教学理念,要满足教师引导、学生主体的师生角色新定位,要优化课堂教学结构和教学过程,要营造师生平等交流对话的课堂教学新氛围,要提升学生各方面的学习能力和综合素质。[1]

就教学目标和任务而言,每种教学方法都有自己特定的目标指向,都是为完成特定的教学任务服务的。当一堂课的主要任务是培养和发展学生理论联系实际的能力时,可以采用案例教学或问题研讨教学。就教学对象而言,学生专业方向、身心发展水平,同样也影响着教学方法的选择。比如,对于基础知识欠缺、水平相对有限、自主探究能力较弱的学生,就不适合过多

---

[1] 张润枝、梁瑶:《关于推进思想政治理论课混合式教学的若干思考》,《思想理论教育》2021年第1期。

地采用小组研讨教学。教师自身的条件也是制约教学方法选择的因素,有的教师擅长引导学生提出问题、发现问题和解决问题,那么该教师可以更多地采用问题导向教学。教学方法的选择还受到现有的教学设备和条件的制约,我们要积极构建数字化的学习环境和平台,实现从传统教学向混合学习的转变。如果缺乏相应的教学环境,教学模式的运用也会受到很大的限制。

任何一种教学方法都不可能十全十美,都有其不足之处。教师要根据实际需要灵活选择,形成个性化的混合式教学模式。如果一味地照抄照搬,只会受到模式框架的束缚,限制了教师的自身优势和学生的学习行为,最终影响教学效果。对思政课教师而言,教师应当积极改革创新教学模式,博采众家之长,不断地在教学实践中熟悉每一种教学方法,掌握各种教学方法的优缺点和适用场合,让混合式教学模式随着学生的不同而变化,随着教学内容的不同而变化,随着教学进程的不同而变化,在变化中调节使用最优的模式。只有这样,教师在教学中才能做到运用自如,并形成自己独到的教学方法乃至教学模式。只有坚持多样化和个性化,才能够有效地利用好教学模式来提升思政课专题教学品质。

二、"专题教学+翻转课堂"混合式教学模式流程

"专题教学+翻转课堂"混合教学模式具体包括网络资料库建设、学生在线自主学习、教师专题精讲、师生课堂研讨、课后答疑等五个主要环节。五个环节又可分为课前准备、课堂教学组织和课后答疑反馈三个阶段。

1.课前准备阶段

课前准备阶段是混合式教学的前提和基础,重点要做好凝练专题和建设网络资料库这两个环节。一是凝练专题。通过调查问卷,教师能了解学生关注的重点、难点以及兴趣点等问题,利用集体备课的形式,教师做好前期的专题设计,主要任务是精心设计问题链,将教材的知识点设计成逐层递进,带有系统性、启发性的一连串教学问题。[1] 如在"马克思主义劳动价值

---

[1] 张乐、张云霞:《"翻转课堂"教学模式在高校思政课中的应用研究》,《中国高等教育》2018年第1期。

论"这一专题授课时,教师可以结合教材内容和相关案例设计一系列问题,引导学生开展诸如以下问题的研讨:马克思为什么是伟大的经济学家?马克思劳动价值论的基本观点有哪些,有什么现实意义?劳动价值论与效用价值论的本质区别在哪里?货币有哪些基本职能?货币在网络购物中执行的是哪一种职能?人民币国际化有哪些具体表现?价值规律的作用及其现实意义是什么?如何处理好政府与市场的关系?二是建设网络资料库。教师以课程大纲为依据,围绕教学知识点,录制15分钟左右的微课视频。学生需要观看慕课视频并完成视频中插入的客观题,还要完成相应章节测试,确保"翻转课堂"教学之前学生对基本原理有大体的掌握。另外,着力打造一个能辅助教师课堂教学、促进学生进行自主学习的立体化教学辅助资源平台,提高学生学习的主动性,变"要我学"为"我要学"。提前将微课教学视频、PPT课件、课外延伸阅读资料、小组讨论话题等教学资料上传,供学生自主学习、反复观看。立体化教学辅助资源的建设可依托"课堂派"平台,除了在该平台上上传教学大纲、电子课件以及模拟试题外,主要建设四个创新板块(视角新、观点新、材料新):(1)时代哲思。梳理党的十八大以来,尤其是近两年发表的相关理论文献,深入挖掘习近平新时代中国特色社会主义思想的哲学意蕴和政治经济学基础,让学生从理论经典中更好地理解马克思主义基本原理在我国的实践与应用。(2)考研辅导。收集、整理历年考研真题和相关知识点,并加以解读。(3)视听天地。收集、剪辑、制作3分钟左右的微视频,把微电影、广告、动画、影视片段、电视新闻等作为微视频案例库,并附上相关案例的知识点以及案例解读,微视频以短小、精炼、有趣等为原则,并按课本的章节和知识点归类上传,该案例库既可作为教师上课的案例教学内容,也可作为学生课后自学的材料。(4)他山之石。收集、整理学生课内社会实践的优秀课题报告、课堂展示PPT、微电影等,并通过优秀社会实践课题展示,让学生互相学习、互相促进。

2.课堂教学组织阶段

教师根据课前凝练的专题开展深度的理论讲解,并辅之以时政或社会热点的解读,创设一个与课程内容相关的情境,引导学生积极参与课程互动,强化学生对知识的吸收与内化,使学生融入其中并成为学习的主体,达成"专题教学+翻转课堂"混合式教学。基于移动互联技术的"课堂派"教学平台能够快速简单地实现"全员互动、全程参与",便于案例教学、问题导向教学、师生专题研讨等翻转课堂教学方法的展开,从而营造出"人本化互动、深入性探究、创新性思考"的课堂氛围,适应大学生在网络时代的心理需求,将单一、单向的传统教学模式转变为立体、互动的教学模式。① 在具体操作层面,开通"课堂派"的弹幕功能,学生可以即时通过弹幕发表自己的观点和看法,这些内容都将会以弹幕的方式实时出现在屏幕课件上,教师可以及时关注并进行回应,实现与学生的双向沟通。另外,通过预先创设的问题进行课堂提问也能活跃课堂气氛,提问功能分为"点名提问"和"随机提问"两种方式。随机提问通过系统随机抽取学生回答问题,这种非指定性的选人方式能够把注意力分散的学生从"开小差"的状态中拉回来,既提升了学生紧张感,又增加了课堂的趣味性。在讲解完一个知识点后,还可以设置课堂互动习题测试,即时检验学习效果。通过向学生手机终端推送预设的习题并限时作答,答题完毕将学生的答题情况予以投影公布,答题情况通过柱状图能直观地展现出学习成效。在开展专题研讨过程中,教师组织学生专题研讨时要留出一定的时间,让学生真正将理论知识进行消化、理解并加以运用。通过前期设置分组、查阅资料、小组交流等准备工作后,教师应组织学生在课堂时间开展专题讨论。根据教学安排,由几个小组代表上台发言阐述本组的观点,其他小组的学生可以用发送弹幕等方式补充发言或进行提问。最后,教师根据各组演示和讨论情况进行精准的点评与总结。整个研讨过程教师不能将自己置身事外,而应全程加以掌控和引导,对学生的研讨方向和结论进行分析和补充点评。专题研讨深化了小组成员之间的合作,既能使学生加强对相关知识的掌握和运用,又能使学生极大提升运用理论分析问题和解决问题的能力。

3. 课后的答疑与反馈

在完成课内教学任务之后,教师还需通过"课堂派"的私信功能为学生答疑解惑。教师要通过个别谈话、问卷调查和私信交流等多种形式与学生沟通,及时了解学生的反馈信息,掌握学生的思想动向和学习情况,为进一

---

① 张瑜、金哲:《指向深度融合的思想政治理论课混合式教学模式探索——以"思想道德修养与法律基础"课程为例》,《思想教育研究》2020 年第 12 期。

步调整并改进专题教学提供依据,也有利于今后教学计划的优化和教学效果的提升。

三、混合式教学模式的注意事项

混合式教学模式是高校思政课专题教学模式的新探索,存在有待完善的教学环节和部分。它的教学效果总体上是好的,值得深入探讨。提升混合式教学模式的实效性,要特别注意如下几个问题。

1.网络资料库注重少而精

由于学生课业负担非常繁重,全校不同专业学生的学习基础也各不相同,网络教学资料库应分门别类进行归纳,并且坚持少而精的原则。四大创新板块既有思想性和理论性,又不失趣味性。这些精挑细选出来的资料要能够满足不同层次的学生的需求,做到因材施教。比如,"时代哲思"让学生牢牢抓住辩证唯物主义和历史唯物主义这一马克思主义的世界观与方法论,坚持深入学习和践行习近平新时代中国特色社会主义思想。"考研辅导"既能满足部分打算考研学生的需要,也能满足其他学生自学课程的需要。"视听天地"的视频以短小、精炼、有趣等为原则,并按课本的章节和知识点上传,增强了视频的针对性。"他山之石"的社会实践项目帮助学生提高解释现实问题的能力,让学生从日常生活的案例中感受思政课的魅力,最终树立正确的价值观念。

2.专题设计注重多管齐下

发挥教师各自的学科优势,组建教学研究团队,以培训研讨、集体备课等形式设计和凝练专题,并实现资源共享。建立学院和教研部两级集体备课制度。学院层面主要邀请马克思主义学科领域的知名专家,针对当前的时政热点问题、思想政治理论课教育教学方法问题等开展相关的导学和专题讲座,启发教师推进思政课改革创新。教研部层面则将专题化教学落实落细。每位教师针对他所负责的专题进行教学演示,仔细梳理和分享相应专题教学模块的重难点问题和教学思路,其他老师针对该专题展开热烈的交流讨论,主要聚焦如何将教材体系向教学体系更好地转化。通过集体备课、教学观摩、经验交流等多种方式,设计、凝练出一套教学专题,以此打破原有教材体系的逻辑建构,以学生关注的问题为导向,以全面系统的专题内容回应学生的现实关切,开展行之有效的专题教学及翻转课堂活动。

3.教学内容注重以问题为导向

在传统的灌输式教学模式中,教学仅仅停留在知识的传授层面,而没有深化到价值引领的层面。因此,教师要注重强化问题意识,尤其把握学生关注的学习、情感、就业等现实问题,运用马克思主义基本理论、观点和方法,解答学生心中之惑,让学生切实感受到马克思主义的理论魅力。例如,2020年突如其来的疫情深刻改变了我们生活的方方面面。以讲述福建援鄂医疗队队员以及社区志愿者的故事作为切入点,教师让学生领悟抗击疫情是一场全民行动,人民群众是这场斗争中的主体力量,让学生发自内心地感受中国特色社会主义的制度优势。

4.教学方法注重互动研讨

翻转课堂应该将传统的教师主讲的课堂变为师生研讨、展示的互动平台。着力改变"我讲你听"的灌输式教学方法,更多采取案例分析、课堂研讨等互动式手段。要贯彻"以学生为中心"的理念,充分调动学生课堂参与的积极性和主动性,引导学生充分表达自己的观点,让师生在课堂中形成情感的共鸣,并且碰撞出思想的火花。[①] 无论是面对面课堂讨论环节,还是线上答疑,互动研讨都对教师的综合素养提出了更高的要求,教师不仅要有深厚的学术积淀和理论功底,而且要有灵活应对学生各种突发问题的课堂掌控能力,才能应对自如。比如,教师讲授相关专题内容时,安排小组的成员展示他们的观点,教师应能切中要害地进行分析、点评,提出中肯的意见,以便于学生进行总结和反思。

5.考核方式注重综合考查

思政课不仅是知识的传授,而且是价值的引领,其学习效果无法通过一张期末试卷得到完整的呈现。因此,在考核方式上需要灵活处理,将过程考核与最终考核相结合,应该尝试"考勤签到+课堂发言+小组讨论+网络测试+期末考试+社会实践"的评价模式。要加大平时成绩在总成绩中的比

---

① 马焕:《从翻转课堂到智慧课堂的思政课教学模式创新探究》,《学校党建与思想教育》2020年第16期。

重,注重学习过程的考核。①"课堂派"教学平台可以全面记录并掌握学生的学习情况,将平时成绩考核分解为出勤成绩、课堂发言成绩、小组讨论成绩、课堂及课后网络测试成绩、社会实践成绩等多个细项,鼓励学生积极参与专题教学的各个环节,这样不仅能约束学生行为,而且能充分调动学生的学习热情。

---

① 李军刚:《高校思想政治课"混合式"教学模式探索》,《理论导刊》2019年第11期。

第五章

高校思政课专题教学管理的改革创新

教学管理是教学质量的保证。高校思政课专题教学的教学管理要遵循教育教学规律和人才成长规律,按照先进的教学理念进行有效的管理。完善教学管理的制度体系和提升教学管理者的管理能力是改革创新的两个重要方面。教学评价是教学管理的指挥棒和有力抓手,必须不断加强教学评价的科学性和精准性。

第一节 高校思政课专题教学管理的路径

教学管理的要点在于科学性。科学性的关键是克服主观主义,也就是摆脱教条主义和经验主义的束缚,深入把握高校思政课专题教学的本质和规律,从实际出发,按规律办事,从而提高教学管理水平和实效。

一、完善多层次专题教学督导机制

强化符合专题教学规律的科学管理,首先必须完善多层次专题教学督导机制,既要做好"监督"工作,也要做好相应的"指导"工作。因为思政课专题教学的落实具有相当的特殊性和复杂性。比如,如何理解吃透涉及面大的教学内容、如何管理好覆盖面广的课堂纪律、如何落实提升教学效果等。

解决这些问题,就必须完善教育部、省教工委、高校等多层次专题教学督导机制,促进高校思政课专题教学实效的提升。

1.建立专题教学指导机构

由于思政课专题教学学生覆盖面广、教学组织方式灵活、教师队伍人员众多,需要成立各级专门的组织机构来负责协调、监督、指导各方关系,从而实现高效管理的目标。规范的督导机制、健全的教学制度,才能在一定程度上避免专题教学的随意性,实现专题教学的长效化和规范化。确保思政课专题教学的功能和运行从组织管理机构和规章制度两个方面着手。

健全各级专题教学组织机构,切实保障思政课专题教学的高效运行。根据全国高校思想政治理论课教学指导委员会的章程,教指委和各分教指委对高校思想政治理论课教学工作在咨询、研判、督查、评估、培训、示范、指导、引领等方面应发挥作用,主要体现在对思政课教学及时、精准的政治指导和业务指导。在2017年"高校思想政治理论课教学质量年"活动中,教指委200余名专家分赴全国2596所高校听了3000堂思想政治理论课。教指委专家组成员通过听课督查、走访调研、理论研讨等形式开展听课调研活动。

目前,全国各个高校均按要求设置思想政治理论课教学科研二级机构——马克思主义学院或思政部,为思政课教师培养和专题教学改革提供有力的组织保障。有关部门应在高校层面建立思政课专题教学督导制度,加强专题教学质量的管理和监督,在指导教师改进课堂教学和促进教师教学技能提升方面提供切实的保障。应建立专题教学管理联席会议制度,由学校主管领导牵头,每学期召开马克思主义学院、教务处、学生处、人事处、团委、宣传部以及相关二级学院领导等参加的专题会议,讨论和部署思政课专题教学的相关工作。还应在严格的准入制度和管理制度下,组织专门的思政课教学督导队伍,聘请教学经验丰富、教学效果良好的离退休一线思政课教师作为专题教学督导员,让他们深入一线课堂听课,根据考核的各项指标对专题授课教师进行全方位的考核,起到监督教师是否准时上下课、学生是否出勤、课堂纪律是否良好等作用,更主要的是提供思政课教学的建设性指导性意见,以鼓励先进、鞭策落后。在教学督导的组织方面,将跨校联合督导和校内单独督导有机结合起来,实现互有侧重,功能互补,并将督导机制制度化。①

党的十八大以来,以习近平同志为核心的党中央高度重视思想政治工作,2016年12月,习近平总书记在全国高校思想政治工作会议上发表重要讲话,这是指导高校思想政治工作的纲领性文献,高校以专题教学为主的思政课建设也迈入新时代。近年来,教育部、中共中央办公厅、国务院办公厅先后就思政课改革创新、马克思主义学院建设、思政课教师队伍管理等出台了一系列的制度文件,提出明确要求,为专题教学的改革创新提出了最新要求和根本遵循。比如,2018年教育部印发的《新时代高校思想政治理论课教学工作基本要求》,2019年中办、国办印发的《关于深化新时代学校思想政治理论课改革创新的若干意见》,2019年教育部印发的《普通高等学校马克思主义学院建设标准(2019年本)》《"新时代高校思想政治理论课创优行动"工作方案》,2021年教育部印发的《高等学校思想政治理论课建设标准(2021年本)》等。这一系列制度文件的出台为思政课专题教学提供了有力的保障,落实了思政课建设的主体责任,提出了多项针对性的举措:全面开展优秀思政课示范课巡讲活动,生动开展思政课建设优秀成果巡礼活动,严格开展思政课建设专项检查;分课程组织编写高校思政课专题教学指南,组织专家编写深度解读教材体系的示范教案,实施思政课优秀讲义出版工程;组织教指委专家加强对教学重点难点问题研究解答,开展精品课程教学展示活动,及时发布各门课程的教学建议,适时开展思想政治理论课教学情况督查,推动各方面把教学管理责任落到实处。

各个高校要在上述文件的基础上,进一步明确制定《思政课专题实施方案》《思政课专题教学大纲》等规范性文件,规定专题教学的目标、要求、步骤、考核等各项教学环节,要求专题教学任课教师遵照文件组织相关的教学活动,并制定有关奖惩措施,从而做到有章可循。

2. 落实专题教学指导工作

定期开展、科学安排思政课专题教学督导工作,使之成为常态。为了及

---

① 本书编写组编:《中华人民共和国学校思想政治理论课重要文献选编》,人民出版社2022年版,第1276～1281页。

时发现问题并找出差距,何时何地督导何事要有详细的计划,并按步骤进行,以减少教学督导工作的盲目性和随意性。督导工作不能只听汇报和查看材料,师生座谈和现场听课也不能流于形式,要深入了解思政课专题教学的详细和真实的情况,以便做出准确客观的判断,提供针对性的指导和帮助,引导专题教学不断迈上新台阶。从2006年起,教育部社科司根据新的理念和思路不断加强高校思政课的理论研究和教学实践探索,采取了全程教学示范,征集评选精彩教案、优秀课件、典型教学案例、重难点问题解答、评选思政课教师年度影响力人物等多项具体措施,推动思政课教学改革和发展,为各个高校推动专题教学改革探索进行了有益的示范和指导。

根据专题教学的需要,针对思政课专题教学过程中遇到的理论难点、教学重点、社会热点、思想疑点等一系列问题,中宣部、教育部组织编写了马工程教材配套辅导用书,帮助广大教师把相关理论和现实问题讲深、讲透、讲明白、讲清楚。辅导用书以教材为基础,探索准确生动、时代感强、适应大学生认知特点的呈现方式,在编写体例、内容呈现载体、语言风格等方面进行创新,充分利用图片、图表、案例、音视频、二维码等,采取主辅文相结合的编写形式,主文以专题式教案方式为主,着重解决重点难点问题,辅文则起辅助作用,包括教学目的、教学主线、逻辑框架、关键词、知识要点、教学案例、背景资料、思考讨论、参考文献、拓展阅读等。

此外,从思政课各门课程的教学实际和需要出发,组织教学研讨会、教师座谈会、专题研讨会、教学观摩会等多种形式的教学研讨活动,以专题报告、座谈交流、教学观摩等方式对各门课程理论体系和教学体系、教学重点和难点问题进行深入研讨,力争让专题教学指导工作做到务实高效。近年来,随着专题教学模式在各个高校的广泛采用,为了帮助思政课教师科学规范地使用教材,同时充分发挥教师的积极性、主动性、创造性,2019年,教育部组织各门课分教指委专家在吃透教材和遵循教学逻辑的基础上编写了各门课的专题教学指南,并在教学资源平台上提供给一线教师使用。高校思政课专题教学实际上是教材体系向教学体系转化的一种方式,教指委专家很多都参与过教材的编写工作,他们能更深刻理解教材编写思路,准确把握教材内容的核心以及重点、难点,并以此为依据形成一整门课的专题教学内容体系。因此,从各门思政课专题教学指南中可以看出,专题内容都与教材紧密相关,每一个专题都明确对应了相关的教材章节。与此同时,专题教学内容也给各个地方、各个高校、不同教师自行发挥留有余地,按照因材施教的原则,选择补充合适的教学案例,不断丰富各具特色的专题教学内容。统一规范的专题教学指南,有效地将深刻严谨的教材内容转化为专题教学体系,让一线思政课教师的专题教学活动有了根本遵循,同时也能针对不同的学生发挥其教学的个性。

党的十九大召开后,高校思政课教指委及时印发了《关于高校思想政治理论课贯彻落实党的十九大精神教学建议》,对思政课贯彻落实党的十九大精神的教学内容提出具体教学建议,推动并落实了党的十九大精神进教材、进课堂、进头脑。为讲好中国抗疫故事,引导学生从疫情防控的实践中深刻认识中国共产党以人民为中心的执政理念,凸显中国特色社会主义的制度优势,高校思政课教指委专家研制了《疫情防控进思政课教学建议》,从不同角度对思政课提出专题教学建议。比如,"马克思主义基本原理"课教学紧密结合疫情防控实践,拓展了专题教学内容,帮助学生深化马克思主义基本原理的学习,将以下原理融入相关的专题教学案例之中:坚持以人民为中心;抗疫彰显社会主义制度优势;抗疫的全局意识与辩证思维;坚持人与自然和谐共生的生态文明理念;加强国际交流合作构建人类命运共同体,进一步坚定中国特色社会主义"四个自信"。[1] 这些非常有针对性的专题教学指南,在一线专题教学活动的开展过程中发挥着重要的作用,既提供了高屋建瓴的指引,又有着非常丰富的教学案例。

在教育部社科司等部门的推动和引领下,各种思政课教育教学资源共享平台纷纷建立,大量的教案、课件、视频和相关资源供教师学习和参考。比如"人民数字马院"依托人民网的党媒资源、北京科技大学马克思主义学院等高校的教学科研实践,利用思政辅助教学资源库、思政教学示范课、《形势与政策》互动教材、中国共产党思想理论资源数据库等几大板块,为思政课教师提供专题教学信息资料,并为有效实现师生互动搭建了平台。

新冠疫情促使网络直播技术在思政课的广泛运用,教指委专家还通过

---

[1] 寇清杰、孙来斌、秦宣等:《疫情防控进思政课教学建议》,《思想理论教育导刊》2020年第8期。

线上平台进行同步理论和教学辅导，让广大的思政课教师都能从中获益。2019年以来，在每个周五的下午，教育部社科司都会牵头开展高校思政课教师"周末理论大讲堂"活动，讲授内容涵盖了马克思主义经典著作导读、习近平新时代中国特色社会主义思想研读、国内时政热点专题辅导等。由于讲授者都是来自国内知名的马克思主义理论专家，他们讲授的内容既是各门思政课专题教学内容的有益补充，其抽丝剥茧的授课更是一堂精彩的专题示范课。

各省教指委也在地方思政课改革中发挥示范引领作用，通过建立教学热点难点定期搜集解答制度，组织专家深入一线精准指导，确保教学指导工作贯穿教学全过程、覆盖全体教师。省教指委的成员既可以通过名师工作室带领本校的思政课教师进行专题教学改革创新，也可以通过"大手拉小手"方式对其他高校的教学改革给予帮扶。比如，北京建立了北京高校思想政治理论课高精尖创新中心、打造了北京高校思想政治理论课资源平台、推出了"学习思政课"App、搭建了"青椒论坛"，这些主题鲜明的平台、内容丰富的活动，助推了北京地区思政课教学水平的提高，其影响也辐射到全国各地。

二、组织和管理专题教学团队

师资是立德树人工作的核心资源，也是提升思政课专题教学质量的关键因素，因此，打造一支一流专题教学团队并强化管理，其重要性不言而喻。高校是否办出一流本科教育，核心因素就是学校是否具有一流的师资队伍以及学校是否有政策制度保障一流的师资配备到本科教育。

1.组织协调专题教学教师团队

每一门思政课都综合了多学科理论和知识，每一个专题的透彻诠释既要有对党和国家方针政策的准确理解，又要有广博的知识储备和深厚的理论积淀。每个老师都有自己研究擅长的领域，因此，要整合学校及社会各方的优势资源，打破单位、专业、学科的界限，形成一支知识结构合理、人员配备恰当、专家云集的懂教学、擅科研、能创新的专题教学教师队伍。

一是教师团队和专题教学任务的合理配置。专题教学要达到预期的效果,还需要合理配置一支分工明确且专业化的教师团队。传统的教学模式是由一位教师独立承担一门课程的教学任务,而每门高校思政课课程都涉及多个专业领域的知识,因此,教师往往难以很好地胜任整个课程体系的教学任务,自己熟悉的知识领域讲得全面透彻,而不熟悉的领域只能蜻蜓点水。思政课教师的专业领域涵盖了哲学、政治学、经济学、历史学、法学、伦理学等多个领域,基本上满足了各门课专题设置所需的专业需求,针对不同专题合理配置相关专业的教师,发挥其专业研究的特长,实现教师的优势互补和强强协同。通过专题教学的深耕细作,教师能充分发挥各自专业优势,不断在各个相关专业领域深钻细研、博学广思,以独到的分析视角教育学生,既充分体现了一以贯之的理论逻辑,又展现了不同专业背景、研究专长教师的教学成果。总之,教师团队专题协同授课,改变了传统单兵作战的教学模式,在专题的教学方法、案例选择、课堂组织形式等方面群策群力,最大限度地发挥集体智慧。在具体团队组建实践中,结合教学专题的凝练和设计,整合不同专业方向的教师,以科研课题或教改项目为纽带,组建一支由"骨干教师—主讲教师—兼职教师—特聘教师"构成的专题教学梯队。其中,骨干教师全面统筹专题的凝练设计,充分调动不同专业方向教师的研究特长,通过教学任务的合理分解布置,激发教师教学的动力。主讲教师负责专题教学的授课,并且通过主持或参与相关课题,不断对自己承担的专题进行理论研究和教学研讨,持续地深挖专题教学的重点难点。兼职教师从优秀辅导员、哲学社会科学相关学科教师、党务工作者等人员当中遴选产生,调动更多的教职工加入思政课教师群体,以专职教师为主体,专兼结合的方针按 1∶350 比例配齐思政课教师。特聘教师主要从地方党政领导、专家学者、知名企业家、先进人物等人员当中遴选。[1] 特聘教师用翔实的数据、鲜活的案例、亲身的体会,介绍党的最新理论和政策、国家发展的巨大成就与面临的机遇和挑战,鼓励学生更加坚定理想信念,为中华民族伟大复兴贡献自己的力量。

二是专题教师团队配置的优势。专题教师团队配置有利于教师更好地

---

[1] 本书编写组编:《中华人民共和国学校思想政治理论课重要文献选编》,人民出版社 2022 年版,第 1572~1578 页。

做到教学与科研相结合。采用专题教学有利于教师把教学与科研统一起来,把学术成果转化为教学成果,从而赋予授课内容更高的理论性和学术性。对专题涉及问题进行深入研究,教师能提高自身的学术水平,也能站在新高度不断丰富和完善教学内容,提升教学的理论深度,实现以教促研和以研促教的良性互动。总之,教师的科研领域和专题教学内容相对集中,让教师科研成果有了更现实的展示平台。将教学内容分解并凝练成若干专题,配置不同教研专长的教师开展班级轮转式专题教学,更有利于提升专题教学的针对性和实效性。不同教学内容由最合适的教师来讲授,实现优秀教师资源的最大共享,授课教师也能将更多的时间和精力聚焦于自己擅长的几个专题的讲授。教师资源的优化配置,加之教师对专题内容的不断打磨改进,使得专题授课日臻完善,提高了专题教学的实效。专题教学契合了当前"00后"大学生追求多样化、个性化的心理特点。不同教师分专题授课,由于每位教师的思维方式、语言风格和授课技巧都不尽相同,多样化的教学风格在同一门课里循序呈现,有助于学生对课堂始终充满新鲜感,有利于调动学生的学习积极性,提升专题教学的吸引力。[①] 从专题凝练到专题设计再到分工协作,都需要授课教师对专题教学过程中遇到的各类问题进行及时的沟通,并通过协调加以改善。因此,专题教学团队的分工协作能让教师发挥集体智慧,相互促进以共同提升教学水平。另外,同一授课班级的学生对多个教师进行教学评价,也会造成教师之间教学能力的竞争压力,促使教师在自我提升和相互借鉴中提升教学技能。

　　三是专题教师团队配置的注意事项。思政课每一门课程作为一个整体,课程的内在逻辑关系如果处理不好,就容易产生教学内容的脱节和碎片化,这就需要在专题教学组织中加以弥补。专题教师团队配置好之后,专题的安排要注意逻辑的连贯性,比如"马克思主义基本原理"课,每一章节的顺序安排有内在的逻辑性和连贯性,不能先讲剩余价值理论再讲劳动价值论。此外,教师在自身负责的几个专题的基础上,要适度涉猎其他专题,这样有利于打破教师只讲授本学科专题的禁锢,丰富和扩充了相关学科的知识,实现知识结构的均衡。总之,专题教学为教师之间互相学习借鉴提供了平台,

---

[①] 徐玉生、蔡瑶:《开展"启拓教学" 提升思政课质量》,《中国高等教育》2017年第17期。

也要为教师边教学边补充知识结构创造条件。新进教师接手一门课程时最好通讲一两轮,这样有利于教师对整本教材有总体上的把握,为专题授课打好基础,为专题之间的衔接做好准备。建立思政课特聘教师专家库,扩大特聘教师授课的受众面。特聘教师个人资料、联系方式等整理录入专家库中,以方便邀请讲学。由于各级领导、知名专家及先进人物工作都比较繁忙,邀请他们进课堂做专题报告非常难得,在其允许下,可以通过腾讯会议的方式进行直播,扩大覆盖面,还可以在授课后搜集整理报告内容,提供给其他班级的学生学习。

2.强化专题教学师资队伍建设

师资队伍是专题教学质量的保证。提升师资队伍的教学科研水平是提高专题教学实效性的重点。这里的关键是制度建设和有计划的各级各类教师培训。

一是完善师资准入退出机制。2020年教育部发布了《新时代高等学校思想政治理论课教师队伍建设规定》,明确了高校思政课教师的人员配备与选聘,规范专业技术职务(职称)岗位考核与评价,为进一步完善师资准入和退出机制提供了根本遵循。在选聘专兼职教师时,应有严格的准入制度,要让有信仰的人讲信仰,通过资格审查、随堂试讲、专家评议等程序严格选拔教师。另外,各个高校还应制定思政课教师管理条例,优化聘用条例和考评细则,实施考评末位淘汰制度,以确保教师能胜任思政课教学岗位,保证专题教学的质量。2019年3月18日,习近平总书记在学校思想政治理论课教师座谈会上明确要求,思政课要让学生真心喜爱、终身受益。还对思政课教师提出了政治要强、情怀要深、思维要新、视野要广、自律要严、人格要正的六个明确的要求。[①] 这构成了新时代思政课好教师的标准。思政课教师在日常教学工作中,要时刻铭记立德树人的职责,不断提升自己,具备信仰坚定、学识渊博、理论功底深厚的素质,做到言行一致,言传身教,通过人格魅力、价值导向去影响学生。学校要加强师德师风建设,强化教师的政治素质,在年度考核时对师德师风存在问题的教师实行一票否决。

二是组织多层面的师资培训。在全国层面,教育部每年主办全国高校

---

① 习近平:《思政课是落实立德树人根本任务的关键课程》,《求是》2020年第17期。

思政课骨干教师培训班,截至 2021 年已经举办超过 100 期,每期培训骨干教师 100 名,通过多年的骨干教师培训,以点带面培养了大量的中青年骨干教师,这些教师已经成为各地马克思主义学院的教学中坚力量。针对 2021 年版教材修订,教育部也采用视频同步形式在线对思政课教师队伍进行全员培训。由主持修订工作的首席教授进行专题培训。专家们以新教材的指导思想、基本精神、核心内容、修订重点和难点等为主线来进行讲解,帮助教师更好地把握教材的基本精神和主要内容,为教师专题授课提供了根本遵循。在省级层面,定期或不定期组织教师培训、教学研讨会、暑期社会考察等活动,争取培训范围要覆盖到每一位思政课教师,促进全体教师共同发展。在学校层面,不少学校建立了集体备课制度,加强专题教学团队建设,集中研讨教学存在的各项问题。各高校邀请知名马工程专家学者到校现场讲学,广大的一线教师也能亲身感受专家的理论功力和授课风格。此外,疫情也极大推动了网络培训形式。2019 年至今教育部组织开展了两届思想政治理论课教学展示活动,以此为契机,各个学校积极开展教学大练兵,推动了教学技能的提升,涌现出一大批精彩教案和教学视频。通过这些优秀教学成果的网上展示,实现教学资源的共享,也示范带动了思政课教师能力素养的提升。总之,利用好"国家示范培训＋省级分批轮训＋学校全员培训"的思政课教师培训体系,"理论研修基地＋教学研修基地＋实践研修基地"的立体化研究平台[1],拓展网络教学展示和名师工作室示范等培训途径,形成全方位、多层面的师资培训体系。

三是实施差异化专题培训。在专题授课实践过程中,部分教师知识结构不全面、教学经验不足,部分教师疏于理论学习,无法及时更新理论成果,部分教师则对多媒体技术掌握不熟练,无法将信息技术融入专题教学。因此,有必要采取差异化的培训措施,有针对性地提升教师教学能力和水平,完善师资职业全过程培育体系,将政策引导、岗前培训、课程轮训和在职培训贯穿思政课教师职业生涯。高校应整合校内外资源,为教师培训提供菜单式服务,开展定期不定期的培训活动和日常教学服务,使处于不同职业发

---

[1] 刘先春、佟玲:《新时代大中小学思想政治理论课教师队伍一体化建设的若干思考》,《马克思主义理论学科研究》2021 年第 3 期。

展阶段的教师，尤其是青年教师得到有的放矢的提升。比如，"马克思主义基本原理"课的专题设计特别要注意理论的逻辑性和整体性。从事"马克思主义基本原理"课教学的教师要么学科背景是马克思主义哲学，要么是政治经济学，缺乏整体的马克思主义理论训练，因此，有必要针对初始学历进行学科拓展培训，系统学习掌握其他专业的基础理论及学术前沿问题，补足短板。此外，还应拓展培训形式，鼓励教师外出观摩考察，使教师身临其境地感受新时代我国取得的历史成就，增强思政课教师的时代责任感和历史使命感。有条件的学校还可以选派思政课教师走出国门，如重走马克思之路等，通过亲身体验丰富专题教学素材。要把差异化培训贯穿于思政课教师入职、成长、晋升等职业发展全过程，贯穿于教师教学过程的始终，不断提升教师的理论水平和教学技能。

四是强化教学能力的培训。"重科研轻教学"成为各个高校普遍面临的问题。思政课教师同样面临这样的困境，教师以完成教学工作量、遵守教学秩序为准则，留着精力搞更具"含金量"和"附加值"的科研，导致思政课课堂教学有量无质。以此为导向，目前思政课师资培训相应的也多以理论研学为主，专门针对教师教学能力提升的培训较少，因此，应转变重科研轻教学的理念，重视教师对教学的情感投入，以科研促教学，使科研成果转化成课堂教学的支撑和动力，加强对师资教学能力的培训。思政课教师要具备多方面的教学能力，如教材处理、专题设计、教学组织、语言表达、互动交流等。要引导教师把科研重点适度转移到教学内容和教学方法的研究上，同时，通过各种形式的教学能力培训，吸引教师投入更多精力到教学内容和教学技能的研究方面去，为提高教学效果提供源泉。高校还应成立思政课教师发展中心，定期开展教学培训等活动。

五是建立和健全保障机制。加强对教学经费的保障投入，提高思政课教师的地位和待遇，完善各项激励和保障机制，多种渠道吸引政治素质高、理论功底实、教学能力强的优秀人才到思政课教师队伍中来。加强师资队伍的专业化建设，逐渐减少兼职教师和非专业背景教师的比重。制定思政课教师的任职资格制度，严格执行准入制度，在选拔、引进和聘用等环节严把质量关。单列思政课专题教学专项经费，保证专题教学改革各项工作的落实。只有思想高度重视，经费严格落实，才能保障专题教学师资队伍的稳定。制定专题教学工作量计算方法,合理计算工作量。思政课教学内容变化快、备课耗时多,应按一般课程更高的系数来计算教学工作量,提高教师投入教学的积极性。完善考核评价体系和奖惩机制,改变传统"重科研轻教学"的评价机制,职称评聘、绩效奖励等制度都应体现教学因素。加大对教学的奖惩力度,对热衷于教学的教师给予物质和精神上的奖励,并大力宣传,对不能胜任教学岗位的教师给予惩罚或调岗,从而形成优良的教学风气。

3.通过助教团队辅助专题教学

思政课专题教学需要教师轮转到不同的班级进行授课,独自管理数量庞大的班级,常常会让教师感到力不从心。引导助教团队协助教师进行教学管理,保证专题教学顺利推进,目的在于让教师腾出更多的时间和精力专注在提升课程质量方面。助教在专题教学中充当着重要的角色,尤其在加强师生交流、提高学生学习效果方面。因此,建立一个好的助教团队并进行合理的引导显得十分关键。

一是明确助教的功能定位。我国高校对助教的定位仍然存在偏差,助教往往只是辅助教师承担一些日常事务,其功能和作用还没有得到深入挖掘。教育部《关于做好研究生担任助研、助教、助管和学生辅导员工作的意见》提出,要科学设计和充实助教工作内容,除了承担作业批改和一般答疑工作外,让助教更多参与课堂教学前期准备工作,参与研讨式教学、案例教学的组织工作等。事实上,由于助教与学生有近似的年龄和求学经历,在组织活动和学生沟通方面,比起授课教师更具优势。按照思政课专题教学的设计,助教工作内容主要可分为线上助教和线下助教两个类型,线上网络助教负责监考、网络教学及其他线上工作;线下课程助教则负责监考、点名、收材料、课程辅导、答疑、组织小组讨论、协助教师阅卷、算分以及其他线下工作。学校通常会给教师匹配1~2名助教辅助教师开展专题教学,强调团队意识,协调好助教和教师以及助教和助教之间的关系。在第一堂课时邀请助教上台自我介绍,帮助助教在课堂管理中树立权威。

二是引导助教进行教学管理。助教是架构起教师和学生沟通的桥梁。建好助教团队后,要引导助教进行课堂管理,根据专题教学活动安排,可分为课前、课中、课后、考试这四个主要节点。(1)课前分配工作任务。在正式开展专题教学前,教师向助教提供适合助教版的课程大纲,分配助教成员工作角色以及主要承担的工作。并对诸如课堂紧急事故、个人请假规则等特殊情况提前说明,可让助教对未来的教学辅助任务有大致的了解。由于专题教学的特殊性,教师往往每周的上课时间和上课地点都不是固定的,助教应该事先了解课程的动态,做好沟通工作,提前提醒相关教师注意上课的时间地点,确保课程顺利开展。另外,助教还需帮助教师及时发布课前通知,如分发学习资料等。(2)课中协助课堂管理。轮转讲授专题课的教师可能对该班级学生的状况不甚了解,助教应在课堂上协助教师管理课堂,如考勤签到、纪律管理等。记录学生学习信息,如收集学生的随堂作业、小测,记录各个小组或学生在课堂的互动表现情况,将信息进行整理反馈给专题任课教师,作为平时成绩评定的根据,也为进行教学效果的反思提供依据。协助小组讨论,研讨课教学若采用中班授课、辅以小班研讨课的形式,助教的角色便不可或缺。助教在讨论前将资料分发给学生,在讨论过程中利用自身学科专业知识,营造出良好的氛围,组织好学生进行自由研讨。[①] 协助小组讨论活动,参与学生们的讨论,并为学生提供建设性意见,将学生讨论中遇到的难题告知任课教师。由于思政课专题教学重在价值传递,其教学重点不在于单纯的知识传授,而在于引导学生进行深入的思考,在研讨教学过程中,助教在充分理解学生需要、促进学生学习交流方面应该发挥应有的作用。专题教学如果更多采用这样的研讨课,对助教的需求和能力的要求必然会增加。此外,还可以推动助教与学生的学术交流。本科生通过与助教的沟通联系,可以学习博士生或硕士生的学习和科研经验。[②] 专题教学过程中教师可让学生撰写与课程相关的研究性小论文,先由助教进行初步的批改,学生在讨论课上进行展示汇报,教师当堂进行点评后,再由学生作进一步的修改。此举可以锻炼助教和学生的学术规范与写作能力,促进他们在交流中共同进步。(3)课后跟进学生学习动态。收集班级的反馈信息,向任课教师反馈学生的学习情况,收集学生共同的疑难点、困惑点,收集并批

[①] 孙燕君、卢晓东:《小班研讨课教学:本科精英教育的核心元素——以北京大学为例》,《中国大学教学》2012年第8期。

[②] 徐雁平、徐兴无:《中文本科专业师生共同体构建与教学内涵拓展》,《中国大学教学》2021年第5期。

改课后作业,在班级群内对学生进行答疑解惑等。(4)考试包括网络测试、期末考试等阶段性测试的关键节点,助教需要帮助教师发布网络测试、监督考场、成绩登记等。值得注意的是,平时测试的批阅也可以采用流水批阅的形式,确保统一的标准和公平公正。

三是强化助教的管理和培训。当前,我国高校针对助教的培训内容主要集中在日常工作及相关制度的规范,较少围绕具体学科和专业特点展开个性化培训。因此,有必要结合马克思主义专题教学自身的特点,进行有针对性的培训。学院在开学初要制定助教手册,并进行相关的培训,内容涵盖课堂助理工作细则、网络教学操作须知、学术规范指引等,还包括过往助教在实际工作中遇到的问题及应对措施。[①] 除了分发助教手册并进行岗前培训外,任课教师、学院教学秘书、网络技术人员还应对助教进行过程性指导。此外,除上述常见的管理、培训方式外,还可以建立课程助教群,方便助教的日常管理,也有助于助教就日常遇到的问题展开交流讨论,互帮互助。

四是完善助教考评制度。在学期工作结束时,可通过助教自评、教师评价等方式对助教的工作进行测评,并形成切实可行的激励机制,以激发助教的工作积极性。任课教师根据助教工作量可调整助教的薪酬,按照"薪酬总额不变,单个助教多劳多得,少劳少得,不劳不得"的原则进行助教间的薪酬分配,促使助教不断提高自身的工作能力,确保高质量完成专题教学辅助工作。助教团队制度的切实推行,为加强师生交流、构建师生共同体、推动专题教学改革提供了新的动力。

三、创新专题教学集体备课制度

备课是思政课教师必备的一项教学技能。教师在上课之前,需要针对教学中的一些环节进行准备,如教学目标、教学内容、教学方法、教学评价等。具体来说,备课可包括如下内容:规划将要进行的学习进程、搜集所需的教学资料、预期学生的学习成果、反思上一次教学的经验教训、推测可能

[①] 方芳、于国欢:《美国俄克拉荷马大学研究生助教管理制度及其启示》,《学位与研究生教育》2020年第4期。

遭遇的问题、选择合适的教学模式等。集体备课指以不同类别的教师群体为单位,透过集体对话形式,促进教师专业成长与发展的备课模式。高校思政课开展集体备课已是常态。思政课不仅是知识教育,而且是意识形态教育,专题教学效果的好坏关系到意识形态教育的成败。思政课鲜明的意识形态属性要求教师必须准确把握教学内容,通过集体备课对相关教学问题加以充分研讨,可以加深对教学内容的理解,纠正片面甚至错误的认识,从而确保思政课教学目标得以有效落实。随着信息化时代的到来,各种教学新技术、新理念层出不穷,必然给思政课教师带来巨大挑战。集体备课将帮助教师通过共同学习,提高教学技能,更好地贯彻落实教学新理念。[1] 集体备课将帮助教师对专题教学做出系统与整体的设计,共同研究教学内容,分享教学研究成果,讨论并调整教学过程。通过集思广益,教师共同提升工作效率,取得"1+1＞2"的教学效果。

1. 集体备课与个人备课相辅相成

传统的上课模式是教师通讲一门课,备课任务都是由教师自行规划执行,教师通常选择自己的需求和熟悉的方式,依照个人判断的重点去进行。这种备课的优点是弹性较大,不用迁就他人、不受时空限制,个人经过长期教学经验的累积和探索,也会逐渐形成自己的备课模式。但是个人备课也有缺陷,比如每个教师水平参差不齐,容易闭门造车,思政课内容更新快,备课费时费力等。在专题教学模式下,如何发挥集体备课和个人备课各自的优势,让二者相辅相成,共同提升备课效果,便成为思政课教学的重要课题。比如,公开授课是教师之间相互观摩、相互学习的平台,也是个人备课和集体备课有效结合的一种方式。个人备课是公开授课的重要起点,集体备课则是公开授课的落脚点。公开课包括备课、观摩与评议三个阶段,教学观摩可以考察各种学习活动设计到底有没有成效。[2] 通过集体备课进行评议则是透过众人的眼睛,协助教学者观察并记录学生学习的行为,有助于教师反省原来的教学设计,不断修正改进个人备课存在的问题,提高教师的教学水

---

[1] 肖贵清:《论新时代思想政治理论课的制度化建设》,《思想理论教育导刊》2021 年第 4 期。

[2] 朱中易、陈意德:《国内公开课发展的困境与应对策略回顾》,《教学与管理》2020 年第 36 期。

平和学生学习的质量。集体备课和个人备课相辅相成。集体备课便于集思广益、共同提升，但受到时空限制，无法完全取代个人备课，在集体备课时可以提出个性化钻研要求，建立凸显个人钻研的备课流程。① 此外，教学归根结底是一种艺术，除了集体备课达成的共识外，也应鼓励教师个人备课，根据自身的教学语言、教学风格去追求个性化的教学。

2.创新形式多样的集体备课方式

集体备课的时间安排要创新，可采用定期集体备课和不定期集中研讨相结合的方式。在期初准备、期中检查和期末总结等关键时间节点定期开展集体备课，将其作为一项常态化的工作固定下来。每逢重要会议、重大活动，还要第一时间组织思政课教师认真学习领会相关精神，通过这些不定期集中研讨，及时将习近平治国理政新理念、新思想、新战略融入专题教学内容。② 在此基础上，还可以不断创新集体备课方式，形成名家说课制度、新进教师培养机制、教学资源共享等集体备课形式。名家说课需要提早进行统筹规划，邀请教科书编委会成员、马工程专家、思政课教学名师等开展教学讲座。这类集体备课要和政策宣导、纯学术演讲区别开来。教科书编委会成员主要介绍课程修订的一些具体情况，可让教师对最新修订的教材有精准的把握。马工程专家、思政课教学名师等主要分享与教学实践相关的经验，以解决课堂教学问题为导向，分享思政课教学的方法、技巧，这样容易引发教师的强烈共鸣，通过讲座、座谈、对话等形式，启发拓展教师的教学思路。新进教师或者是刚转任新课程的教师，他们往往无法快速熟悉新教材，无法精准把握恰当的教学模式，对他们来说时间紧任务重，集体备课的活动必须从这些教师最关心的核心点切入，让他们快速熟悉教科书的内容和专题教学的安排。可以每学年或每学科都安排一位以上教学能手，带领大家一起讨论，深度解析教材内容，梳理教学重点难点，分享课堂教学经验。这些第一手的教学实践经验对于新教师来说尤为重要，可以节约他们自己摸索的时间。

---

① 熊昌萍：《集体备课与教师个性化钻研的矛盾调和》，《教学与管理》2020 年第 27 期。
② 黄洪雷、刘兵兵：《规范建设·集体备课·创新形式——全国高等农林院校马克思主义学院"规范教研室建设创新集体备课形式"高端论坛综述》，《思想理论教育导刊》2019 年第 6 期。

3.教研部内部集体备课最为关键

通过教研部内部集体备课,建构教师教学理念,诊断学生学习状况,系统设计教学专题,讨论并调整教学进度,解构并重构教学内容,使用并丰富教学资源,分享并积累教学经验。以上每一项都是思政课集体备课的重要环节,通过全方位的思想碰撞,教学设计能更充分地考虑各种教学因素,因此能大大提升专题教学的成效。此外,教研部内部集体备课能调动不同专业背景、不同年龄层、不同教学经验的教师的积极性,发挥他们各自的优势,实现优势互补、共同进步。在结合教师专业学科背景的基础上,合理分工备课,精心设计专题。年长的教师有着丰富的教学经验,他们对专题的重点、难点把握更加精准,能确保专题的内容既不是教材的重复,也没有离开教材内容。案例分析是把教学引向深入的关键,需要围绕教学内容对案例做抽丝剥茧的分析。如何结合新问题、新情况进行深刻剖析,更好地展现案例的针对性和时效性,需要一定的教学经验的累积,集体备课可以分享这些经验。年轻的教师和学生年龄差距较小,他们更容易贴近大学生思想上的关注与困惑。通过集体备课交流,在吃透教材的基础上,专题设计能更深入反映解决大学生的思想问题。此外,年轻教师对课件制作、新媒体使用、网络教学平台技术的运用都比较得心应手,集体备课一方面可以交流这些技术环节,另一方面也能共享课件、教学视频等,从而提高专题教学授课的技术质量,减少教师的重复劳动。在教研部内部集体备课过程中,要坚持以问题为导向,实现教材体系向教学体系转化、教学体系向学生认知信仰体系转化,从"基于学而设计教"的教学理念出发进行教学设计,切实增强大学生的获得感。[①]

4.善用网络科技扩大专题备课成效

随着网络科技发展日新月异,集体备课也要与时俱进。当前有各种理论学习平台,如"周末理论大讲堂""学习强国"等,各高校也在努力打造网络精品课、慕课。教师可结合专题教学内容,采用收看"周末理论大讲堂"、观摩兄弟院校慕课等方式,有针对性地开展集体备课和专题研讨。当然,网络

---

① 张英琦、杨志平:《思想政治理论课"基于学而设计教"的教学方法体系研究》,《思想教育研究》2017年第6期。

信息虽然丰富，但也可能因欠缺系统整理而显得庞杂，教师如果能充分利用这些平台的共享资源，厘清自己的教学目标与教学对象的特性，选择合适的资料来备课，自我学习提升并将优秀资源转发分享给教学同仁，则能够提升教师集体备课的能力。鼓励教师善用网络搜集资料的便捷性以及 QQ 群、微信群的联系分享功能，运用课程教学群、教师专业学习群、教学资料共享群，甚至跨校教学群进行集体备课，并结合课程观摩、课程评议、资源共享等活动，突破时空限制，扩大集体备课的成效。此外，还可以利用"课堂派""雨课堂"等教学辅助平台构建集体备课平台。通过分工，教师在平台上将自己负责的专题资源上传，其他教师在备课过程中发现优秀资源，也可以及时补充在备课平台上。教师随时通过电脑或者手机登录备课平台，及时分享视频、文献、教案、课件等各类教学资源，极大地提升了集体备课的工作效率。总之，集体备课对思政课专题教学来说不可或缺、极为重要，需要在教学过程中不断完善备课内容，创新备课形式，提升备课的成效。

四、推进专题教学管理的信息化建设

传统的教学管理工作往往存在信息化建设迟滞的一系列问题，具体表现在信息化管理的意识不足、信息化建设制度滞后、教学管理信息系统不完善、信息化管理人员素养不高等方面。要让思政课的专题教学管理能适应新时代的要求，必须从以下四个方面进行落实。

1.强化信息化管理意识

随着互联网、大数据、云计算等信息技术的普及，思政课的专题教学也不断地融合网络技术，慕课、翻转课堂等教学模式的出现，对以往的专题教学管理方式提出了新的要求。传统的单一、封闭、集权的教学管理方式逐渐向多元、开放、务实的教学管理系统转变，以满足不同专业学生、不同个性教师、不同类型课堂的多层次需求，这无疑是推进教学管理信息化变革的主要动力。因此，信息技术的高速发展，迫切需要思政课专题教学管理加快信息化建设的步伐，让信息化手段在教学管理的各个环节都发挥强大的服务功能。信息化管理在专题教学的组织实施、集体备课和考核评价等管理流程中，做到管理留痕并高效运转，帮助教师在海量信息中挖掘背后的教学规律,管理的精细化程度更高、针对性更强,不仅大大降低了管理的成本,而且提高了管理的效率。信息化管理能有效协调管理部门和教学部门的工作,按不同部门的需求分类别进行信息化统筹管理,形成多元保障体系。

专题教学管理信息化变革的优势包括以下方面:一是信息技术融入思政课专题教学管理工作,取代传统人工数据采集和分析方式,建立起一套系统、科学、高效的教学信息化管理体系,提高专题教学管理的效率和水平。建设专题教学排课系统、学生成绩管理系统等多个数字化管理平台。这些信息平台简化了工作流程,极大地提升了管理效率。为了充分利用和管理大数据,还需要将各个不同的教学支持服务系统尽可能整合,将学校网络服务中心、图书馆、教务处、研究生院、学院网络教学中心等各类部门整合在同一个平台上,提供实用便捷的一站式教学管理服务。① 过去的教学管理往往依赖教师通过作业、测试了解学生的学习情况,教学管理过程相对比较粗放,仅靠教师的脑力来进行分析,教师的观测点就是课堂学生的互动表现、课后作业以及各种考试。如今,所有教和学的行为都能够通过网络留下痕迹,利用大数据进行学习过程的监控,进行个性化的分析,进而提供个性化的支持。运用网络教学平台诸如"课堂派""雨课堂"等,从课前教学任务的布置、课上学习方式的引导、学习行为的监督、学习效果的测试等多个方面对学习进行过程管理,网络教学平台可以随时积累学习数据,对学生的学习情况做出精细、综合的诊断和分析,让教师及时发现学生在学习环节出现的各种问题,为教师不断提升教学效果提供可靠依据。② 网络教学平台为过程监控、精准诊断、个性化指导,提供了前所未有的便利。二是信息化管理系统能够高效地整合教学资源与数据,拓宽教学资源的覆盖面。教师通过上传拓展资料、分享教学视频进一步丰富课堂专题教学之外的学习空间。数字化专题教学资源的不断优化管理与配置,实现了资源的广泛共享和高效利用。另外,信息化管理系统还能强化专题教学课堂质量的管理和监控,帮助教师更加精准高效地进行课堂教学管理,如基于教室定位的点名系统

---

① 何西宁、杨浩:《学校教学信息化管理体系的构建》,《教学与管理》2017 年第 36 期。
② 姬立玲:《新媒体环境下高校思政课教学方法创新探究》,《思想教育研究》2016 年第 10 期。

就能大量节省课堂实时点名的时间。三是数据采集以及分析后，与过往数据进行比对，能够总结出教学成果资料和管理经验，供各级领导及相关专题授课教师参考以便有针对性的改进，然后提供给学生更优质的教学资源和管理服务，帮助学生提高学习效率。专题教学管理不断信息化、智能化和规范化，可以及时有效地对学生进行指导与解惑，增加"教"与"学"的多方互动，进一步促进专题教学改革的发展。

2. 完善信息化制度建设

要实现专题教学的信息化管理，就必须在网络教学平台和信息化管理平台应用两个方面，建立和完善相应的规章制度和管理制度。网络教学平台的规章制度详细写明相关的操作流程、技术规范和注意事项，能从制度层面对教师进行业务引导和培训。信息化管理平台应用管理制度则确保教学管理的标准化和规范化，实现管理部门与教学部门之间的协同运行。管理制度应细化各个部门的业务分工，明确每个教职员工的责任，使员工有相应的业务行为约束，在对接或合作过程中，相关部门人员能够按照规范化操作流程从事专题教学的管理工作，避免推诿扯皮的现象发生。完善信息化制度建设应既能做好监督工作，又能落实管理职能，沟通协调好各个职能部门的工作，为良好的专题教学环境创造条件。

3. 完善专题教学管理信息系统

一是优化系统软硬件设施。教学管理信息系统的不断完善并有效运行，信息管理的基础设施建设不可或缺，而高性能的计算机和操作性强的应用软件，才能满足专题教学管理信息化的新需要。保障信息化管理系统的正常运行，要及时购置并更新教学管理设备，搭建好安全可靠的信息化教学管理平台。教学管理部门应联合财务部门编制预算，购置合理数量的信息化设备和各类配套的办公管理软件。为了满足大数据云计算的需要，除了购置电脑外，还需要购入相应数量的云存储和云服务设备，以满足海量数据的储存和大规模的数据分析，为管理工作的优化升级奠定良好的物质基础。保障信息化管理系统的安全运行，要进行网络安全维护，在局域网和互联网之间建设高级别的安全防火墙，为系统的不间断运行提供安全的技术保障。此外，除了本校专门的技术管理人员之外，还可以聘请外包公司协助提供信息化智能平台的技术支持,以此减轻教学管理人员的工作负担,提升管理效率。① 随着智能手机的广泛应用,将信息化管理系统延伸到手机端,以及开放一些智能化的教务服务自助系统的应用,实现电脑和手机双平台共同操作,可以极大方便师生在不同场合操作管理系统,从而提供更加高效和便捷的教学服务。二是优化专题课程安排机制。在思政课专题教学工作中,课程管理主要是优化教学资源分配。在开学前课程安排时,不仅需要确保思政课和专业课程的合理时间配置,而且需要协调专题课程的编排。应用电脑软件排课,能够对课表进行合理安排和科学设计,不仅费时短,而且专题的安排也更清晰合理。此外,信息化课程管理系统还更具灵活性,如教师出差、生病等特殊原因需要调整课程,系统对课表进行及时的调整可确保不会造成课程冲突,保障专题教学工作顺利开展。三是强化教学质量评估的管理。思政课专题教学管理过程中,科学准确的教学评估对提升教学水平、提高教学质量尤为重要。除了随堂听课以及日常教学档案检查外,还需组织学生对教师教学效果进行客观评价。传统的书面问卷调查和召开座谈会的形式已无法适应信息化教学管理,合理采用相关的教学管理软件系统,鼓励学生随堂对授课教师进行即时的匿名教学测评,充分体现学生真实想法,可以保障评估结果的真实性和实效性。学生通过数字化教学评估系统进行教学评价,能够简化评价结果的统计工作,方便教务管理人员获得更为直观的教学质量评估结果,进而反馈给相关专题授课教师,实现教学效果不断提升。

4.提高管理人员和一线教师的信息素养

为了应对专题教学管理信息化带来的挑战,除自身教学管理业务能力外,教学管理部门要提升教学管理人员的信息素养和云计算、大数据应用水平。教学管理人员除自学或者定期参与培训,掌握和熟练使用数字化处理系统外,还需要掌握数据分析等数据应用技巧,最大限度提高数据处理系统的利用率和数据分析的准确率。另外,根据需要招聘专门的信息技术人员,将这些具有信息化意识、高素质、能够熟练操控数字系统的人才纳入教学管理工作中,促进教学管理工作的精准性和科学性。此外,还要对一线教师进

---

① 高福成:《浅论高校教学管理信息化建设》,《教育理论与实践》2011 年第 10 期。

行培训,确保他们能准确合理地使用信息化教学管理系统。不同教师接受新兴事物的能力存在差异,通过专门的信息化技术培训,转变教师的教学理念,让他们更多地熟悉和掌握网络信息处理能力,更好地适应信息时代的教学任务。[①] 云技术及大数据的应用需要以人才为基础,提高管理人员和一线教师的信息素养是思政课专题教学管理优化的重要措施。

第二节 高校思政课专题教学评价的改进

教学评价发挥着重要的指挥棒作用。高校思政课专题教学评价直接影响课程质量和教学实效性的提升,因而值得高度重视。教学评价是一个系统工程,涉及评价动机、评价标准、评价主体、评价对象、评价方式等。不同的教学理念也会有不同的教学评价设计。

一、高校思政课专题教学评价的概念和类型

教学评价是评价主体依据教学目标对教学过程及教学效果的价值评判。教学评价的重点是教师的教和学生的学习活动,也涉及教学内容、教学方法、教学环境、教学管理诸因素,它常常服务于教育决策。高校思政课专题教学评价是以立德树人的教学目标为初衷,运用可操作的技术手段和多样化的方法,通过系统地收集教与学的相关信息,对高校思政课专题教学活动过程及结果进行价值判断,并为被评价者的自我提升和有关部门的科学决策提供依据的活动。高校思政课专题教学评价的目的是通过衡量学生的学习效果和课程教学效果,促进学生的成长和教师的自我提升。

随着教育统计学的发展以及人们对教学评价理解的逐步深入,教学评价的内涵也在不断发生变化。如今,考试已不再是唯一的教学评价方式,思政课教学评价也延展出多种评价的方法和模式。这些评价对高校思政课专题教学具有重要的意义,是对专题教学质量进行的测量、分析和评定,不仅

---

① 王贤生:《论高校教学管理者信息素养的培养》,《高教探索》2008 年第 1 期。

收集事实的数据材料,而且需要做出价值判断,不断弥补传统评价的不足,使之成为一种多元主体共同参与的科学民主的决策过程。思政课教学评价与其他课程的教学评价类似,它同样也具有诊断功能、激励功能、调节功能、导向功能和发展功能等。

　　高校思政课专题教学评价有不同的类型。从评价对象看,高校思政课专题教学评价的对象主要包括教学目标、教学过程和方法、教师授课质量及学生认知、情感、技能等发展情况。实质上主要分为对学生学的评价(学习效果评价)和对教师教的评价(教学工作评价)两个层面。从评价内容看,对学生学习的评价包括学生课堂学习评价、学生学业成就评价等。对教师教学水平的评价包括学生评价教师教学、主管部门的评价、同行评价、自我评价等。从评价作用看,美国的教育心理学家布卢姆认为,评价作为一种反馈—矫正系统,用于教学过程中各环节的作用是判断该过程是否有效。[①] 另有学者区分了形成性评价和终结性评价,形成性评价涉及将评价(通常是在课堂教学情境中使用)作为改进教与学的反馈信息的来源,终结性评价主要测量学生在某些学习活动结束时已经学到了些什么。[②] 因此,根据评价在整个课程与教学活动中所起的作用和实施的时间点,布卢姆将教学评价分为诊断性评价、形成性评价和总结性评价三个类型。从评价性质看,教学评价又分为量化评价和质性评价。量化评价遵循自然科学研究的传统,通过收集数量化的资料信息,运用数理统计分析方法对复杂的课程与教学现象进行分析,得出评价结论。具体方法包括问卷调查、测验、结构性观察等,力求得到绝对的和数据化的事实。量化评价主要特点是客观性和统一性,但往往忽略了思政课立德树人过程中那些难以量化的重要品质或行为。[③] 质性评价弥补了这一缺陷,力图通过行为观察记录、档案袋评价、深度访谈等具体方法,促进对课程与教学现象整体且深度的理解。质性评价取代了简单和抽象的分数,为教师教学行为的转变、学生学习方式的转变,提供了

---

① 布卢姆:《教育评价》,邱渊等译,华东师范大学出版社 1987 年版,第 5 页。
② 约翰·D.布兰思福特等编著:《人是如何学习的》,程可拉等译,华东师范大学出版社 2013 年版,第 123 页。
③ 李蕉:《高校思政课课程评价的意蕴与困境》,《高校马克思主义理论教育研究》2020年第 1 期。

大量有效的反馈信息,但由于这些评价采用多元价值的评价标准,评价的主观性比较强。量化评价与质性评价各有其优缺点,我们应该根据评价的目的或内容,把二者有机地结合起来。在公认权威、明确可测的场合,用量化研究数据更有说服力,而某些复杂的教育现象用质性资料才能更加全面深刻地反映评价对象。因此,量化评价和质性评价二者取长补短、互通有无,才能够更好地达到科学教学评价的目的。

近年来,高校思政课专题教学评价从理念到实践方面都取得了明显成绩,积累了丰富经验:评价观念日益明确;评价主体日益多元;评价内容日益深入;评价方法日益科学。[1] 但不可否认的是,目前思政课专题教学评价仍然过多地追求可计算性和可控制性,没有充分发挥教学评价应有的作用。教学评价是一个复杂交错的系统,需要关注教学过程中的诸多不确定性。因此,我们应在学习效果评价和教学工作评价等评价环节上做出更多的改进。"课程考核与评估是教学工作的重要环节,是对学生学习成果和能力获得的综合检验,是对学生的学习是否达到教学目标的测量与评价,也是对教师教学能力与成果的检测。"[2]

二、高校思政课专题教学评价的新路向和基本环节

教学效果是教学质量评价的最重要指标。当然,教学效果也有不同的评价角度和方式。先进的教学理念和有效的教学方式是良好教学效果的保证。传统的学习效果评价主要存在四个方面的弊端:在评价范围上,重学识认知的评价,轻价值情感的评价;在评价方式上,重总结性评价,轻日常阶段性的形成性评价;在评价主体上,重他人及外部的评价,轻自我评价;在评价基准上,重相对评价,轻个体差异性评价。

1. 当前高校思政课专题教学学习效果评价有四大转向

一是从学识认知的评价向价值情感的评价转化。如今标准化测验已成

---

[1] 佘双好、张琪如:《高校思想政治理论课课程评价的特点及改革路径》,《思想理论教育》2021 年第 3 期。

[2] 佘双好:《思想政治理论课程教学法探析》,中国人民大学出版社 2018 年版,第 204 页。

为最普遍采用的教学评价方式,各种量化指标、量化工具大行其道。从考试分数、成绩评定到排名绩点,数字化控制无处不在,数量化的要求越来越精细。对学生的学业评价往往只是以学识和认知为中心,更多地关注学生的学习成绩,相对忽视技能、思想、情感、价值观等领域发展的考核。而学生成绩考核评价,往往是遵循教师教—学生学—教师测评的流程来进行。这样的评价过程虽然简单高效且易于操作,但很少关注学生价值判断能力、探究能力、协作能力等极其重要又难以被测量的要素,也较少通过评价结果的反馈来改进教师的教和学生的学,其后果便是丧失了培养学生综合素质的本意。其实早在1964年,中宣部、高教部党组、教育部临时党组发布的《关于改进高等学校、中等学校政治理论课的意见》就反对要学生死背书本,强调启发式,反对注入式,反对"笔记搬家"。政治理论课的考试,是为了测验学生对所学课程的理解和运用能力,促进学生检查思想改造的成果。现在的考试提倡死记硬背,并且以学生为敌人,举行突然袭击。这种方法增加学生负担,束缚学生思想,阻碍学生发挥学习的主动性,必须彻底加以改变。[①]从重视甄别到突出发展,让评价更真实、全面反映学生学习效果已成为学生评价领域的共识。要把评价看成思政课教学过程不可分割的一部分,作为激励学生不断改进学习行为和提高综合素质的一个动力源。要用发展、动态的眼光看待学生,评价不仅要考虑学生的当下,激发学生的潜能,而且要着眼于学生的未来,让学生展示自己的努力和成绩的同时,得到身心全面和谐的发展。

二是从重总结性评价向多阶段综合评价转换。传统的评价方式重视总结性评价,忽略了日常阶段性的形成性评价,可结合布卢姆诊断性评价、形成性评价和总结性评价三个评价类型,实现向多阶段综合评价转换。诊断性评价指在教学开始前,评价学生已有的认知、情感和技能水平,目的是了解评价对象知识储备情况及影响学习因素的现状,以采取针对性措施,确定教学的起点,调整和安排教学计划,比如有些学校开展的学期初专题教学问卷调查就属于诊断性评价。形成性评价指在教学过程中,通过及时了解学

[①] 本书编写组编:《中华人民共和国学校思想政治理论课重要文献选编》,人民出版社2022年版,第363页。

生学习进展情况，分析评价学生学习的各方面数据，掌握本阶段的教学情况，及时调整下一步的教学方案。形成性评价还可以对课程教学设计各阶段的计划及具体实施过程进行评价，目的是发现课程内容、教学方法等教学问题所在，以便调整授课计划或教学活动。总结性评价又叫终结性评价，它指的是在教学活动结束后，对一个完整教学过程的总体结果进行评价。总结性评价对学生整体学习效果甄别优劣或做出价值判断，评定分数或者等级，目的在于了解学生是否达到了预定的课程学习目标。比如期末考试、学生素质评价等都属于这一类型。高校思政课专题教学评价要从重总结性评价向全程多阶段综合评价转换，在传统常用的总结性评价基础上，转向更加重视学期初的诊断性评价，尤其重视日常阶段性的形成性评价，通过加强过程评价，达到预期的教学目标。

　　三是从重他人及外部评价向纳入自我评价转化。以往的评价主体比较单一，教师成为唯一的"评判者"，通常由教师出题和打分，学生被动地接受评价。学生没有解读自己以及评价同伴的机会，无法在评价过程中发现自己、了解自己，游离于评价体系之外，他们只能被动地接受教师制定的评价标准以及所做出的评判结果。事实上，评价应该是教师、学生等多主体进行的教学成效共同建构过程：教师在学生评价中应当起到帮助和促进的作用，学生则应既是评价的对象又是评价的主体。教学评价不该是教师机械的、程序化的评判，而应该处处体现各个评价主体之间的互动和反馈，因此，要从重视他人及外部评价向纳入自我评价转化。

　　四是从相对评价向重个体差异性评价转化。根据评价标准的参照系不同，教学评价可以分为相对评价和个体差异性评价。相对评价指在团体内以个体成绩同他人进行比较，从而确定其成绩相对等级，个体的水平是由所有参评对象组成的团体的整体状况决定的，标准化测验就是常见的相对评价。判断分数高低与否，需要通过分数在班级中的排名来确定。相对评价使学生较为客观地判断自己在团体中的地位，有助于提升竞争意识，但是横向比较容易导致学生过分地追求分数和排名，忽视学生发展全面素质，忽视学生的个体差异。如果不同学校、不同专业的学生都参照同一标准和绝对标准进行评价，那么不同个性、不同特点的学生之间的个体差异评价就得不到足够的重视，这就制约了学生个性化、多样化发展。此外，既要重视个性化的评价,也要倡导在评价当中让学生学会合作,进行既有个性又有合作的评价,因此,应该综合和动态地考察评价对象的发展变化,把个体差异性评价与其他评价结合起来使用。

2.改进高校思政课专题教学学习效果评价的环节

高校思政课专题教学评价应采用网络测试、平时考核、社会实践和期末考试相结合的全过程学习效果综合评价体系,以任务驱动学习,注重学习的过程性评价,量化评定各教学环节,力求全面客观、公平合理。另外,要注重各类评价的分析和反馈。教师要通过各种类型评价的结果了解学生的学习情况,及时发现教学中存在的问题,不断改进教学。例如,期末考试结束后,教师应当利用教务系统或教学辅助平台对考试质量进行分析和评价,主要通过计算平均分和标准差、统计与分析试题的难度和区分度等手段,观察学生的实际学习情况以及命题是否科学等因素,由考核得到的教学反馈可以帮助教师改进教学方式,提高教学水平。学习效果评价有以下四个环节。

一是网络自主学习评价。网络测试从题库抽取题目,题库的内容要全面覆盖教材每一章节的内容以及课程标准的每一个知识点,注重全面、准确地反映思政课课程标准和教材要求,命题的范围和深度应该与课程标准和教材要求相适应,做到关注基础知识且突出思想政治理论的考查。由于客观题答案唯一,知识点覆盖面广,评分准确快速,网络测试主要采用客观题的形式。网络"课堂讨论区"中设置多个讨论题供互动交流。成绩由发/回帖数、点赞数、置顶和精华帖综合考核,同时开设教师答疑区和综合讨论区,扩大自由交流,作为平时考核的参考依据。

二是电子档案袋评价。档案袋评价是通过学生、教师系统地收集相关学习材料以检查学生的努力过程、进步程度和取得的成就等。[1] 档案袋评价能够通过组织学生收集其学习过程中的各项信息——作业信息、考试信息、代表性作品、学术论文、成长反思等,系统地反映学生的学习成长轨迹。思政课教师承担了大量的教学工作,开展传统的档案袋评价耗时费力,让很多人因此望而却步。随着网络电子技术的发展以及各种网络教学辅助平台

---

[1] 奥尔纳·法雷尔:《高等教育档案袋的演变:过去、现在和未来》,张永胜译,《中国远程教育》2021年第4期。

的普及,电子档案袋的出现极大地方便了教师对学生相关信息的收集以及评价,极大地减轻了教师的工作量。① 电子档案袋能为学生提供一个自我展示的空间,通过过程管理,调动其学习积极性,提高对思政课教学过程的全面监控和管理能力。思政课电子档案袋可分为学习参与过程档案袋、实践专题研究档案袋、思想政治素养档案袋等。其中,学习参与过程档案袋收集的是学生在课堂参与互动答题、课堂小测等系列表现情况,"课堂派""雨课堂"等教学辅助平台能够即时收集课堂答题情况并打分,在互动测试环节也能即时给出学生的答题情况,期末再利用系统一次性导出学生的学习情况及分数,极大地方便了教师的统计。实践专题研究档案袋用于收集学生的实践专题研究作业的完成过程、结果和感悟等,可由助教在期末的时候统一收集。思想政治素养档案袋则收集学生与思政课相关的马克思主义原著读书笔记、研学论文、入党申请书、思想汇报或者参与社团活动、志愿者活动等材料,以对学生的思想政治素养进行全面评价。在实际操作中,根据档案袋评价目标和种类来确定收集的内容,电子档案袋的形式可以是图片、文字、视频、音频等。② 电子档案袋评价可通过教师评判、学生自评、同伴互评等多元评价主体的方式开展,反馈方式可以是打分数、分等级、写书面评语等。总的来说,电子档案袋评价可以让学生成为学习与评价的主体,充分体现学生的自主性和个性。通过收集和整理学生档案袋,思政课教师能随时掌握班上每位学生的学习情况,对教学进度进行相应的调整。电子档案袋评价方法注重学生参与,提供了其他评价手段无法提供的有关学生学习与发展的重要信息,但由于收集的学生作品不一,教师很难制定统一且合适的评价标准去判断档案袋的质量,其评价结果带有比较强的主观性。此外,由于班级人数众多,收集、整理、评价必然大大增加教师的工作量,在实际教学中,可充分利用网络教学辅助平台的功能,重点开展收集"学习参与过程档案袋"的工作。

三是社会实践项目评价。社会实践以一个具体项目为依托,鼓励学生

---

① 刘洋、兰聪花、马炅:《电子档案袋评价与传统教学评价的比较研究》,《电化教育研究》2012年第2期。

② 陆小玲:《多元化教育评价视野下的电子档案袋评价》,《黑龙江高教研究》2012年第8期。

以小组合作的形式进行文献检索、分工调查、展示汇报等。社会实践项目主要用于引导学生进行探究性学习,是对专题教学内容的延伸和拓展。社会实践项目评价则是系统地衡量一个学习者运用所掌握的知识去解决问题或完成一项任务的能力。一般来说,项目评价活动可按"4P"程序开展:计划(planning)、准备(preparing)、产出(producing)和展示(presenting)。[1] 在计划阶段,教师可利用授课专题,结合时政热点、学生关注的社会热点等设计社会实践项目选题。选题可以由教师提供或者由学生自主选择,但应该确定一个学生比较熟悉的话题,让学生能结合思政课相关原理展开相关的实践活动。随后,确定学生合作形式、课堂展示形式以及评价机制,学生根据社会实践项目要求,组成小组,确定好组内分工。为防止学生搭便车行为,一般小组的人数不能太多,以5~8人为宜。在准备阶段,学生分头收集文献资料,定期对所收集的资料进行讨论,讨论的内容可围绕后续的实践形式、访谈内容、问卷设计等展开。在产出阶段,学生分头进行发放问卷、街头采访、实地调研、座谈研讨等实践活动,按要求整理成图文,制作PPT并形成实践报告。在展示阶段,由各小组派代表上台展示实践成果,教师组织各个小组的组长对成果进行评价,评价的维度包括:展示者是否精神饱满、声音洪亮、条理清楚;观点是否鲜明、是否具备逻辑性和启发性,展示效果如何;报告是否重点突出、内容充实、信息量大、分析到位;实践内容能否反映或联系思政课相关理论观点,论点是否正确,论据是否充分;PPT是否图文并茂,能给人思考、联想。学生的展示形式既可以是一次演讲汇报,也可以是一次辩论,还可以是情景剧表演,应该给予学生较大的展现个性的空间,也应该为师生进行项目讨论预留一些时间。在社会实践项目评价中,评价的主体可以是教师,也可以是学生。鼓励学生积极参与课堂展示的评价,提高自我判断和反思能力。[2] 社会实践项目评价有以下一些优点:(1)该类评

---

[1] S. Bell, Project-Based Learning for the 21st Century: Skills for the Future, *The Clearing House*, 2010(2).

[2] 张力转:《思想道德修养与法律基础课程评价体系多元化的研究》,《教育观察》2019年第20期。

价任务是一个能较好考查学生综合素质的手段。① 学生在完成过程中需要收集文献、分析讨论、实践调研、提出对策,实践项目综合体现了思想理论品质、学习能力素养、语言表达能力等各方面素质。(2)能够极大提高学生的学习兴趣和参与度,充分发挥学生学习过程中的主体作用,同时也能给教师提供观察评价学生的机会,使教师更全面细致地了解学生理论联系实际的能力。(3)能锻炼学生的合作意识,培养团队合作精神。由于实践项目需要分组进行,每个小组的学生需各司其职,学会与组员沟通交流。虽然开展社会实践项目对学生灵活运用马克思主义原理、锻炼各方面能力的帮助很大,但它也有不足之处,主要是课时较少,学生课业重,实践活动只能就近展开,选题方面受到不少的限制。此外,社会实践项目评价依然以展示阶段的总结性评价为主,其他三个阶段的过程评价的主观性较大,因而只能作为参考指标。

　　四是期末考核评价。期末考试命题应该科学地选择考试题型,注意理论知识考核与实践能力考核相结合。由于高校思政课专题教学主要围绕重大理论现实问题和社会热点进行设计,期末考试应该更多地侧重学生理论联系实际能力的考核,主要采用论述题和材料题的形式。考试内容范围通过考前召开的课程组教学活动集体确定,并由任课教师集体统一命题。命题要求题型多样、侧重应用、突出重点、结构合理。在论述题和材料题方面,命题要紧扣时代热点,联系时政热点、社会实际和学生生活,要求学生从不同层面、不同角度运用所学的基本理论和马克思主义的基本立场、观点、方法分析现实问题,做到学以致用。期末测试由课程组流水阅卷评定期末成绩,整体命题应该难度适当,命题要符合大多数学生的实际水平,并使成绩符合正态分布。期末考核评价对学生学习、接受、运用知识的能力和效果进行全面、客观的考评,调动学生在网络自学、课堂互动、实践训练等方面的学习积极性,达到预期的教学效果。

　　构建学习效果评价综合指标体系要关注学生学习的成果,也要关注学生学习过程中的态度和行为,要体现对学生课外自觉主动学习和课内积极

---

① 于海涛:《高校思想政治理论课考评体系改革实践探索》,《黑龙江高教研究》2015年第12期。

参与讨论的激励,也要体现对学生协作能力的评价和团队成员的互评。总之,学习效果评价综合指标体系要将学生线上自学、课内学习和课外实践相结合,充分体现对学生学习的过程性评价,全面反馈线上、线下整体的学习效果。

三、高校思政课专题教学评价的原则和方式

当前,高校思政课专题教学工作评价正逐步改进,只有坚持多元立体的评价体系,透过科学的评价模式、合理的评价方法、规范的评价指南、标准的评价模型,从技术上合理设置各方评价的权重,在制度上对各方面的评价过程进行完善和规范,以及降低评价过程中人为因素的影响,才能不断增强思政课教学工作评价的科学性和有效性。

1. 高校思政课专题教学工作评价的原则

一是评价观念的发展性。教学工作评价的目的除了促进教学效果的提升,更要关注教师的可持续发展。[1] 评价方法的使用是为了教师能更好地进步,而不是遏制教师的发展,因此,要树立发展性的教学工作评价观念。高校在制定区分性评价时应该更多地考虑教师自身的发展,要让每一位教师都了解教学工作评价的目的,营造良好的评价氛围,消除教师对评价所带来的奖惩、晋级、调动等思想负担,才能使教师坦然面对评价,克服自身的缺点与不足,朝着更好的职业方向发展。同时,学校应该更多地了解教师的职业发展诉求,提供更多的晋升发展机会,才能激发教师的积极性和创造性,为学校的发展做出更大的贡献。只有这样,才能使学校和教师完成各自的目标,既促进了教师的个人发展,也增强了高校的竞争力。[2]

二是评价主体的多元化。由于个人的语言行为、情感倾向、态度表现等具有强烈的主观性,每一个评价主体都存在着个人的主观偏好,例如,学生评价法只是来自学生方面的评价,可能会因为教师个人的教学风格、学生的偏好甚至获取学分的难易等多方面因素而造成评价的片面性。因此,评价

---

[1] 沈红:《论大学教师评价的目的》,《高等教育研究》2012 年第 11 期。
[2] 杨卫东、张征:《探索回归本真的高校教师教学评价》,《教育研究》2016 年第 12 期。

主体的多元化是教学评价客观性的基本保障。此外,教学活动是一个非常复杂的系统,任何一个评价标准都不是万能的,都会存在优缺点,因此,评价方式也要注重多样化,有必要构建思政课教学工作评价的长效机制和指标体系,建立更为完善的评价模型,采取多层次、多维度、全过程评价方法,收集多方面的证据,只有不同的方法相互配合,才能使评价体系系统化、科学化、规范化。

三是评价过程的差异化。每一个教师的教龄、教学风格都存在差异,不同的思政课课程也会有一定的差异,在不同的情境下应该选择适合的评价方式,做到具体问题具体分析,才能使评价方式更加科学和人性化,最大限度地发展教师的能力,而不是仅仅将其作为评价教师绩效的工具。比如青年教师和老教师在教学经验、知识储备、教学风格、对新媒体的熟练程度等方面都会存在较明显的差异。每一门思政课的评价方式也应有所区别。

四是评价结果的反馈。以前,教学工作评价结果的反馈未能得到足够的重视,导致评价活动没有达到应有的目的,主要表现在被评价教师不太熟悉评价的流程,也不清楚详细的评价标准,无法及时获取自己的评价结果。这样的教学工作评价只能流于形式,起不到让教师自我反思、自我提升的作用。学校和学院应该设立相应的评价结果反馈机制和奖惩机制,表彰先进,鞭策后进。对于优秀教师给予绩效奖励和精神鼓励,对于表现不合格的教师应促其反思改进。只有对教师的绩效结果进行及时的反馈,才能促使教师更好地发展。

2.构建专题教学工作评价体系

教学工作评价是一项长期、系统的工作,其结果要从激励体系、晋升体系等方面得到反映和执行,以期促进教学工作。因此,学校必须建立以教学质量管理与教学工作评价为核心的制度体系,从制度上确保教学工作评价顺利、有效、持续地进行。从硬件条件来看,教学工作评价的客观、全面、有效进行,需要一个科学、合作的校内教学工作评价系统,可以设立教学工作评价中心作为教学工作评价的执行结构,其主要任务有三个方面:组建教学评价专家团队;负责校内自评的各项工作的组织与实施:制定方案、组织落实、汇总数据,反馈结果;监督落实整改情况等。从软件条件来看,通过评价软件系统,采用"比例异常分数剔除"计算方法,按参评人员的数量,以一定的比例去除最高分和最低分,计算出平均分。利用"均值插入换算法"对测评平均分再进行一次处理,转换后的标准分才是最终测评的依据。对测评数据进行处理与转换,最大限度地避免了不公正打分、评价尺度差异、评价人数不同等因素的影响。①

3.专题教学工作评价的具体实施

在以学生为中心的新的教学理念下,吸纳学生、教学督导、同行教师、教师自身共同参与,通过测评和教师自评方式,共建课堂质量保障机制。教育部印发的《新时代高校思想政治理论课教学工作基本要求》中明确指出:"要建立健全多元评价机制,采用教师自评、学生评价、同行评价、督导评价、社会评价等多种方式,对教师教学质量进行综合评价。"②社会评价等方式操作难度大,成本偏高,可行性不强,这里重点探讨其他四种教学工作评价,这可以消除不同评价主体的偏差,扬长避短,帮助完善评价结果,使其更加公平合理。

一是学生评价。学生是教学工作的中心,作为教学工作最直接的参与者,学生必然需要参与教学工作的评价。这可以增强学生在教学过程中的主体意识和责任意识,更重要的是,学生的评价意见可以促使教师转变教学理念、调整教学内容、改进教学方法、提高教学水平。当前大多采用的是网络评价系统,便于评价结果快速准确地统计、分析和查看。为了保护学生的隐私,同时便于学生客观如实地填写问卷,评价系统一般采用匿名的形式,从而使课程及授课教师能够获得最准确和最真实的评价。此外,还可以通过和学生课后谈话、召开期中座谈会、发放调查问卷等方式了解教师的教学效果,以此作为网络评价的补充。学生评价的问卷一般分为两种类型:一类属于学校针对所有课程设计的通用问卷,主要包括对课程教学效果的总体评价,对授课教师的总体评价,包括教学态度、教学内容、教学方法等,并对各个类别设计相应的分值和权重。这些评价结果反馈给相关部门和教师,能够客观地了解课程教学效果和授课教师的教学情况,便于及时做出调整

---

① 王莎:《新时代高校思想政治教育评价的数字化变革》,《思想理论教育》2021年第12期。
② 本书编写组编:《中华人民共和国学校思想政治理论课重要文献选编》,人民出版社2022年版,第1487页。

和改进。同时其他学生在选课的时候,也能够看到以往学生对该课程的评价,对其选课起到借鉴和指导作用。另一类是学院自行设计的评价调查问卷,题目则主要是选择题和简答题,题目相对较多,涉及的方面也更具体:如任课教师的课前准备、课堂表现、学生的课程表现、师生之间的互动、专题教学的内容与形式、实践教学的开展方式、网络测试的形式、理论教学和实践教学时间分配比例、学习思政课的动力、影响思政课教学效果的因素、思政课教师最需具备的素质、课程考核方式、思政课亟待解决的问题等。学生评价的优势在于全程相对中立,学生是在教师讲完一门课后参与评价的,不像督导、同行的评价只是观摩其中的若干节课,甚至是一节课,这就是学生评价的最大优势。[①] 但是专题教学也给学生评价提出新的挑战,由于不少专题的主讲教师是轮换到不同班级授课,学生一个学期可能要面对多位不同的授课教师,传统的评价方式就不适用了。不过,自媒体教务系统可以在一定程度上解决这个问题。一堂课授课完毕,学生就可以在系统上对该教师进行评价。当然,学生评价经常受到认知偏差和非理性因素的干扰,难免失之偏颇。比如,有些学生对思政教育的原则理解不足,对教师的教学工作了解并不全面,或是根据教师的职称职务、严厉与否甚至是颜值而打人情分。

　　二是督导评价。学生对教学效果的评价并不是唯一的因素,思政课教学质量评价的主力军在教师。[②] 建设一支结构合理、教学经验丰富的教学督导评价队伍,通过巡视、听课、检查、座谈等多种形式,确保督导评价工作客观公正,体现评估过程及其结论的专业度,真正落实"学术治校、专家治校"的办学思想。建立学校、学院两级教学督导机构,根据教学工作评价的相关要求,负责督导课程建设情况、教学实施情况、课堂教学质量等不同层次、不同环节的教学情况。评价队伍通常由领导与教师构成,年龄结构最好老中青相结合,以具有多年教学经验的退休教师为主,补充一些教学成果丰富的中青年教师。专家评价队伍组建后,按照学校、学院的教学评价标准,深入教学第一线,追踪教学全过程,开展教学工作评价,对每门课程、每位教

[①] 孙文静、陈桂:《基于学生评教的高校思政课教师课堂教学能力评估与诊断》,《学校党建与思想教育》2020年第11期。

[②] 余双好:《关于思想政治理论课教学质量评价问题的思考》,《学校党建与思想教育》2018年第13期。

师都给出评定，提出改进意见和建议。随着智慧教室的广泛使用，教学督导也可以通过教室的视频监控观察课堂教学运行状况。在此情况下，聘请一些技术人员负责考勤等常规的课堂状况的监督巡视，教学督导就能腾出更多的精力在教学质量的评估上。督导评价的优势是相对中立，能够以旁观者、审视者的身份全面考察教学工作，从而对教学工作做出更加客观、科学的评价。但督导评价也存在不足。教学督导教学经验丰富，但是部分督导员与思政课专业不对口，他们参与评价难免有专业评价偏见，评价与自己专业跨度比较大的课程，有时会落入经验主义陷阱而做出不恰当的评价。教学督导无法像学生全程听课，随机听课也会由于被评教师的教学进度、内容安排的限制而产生偶然偏差，不能全面地反映教师整体的教学水平。管理干部的特殊身份，可能使教师感到紧张，影响教师课堂教学的正常发挥。此外，管理干部行政工作繁忙，抽空听课往往只是蜻蜓点水，在进行评价工作时也可能产生评价偏差。

三是同行评价。同一个教研部、同一门课的教师之间最为了解。开展同行评价，他们既是被评价者，也是评价他人的评价者。同行教师都是该学科和课程的专家，非常熟悉专题内容、教学设计、教学组织等各个环节，因而最有发言权。同行相互评议常常能够彼此给对方提出更为专业和中肯的意见，针对性强，效果好，应是重点使用的方式。除了常规的同行教学观摩，还可以透过优秀教师的公开课、中青年教师的教学比赛、入职教师的岗前培训等活动展开同行评价。同行评价的优势是同行通常对思政课的具体内容比教学督导更为熟悉，他们在听课后能提出更具有针对性的教学改进意见。同行评价还有利于激发教师的工作热情，增进教师之间的相互了解与沟通，共同促进教学质量的提高。当然，在同行评议中，必须防止人际关系的影响，避免感情用事、违心评价，使评价结果不够客观。另外，由于同行评价的时间安排不同，被评价师当时的教学进度、授课内容具有随机性，无法整体地评价教师真实的授课水平。

四是教师自评。传统的教学工作评价将教师自评排除在评价工作之外，这是必须改进的方面。教师自我评价能有效改进教学的内在动力，应该成为教学工作评价的重要一环和终极一环。从心理学角度看，教师自我评价过程就是自我反思、自我激励和自我提高的过程。事实上，内在的动机比外部的压力更具鞭策作用。学生、督导和同行虽然给教师提供了不同角度的反馈，但教师如果不能心悦诚服地接受外部评价，自觉主动地进行反思，就很难有正确的自我定位并审视和改进自己的教学。因此，教师正确地自我认知和纠偏是改善教学工作最关键的一环。教师自我评价的优势是符合促进教师成长的管理理念，体现了对教师的尊重，使评价工作能够顺利取得教师的理解和支持，增进了教师参与评价的积极性，增强教师的责任感，使其在自我诊断、自我整改的过程中不断提升教学质量。教师自我评价的劣势是教师自评的结果可能倾向于高出个人的真实水平，如果评价结果和考核评优、工资绩效等利益挂钩的话，自我评价的高评倾向也许会更加突出。因此，虽然我们倡导教师自评的反思文化，但暂时不建议将教师自评纳入最后的权重。

参考文献

1.《马克思恩格斯选集》第 1 卷，人民出版社 2012 年版。
2.《马克思恩格斯选集》第 2 卷，人民出版社 2012 年版。
3.《马克思恩格斯选集》第 3 卷，人民出版社 2012 年版。
4.《马克思恩格斯选集》第 4 卷，人民出版社 2012 年版。
5.《马克思恩格斯文集》第 1 卷，人民出版社 2009 年版。
6.《马克思恩格斯文集》第 2 卷，人民出版社 2009 年版。
7.《马克思恩格斯文集》第 3 卷，人民出版社 2009 年版。
8.《马克思恩格斯文集》第 4 卷，人民出版社 2009 年版。
9.《马克思恩格斯文集》第 5 卷，人民出版社 2009 年版。
10.《马克思恩格斯文集》第 6 卷，人民出版社 2009 年版。
11.《马克思恩格斯文集》第 7 卷，人民出版社 2009 年版。
12.《马克思恩格斯文集》第 8 卷，人民出版社 2009 年版。
13.《马克思恩格斯文集》第 9 卷，人民出版社 2009 年版。
14.《马克思恩格斯文集》第 10 卷，人民出版社 2009 年版。
15.《马克思恩格斯全集》第 1 卷，人民出版社 1995 年版。
16.《马克思恩格斯全集》第 3 卷，人民出版社 1995 年版。
17.《马克思恩格斯全集》第 40 卷，人民出版社 1982 年版。
18.《马克思恩格斯全集》第 42 卷，人民出版社 2016 年版。
19.《马克思恩格斯全集》第 44 卷，人民出版社 2001 年版。
20.《马克思恩格斯全集》第 47 卷，人民出版社 2004 年版。
21.马克思:《剩余价值学说史》第 3 卷，郭大力译，上海三联书店 2009 年版。

22.《列宁全集》第1卷,人民出版社2013年版。
23.《列宁全集》第23卷,人民出版社2017年版。
24.《列宁全集》第28卷,人民出版社2017年版。
25.《列宁全集》第29卷,人民出版社2017年版。
26.《列宁全集》第47卷,人民出版社2017年版。
27.《列宁全集》第55卷,人民出版社2017年版。
28.《列宁选集》第2卷,人民出版社2012年版。
29.《列宁选集》第4卷,人民出版社2012年版。
30.《毛泽东选集》第1卷,人民出版社1991年版。
31.《毛泽东选集》第2卷,人民出版社1991年版。
32.《毛泽东选集》第3卷,人民出版社1991年版。
33.《毛泽东选集》第4卷,人民出版社1991年版。
34.《毛泽东文集》第1卷,人民出版社1993年版。
35.《毛泽东文集》第7卷,人民出版社1999年版。
36.《邓小平文选》第2卷,人民出版社1994年版。
37.《邓小平文选》第3卷,人民出版社1993年版。
38.《江泽民文选》第1卷,人民出版社2006年版。
39.《习近平著作选读》第1卷,人民出版社2023年版。
40.《习近平著作选读》第2卷,人民出版社2023年版。
41.《习近平谈治国理政》第2卷,外文出版社2017年版。
42.《习近平谈治国理政》第3卷,外文出版社2020年版。
43.《习近平谈治国理政》第4卷,外文出版社2022年版。

44.习近平:《高举中国特色社会主义伟大旗帜 为全面建设社会主义现代化国家而团结奋斗——在中国共产党第二十次全国代表大会上的报告》,人民出版社2022年版。

45.习近平:《在北京大学师生座谈会上的讲话》,人民出版社2018年版。

46.中共中央党史和文献研究院、中央学习贯彻习近平新时代中国特色社会主义思想主题教育领导小组办公室编:《习近平新时代中国特色社会主义思想的世界观和方法论专题摘编》,党建读物出版社、中央文献出版社2023年版。

47.本书编写组编:《习近平总书记教育重要论述讲义》,高等教育出版社 2020 年版。

48.本书编写组编:《十九大以来重要文献选编》(上),中央文献出版社 2019 年版。

49.《毛泽东一九三六年同斯诺的谈话》,人民出版社 1979 年版。

50.冯刚主编:《理直气壮开好思政课——把握新时代思政课建设规律》,人民出版社 2019 年版。

51.冯刚等:《高校思想政治教育工作质量评价研究》,人民出版社 2020 年版。

52.顾钰民主编:《高校思想政治理论课教学方法研究》,复旦大学出版社 2012 年版。

53.郭凤志主编:《高校思想政治理论课程建设研究》,北京师范大学出版社 2019 年版。

54.艾四林:《新时代如何办好思想政治理论课》,人民出版社 2019 年版。

55.本书编写组编:《中华人民共和国学校思想政治理论课重要文献选编》,人民出版社 2022 年版。

56.教育部社会科学司组编:《普通高校思想政治理论课文献选编(1949—2008)》,中国人民大学出版社 2008 年版。

57.彭付芝编著:《新中国成立 70 年高校思想政治理论课建设》,知识产权出版社 2019 年版。

58.佘双好:《思想政治理论课程教学法探析》,中国人民大学出版社 2018 年版。

59.张雷声:《思想政治理论课教学的境界》,中国人民大学出版社 2018 年版。

60.刘建军:《师说:新时代思政课》,天津人民出版社 2023 年版。

61.刘建军:《马克思主义信仰研究》,中国人民大学出版社 2021 年版。

62.周向军、刘欣堂主编:《高校思想政治理论课专题教学设计精选》,山东人民出版社 2024 年版。

63.刘宇新主编:《专题教学:改变从教师开始》,北京师范大学出版社 2012 年版。

64.何齐宗:《联合国教科文组织教育文献研究:教育理念的视角》,人民出版社 2020 年版。

65.张楚廷:《大学的教育理念》,西南师范大学出版社 2015 年版。

66.陈锋等:《爱与自由:外国十大教育家经典教育理念》,北京大学出版社 2014 年版。

67.袁振国等:《从反正到立新——教育理念创新之路》,华东师范大学出版社 2018 年版。

68.施良方:《课程理论——课程的基础、原理与问题》,教育科学出版社 1996 年版。

69.徐英俊:《教学设计》,教育科学出版社 2001 年版。

70.林格:《管一辈子的教育》,清华大学出版社 2010 年版。

71.江涌:《谁在操纵世界的意识:从苏联解体到"颜色革命"》,社会科学文献出版社 2018 年版。

72.许书明:《语文有效课堂教学设计与实施》,中国社会科学出版社 2011 年版。

73.陶行知:《陶行知全集》第 1 卷,湖南教育出版社 1984 年版。

74.孙正聿:《哲学通论》,人民出版社 2010 年版。

75.罗伯特·哈钦斯、莫蒂默·艾德勒主编:《西方名著入门》第 9 卷,商务印书馆 1995 年版。

76.艾·爱因斯坦、利·英费尔德:《物理学的进化》,周肇威译,湖南教育出版社 1999 年版。

77.苏霍姆林斯基:《给教师的建议》,周蕖等译,长江文艺出版社 2014 年版。

78.弗里德里希·尼采:《教育何为?》,周国平译,北京十月文艺出版社 2019 年版。

79.格兰特·威金斯、杰伊·麦克泰格:《追求理解的教学设计》,闫寒冰等译,华东师范大学出版社 2017 年版。

80.安德烈·焦尔当:《学习的本质》,杭零译,华东师范大学出版社 2015 年版。

81.克里希那穆提:《教育就是解放心灵》,张春城、唐超权译,九州出版社 2010 年版。

82.胡森主编:《教育大百科全书》第 1 卷,丛立新、赵静等译,西南师范大学出版社 2011 年版。

83.伯特兰·罗素:《哲学问题》,何兆武译,商务印书馆 2007 年版。

84.卡尔·冯·克劳塞维茨:《战争论》,艾跃进编译,中国工人出版社 2015 年版。

85.安东尼·吉登斯、克里斯多弗·皮尔森:《现代性——吉登斯访谈录》,尹宏毅译,新华出版社 2001 年版。

86.乌尔里希·贝克、安东尼·吉登斯、斯科特·拉什:《自反性现代化:现代社会秩序中的政治、传统与美学》,赵文书译,商务印书馆 2014 年版。

87.雅斯贝尔斯:《什么是教育》,邹进译,生活·读书·新知三联书店 1991 年版。

88.黑格尔:《逻辑学》(下),杨一之译,商务印书馆 2011 年版。

89.佐藤正夫:《教学论原理》,钟启泉译,人民教育出版社 1996 年版。

90.拉尔夫·泰勒:《课程与教学的基本原理》,罗康、张阅译,中国轻工业出版社 2008 年版。

91.布卢姆:《教育评价》,邱渊等译,华东师范大学出版社 1987 年版。

92.约翰·D.布兰思福特等编著:《人是如何学习的》,程可拉等译,华东师范大学出版社 2013 年版。

93.习近平:《把思想政治工作贯穿教育教学全过程 开创我国高等教育事业发展新局面》,《人民日报》2016 年 12 月 9 日第 1 版。

94.习近平:《在纪念马克思诞辰 200 周年大会上的讲话》,《人民日报》2018 年 5 月 5 日第 2 版。

95.习近平:《在庆祝改革开放 40 周年大会上的讲话》,《人民日报》2018 年 12 月 19 日第 2 版。

96.《习近平首次点评"95 后"大学生》,《人民日报》2017 年 1 月 3 日第 2 版。

97.习近平:《在哲学社会科学工作座谈会上的讲话》,《光明日报》2016 年 5 月 19 日第 6 版。

98.习近平:《思政课是落实立德树人根本任务的关键课程》,《求是》2020 年第 17 期。

99.习近平:《辩证唯物主义是中国共产党人的世界观和方法论》,《求是》2019 年第 1 期。

100.习近平:《在打好精准脱贫攻坚战座谈会上的讲话》,《求是》2020 年第 9 期。

101.习近平:《第四批全国干部学习培训教材〈序言〉》,《人民日报》2015 年 2 月 28 日第 1 版。

102.《坚持中国特色社会主义教育发展道路 培养德智体美劳全面发展的社会主义建设者和接班人》,《光明日报》2018 年 9 月 11 日第 1 版。

103.《坚持党的领导传承红色基因扎根中国大地 走出一条建设中国特色世界一流大学新路》,《人民日报》2022 年 4 月 26 日第 1 版。

104.《在常学常新中加强理论修养 在知行合一中主动担当作为》,《人民日报》2019 年 3 月 2 日第 1 版。

105.《习近平在中共中央政治局第四十三次集体学习时强调 深刻认识马克思主义时代意义和现实意义 继续推进马克思主义中国化时代化大众化》,《党建》2017 年第 10 期。

106.《不断开创新时代思政教育新局面 努力培养更多让党放心爱国奉献担当民族复兴重任的时代新人》,《人民日报》2024 年 5 月 12 日第 1 版。

107.《紧紧围绕立德树人根本任务 朝着建成教育强国战略目标扎实迈进》,《人民日报》2024 年 9 月 11 日第 1 版。

108.《进一步加强和改进大学生思想政治教育工作大力培养造就社会主义事业建设者和接班人》,《人民日报》2005 年 1 月 19 日第 1 版。

109.郭凤志:《"马克思主义基本原理概论"课专题教学的基本思路》,《思想理论教育导刊》2010 年第 9 期。

110.孙熙国:《转变思路,用好课堂主渠道》,《光明日报》2017 年 6 月 1 日第 14 版。

111.陈锡喜:《论马克思主义理论创新中坚持问题导向的科学路径》,《思想理论教育》2017 年第 6 期。

112.王岩、郭凤龙:《在着力"六个结合"中展现"大思政课"的善用之道》,《马克思主义与现实》2022 年第 5 期。

113.韩喜平:《以问题导向推动马克思主义理论学科发展》,《理论与改革》2019年第3期。

114.孙宗伟、岳从欣:《高校思想政治理论课没有正当性吗?——对几种质疑的评析》,《思想理论教育导刊》2016年第6期。

115.孙正聿:《理论课要会"讲理"——我讲"哲学通论"》,《中国高等教育》2004年第2期。

116.吴潜涛、姜苏容:《坚持价值性和知识性相统一 推动思想政治理论课改革创新》,《思想理论教育导刊》2019年第7期。

117.吴潜涛、陈越:《坚持建设性和批判性相统一 推动思政课改革创新》,《中国高等教育》2019年第10期。

118.余丰玉:《思政课改革创新要坚持价值性和知识性相统一》,《中国高等教育》2019年第10期。

119.裴娣娜:《现代教学论生成发展之思:怀特海过程哲学的方法论启示》,《教育学报》2005年第3期。

120.汪晓东、李翔、宋静思:《总书记这样和大学生谈心》,《人民日报》2021年12月1日第1版。

121.余一凡:《"思想道德与法治"课人生观部分重难点解析》,《思想教育研究》2021年第8期。

122.汪霞:《对教学设计问题的几点思考》,《教学探索》2004年第12期。

123.房广顺、刘培路:《思想政治理论课建设坚持统一性与多样性相统一论析》,《思想理论教育》2020年第1期。

124.白永生、方雷:《高校思想政治理论课守正创新坚持统一性和多样性相统一的理论意蕴》,《学校党建与思想教育》2019年第9期。

125.杨美新、郭燕萍:《思政课坚持统一性和多样性相统一论析》,《大学教育科学》2020年第6期。

126.孙蚌珠:《理论为本·内容为王·因材施教——提升思想政治理论课教学质量的思考》,《思想理论教育导刊》2017年第9期。

127.刘承昊、华表、丁威:《高校思想政治理论课"因材施教"典型创新案例研究——基于清华大学思想政治理论课教学实践创新》,《北京教育(德育)》2018年第11期。

128.党锐锋:《思想政治理论课改革创新的主导性和主体性相统一研

究》,《思想理论教育导刊》2019 年第 7 期。

129.程美东:《让真理和思想的光辉照亮思想政治理论课课堂——基于 2017 年教育部思想政治理论课大听课的一点思考》,《思想教育研究》2017 年第 7 期。

130.何洪兵:《论高校思想政治理论课坚持主导性与主体性相统一》,《学校党建与思想教育》2019 年第 13 期。

131.董雅华:《思想政治理论课教学坚持主导性与主体性相统一论析》,《思想理论教育》2020 年第 3 期。

132.许桂清:《高校大班教学背景下通识教育课程小组研讨模式探讨》,《中国现代教育装备》2016 年第 13 期。

133.张阳:《思想政治理论课"灌输性与启发性相统一"的教育之路》,《思想理论教育导刊》2020 年第 2 期。

134.冯秀军、咸晓红:《思想政治理论课改革创新要坚持灌输性和启发性相统一》,《思想理论教育导刊》2019 年第 7 期。

135.施丽红、吴成国:《高校思想政治理论课坚持灌输性与启发性相统一的实践路径分析》,《思想教育研究》2021 年第 3 期。

136.《守护红色资源 传扬红色精神》,《中国旅游报》2021 年 6 月 29 日第 2 版。

137.黄建军、赵倩倩:《高校思想政治教育显性教育和隐性教育相统一的内在逻辑与路径优化》,《思想教育研究》2020 年第 11 期。

138.佘双好:《办好思想政治理论课须坚持显性教育与隐性教育相统一》,《红旗文稿》2019 年第 15 期。

139.佘双好、张琪如:《高校思想政治理论课课程评价的特点及改革路径》,《思想理论教育》2021 年第 3 期。

140.佘双好:《关于思想政治理论课教学质量评价问题的思考》,《学校党建与思想教育》2018 年第 13 期。

141.胡大平:《坚持显性教育和隐性教育相统一 全面提升高校立德树人水平》,《思想理论教育导刊》2019 年第 7 期。

142.高国希:《坚持显性教育和隐性教育相统一》,《中国高等教育》2019 年第 11 期。

143.曹继军、颜维琦:《上海高校全员参与共绘育人"同心圆"》,《光明日报》2018年1月3日第8版。

144.崔建霞:《论新时代高校思想政治理论课案例教学的中国属性》,《思想理论教育导刊》2019年第12期。

145.肖贵清、车宗凯:《新时代思想政治理论课如何讲好全面建成小康社会故事》,《思想理论教育导刊》2020年第11期。

146.肖贵清:《论新时代思想政治理论课的制度化建设》,《思想理论教育导刊》2021年第4期。

147.熊晓琳、李国庆:《新时代思想政治理论课教师教学能力探究》,《思想理论教育导刊》2023年第4期。

148.熊晓琳、孙希芳:《高校思政课教师的核心素养及提升路径》,《思想理论教育导刊》2022年第7期。

149.王静:《高校思政课问题链教学法的运用与思考》,《思想理论教育导刊》2021年第11期。

150.陈红、米丽艳:《高校思政课专题教学设计问题导向的实现路径》,《中国高等教育》2018年第24期。

151.赵洁:《"思想道德修养与法律基础"课问题导向式教学的探索与思考》,《思想理论教育导刊》2018年第8期。

152.费英秋、于欣宜:《问题导向式教学法研究——以形势与政策课为例》,《思想政治教育研究》2020年第2期。

153.谭顺、丁乃顺、刘芳:《六问法:思想政治理论课教学突出问题导向的探索》,《思想教育研究》2017年第10期。

154.赖绍聪:《有效构建以问题为导向的课堂教学范式》,《中国大学教学》2021年第9期。

155.易彪:《"中国近现代史纲要"课开展研讨式教学要把握好的几个问题》,《思想理论教育导刊》2012年第10期。

156.吴健:《基于案例的参与式研讨教学法——结合"资源与环境经济学"教学的思考》,《中国大学教学》2020年第9期。

157.龙迎伟、王利华:《全要素驱动的高校思政课研讨式实践教学改革与探索》,《中国高等教育》2018年第22期。

158.安静:《5G技术背景下高校思政课改革的机遇、挑战与路径》,《思想理论教育导刊》2022年第4期。

159.于瑾、胡晓红:《以教学环境提升思想政治理论课教学品质的路径探究》,《思想理论教育导刊》2019年第11期。

160.张润枝、梁瑶:《关于推进思想政治理论课混合式教学的若干思考》,《思想理论教育》2021年第1期。

161.张乐、张云霞:《"翻转课堂"教学模式在高校思政课中的应用研究》,《中国高等教育》2018年第1期。

162.张瑜、金哲:《指向深度融合的思想政治理论课混合式教学模式探索——以"思想道德修养与法律基础"课程为例》,《思想教育研究》2020年第12期。

163.马焕:《从翻转课堂到智慧课堂的思政课教学模式创新探究》,《学校党建与思想教育》2020年第16期。

164.李军刚:《高校思想政治课"混合式"教学模式探索》,《理论导刊》2019年第11期。

165.寇清杰、孙来斌、秦宣等:《疫情防控进思政课教学建议》,《思想理论教育导刊》2020年第8期。

166.徐玉生、蔡瑶:《开展"启拓教学"提升思政课质量》,《中国高等教育》2017年第17期。

167.刘先春、佟玲:《新时代大中小学思想政治理论课教师队伍一体化建设的若干思考》,《马克思主义理论学科研究》2021年第3期。

168.孙燕君、卢晓东:《小班研讨课教学:本科精英教育的核心元素——以北京大学为例》,《中国大学教学》2012年第8期。

169.徐雁平、徐兴无:《中文本科专业师生共同体构建与教学内涵拓展》,《中国大学教学》2021年第5期。

170.方芳、于国欢:《美国俄克拉荷马大学研究生助教管理制度及其启示》,《学位与研究生教育》2020年第4期。

171.朱中易、陈意德:《国内公开课发展的困境与应对策略回顾》,《教学与管理》2020年第36期。

172.熊昌萍:《集体备课与教师个性化钻研的矛盾调和》,《教学与管理》

2020年第27期。

173.黄洪雷、刘兵兵:《规范建设·集体备课·创新形式——全国高等农林院校马克思主义学院"规范教研室建设创新集体备课形式"高端论坛综述》,《思想理论教育导刊》2019年第6期。

174.张英琦、杨志平:《思想政治理论课"基于学而设计教"的教学方法体系研究》,《思想教育研究》2017年第6期。

175.何酉宁、杨浩:《学校教学信息化管理体系的构建》,《教学与管理》2017年第36期。

176.姬立玲:《新媒体环境下高校思政课教学方法创新探究》,《思想教育研究》2016年第10期。

177.高福成:《浅论高校教学管理信息化建设》,《教育理论与实践》2011年第10期。

178.王贤生:《论高校教学管理者信息素养的培养》,《高教探索》2008年第1期。

179.李蕉:《高校思政课课程评价的意蕴与困境》,《高校马克思主义理论教育研究》2020年第1期。

180.奥尔纳·法雷尔:《高等教育档案袋的演变:过去、现在和未来》,张永胜译,《中国远程教育》2021年第4期。

181.刘洋、兰聪花、马炅:《电子档案袋评价与传统教学评价的比较研究》,《电化教育研究》2012年第2期。

182.陆小玲:《多元化教育评价视野下的电子档案袋评价》,《黑龙江高教研究》2012年第8期。

183.张力转:《思想道德修养与法律基础课程评价体系多元化的研究》,《教育观察》2019年第20期。

184.于海涛:《高校思想政治理论课考评体系改革实践探索》,《黑龙江高教研究》2015年第12期。

185.沈红:《论大学教师评价的目的》,《高等教育研究》2012年第11期。

186.杨卫东、张征:《探索回归本真的高校教师教学评价》,《教育研究》2016年第12期。

187.王莎:《新时代高校思想政治教育评价的数字化变革》,《思想理论教育》2021 年第 12 期。

188.孙文静、陈桂:《基于学生评教的高校思政课教师课堂教学能力评估与诊断》,《学校党建与思想教育》2020 年第 11 期。

189.G. Kneller，Higher Learning in Britain，Berkeley：University of California Press，1971.

190.S. Bell，Project-Based Learning for the 21st Century：Skills for the Future ，*The Clearing House*，2010(2).

后 记

习近平总书记强调:"思政课的本质是讲道理。"[①]如何把道理讲深讲透讲活,这是上好思政课的关键。我长期从事高校思政课教学科研和行政管理工作,面对普遍存在的一些问题,比如照本宣科式的灌输、学理性不足、针对性不强、学生的获得感不够等,一直试图寻求破解之策。在我看来,专题教学是高校思政课改革创新的战略方向。我依此申报且获批2020年度国家社科基金高校思政课研究专项项目"推动高校思政课专题教学改革创新研究"(批准号:20VSZ120)。呈现在大家面前的这本书,便是这个项目的最终成果。

专题教学是教材体系转化为教学体系的新型载体形式。它以问题为导向,以教材为依据,以说理为手段,以认同为目标,旨在以学术讲政治,不断增强思政课的思想性、理论性和亲和力、针对性。高校思政课专题教学存在的问题主要有三个方面:专题设计的科学性不够、专题讲解的彻底性不够、专题教学管理的系统性不够。针对这三个问题,理应从教学理念、教学内容、教学模式、教学管理等方面入手推进高校思政课改革创新。专题教学理念的改革创新在于实现从体系到问题的转向、从认知到认同的转向、从说教到说理的转向。专题教学内容的改革创新在于放弃照本宣科式的照搬教材内容模式,实现从教材体系到教学体系的创造性转向。专题教学模式的改革创新在于从以"教"为中心到以"学"为中心,精选案例是关键,问题导向是灵魂,小组研讨是抓手,回答"为什么这样教"和"如何教"等一系列问题。专

[①] 《坚持党的领导传承红色基因扎根中国大地 走出一条建设中国特色世界一流大学新路》,《人民日报》2022年4月26日第1版。

题教学管理的改革创新在于改变专题教学管理不够系统和专题教学评价偏重死记硬背的方式，强调按规律办事，加强针对性和科学性，强调侧重深度理解和具体应用。高校思政课专题教学的意义在于实现理论的彻底性，让学生心服口服地接受马克思主义，达到政治认同、理论认同、情感认同和行为认同。做好专题教学的关键在于教师的理论素养和水平，"以己昏昏，使人昭昭"是绝不可能的事。

本书的分工撰写情况如下：张有奎教授负责导论、第一章、第二章，傅丽芬副教授负责第三章，李欣副教授负责第四章、第五章，全书的框架思路和统稿工作由张有奎教授负责。对于团队成员的团结奉献、真诚情怀和认真态度，我深表敬佩和感谢！

感谢 2016—2020 年教育部高等学校思想政治理论课教学指导委员会马克思主义基本原理分教指委的逄锦聚主任委员、张雷声副主任委员和各位同仁！感谢 2021—2025 年教育部高等学校思想政治理论课教学指导委员会马克思主义基本原理分教指委的艾四林主任委员、刘建军副主任委员、寇清杰副主任委员、熊晓琳副主任委员和各位同仁！令人尊敬的各位前辈、同仁在各种场合关于思政课教学尤其是专题教学的真知灼见，令人受益匪浅，也是督促我不断深化研究这一问题的不竭动力。

感谢福建省高校思政课教指委郑传芳主任和各位同仁！经常与大家在一起的思想碰撞和愉快时光，给我留下很多美好记忆。

感谢厦门大学马克思主义学院徐进功教授、石红梅教授、原宗丽教授、张艳涛教授、林密教授等各位同事！围绕厦门大学思政课建设和立德树人的中心工作，不计其数的讨论，群策群力的推动，体现责任担当，见证马克思主义学院成长，我们为这份共同的伟大事业贡献了自己的心力。

道阻且长，行则将至。面对汹涌而来的数智技术的挑战，面对意识形态工作的严峻形势，提升思政课教学实效性的任务永远在路上。我们期待通过这本小书贡献自己的绵薄之力。

张有奎
2024 年 11 月于厦门